Anthologie de la poésie érotique

PIERRE PERRET

Anthologie de la poésie érotique

NiL éditions

DU MÊME AUTEUR

Adieu, Monsieur Léautaud, J.-C. Lattès, 1986.
Laissez chanter le petit !, J.-C. Lattès,1989.
Le Petit Perret gourmand, J.-C. Lattès, 1989 ; Plon, 1994.
Le Perret illustré par l'exemple, J.-C. Lattès, 1991.
Les Grandes Pointures, Plon, 1993.
Jurons, gros mots et autres noms d'oiseaux, Plon, 1994.
Chansons de toute une vie, Préface d'Alain Decaux, Pocket, 1995.

Couverture et mise en pages des illustrations : Yves Setton.

TABLE DES AUTEURS

POÉSIES ÉROTIQUES
ET
FRIANDISES VERBALES DE L'ANTIQUITÉ À NOS JOURS

L'érotisme c'est quoi ? Vaste question. « C'est tout ce qui est cochon », m'a répondu une jeune fille à qui je posais la question. L'égrillard, le libertin, l'obscène, le paillard, le polisson, le scatologique, le pornographique, etc., tous ces vocables seraient-ils résumés en un seul mot magique : l'érotisme ? Ça n'est sans doute pas si simple.

Selon le *Trésor de la langue française*, l'adjectif « érotique » est un emprunt savant (milieu XVIe siècle) au bas latin *eroticus*, hellénisme pris au grec *erôtikos*, « qui concerne l'amour », dérivé de *Erôs* (dieu dont l'origine est inconnue), *erôtos*, « amour » et « désir sexuel ». Le mot fut employé depuis comme nom masculin pour « auteur de poésies érotiques » (les érotiques grecs). Ça n'est qu'en 1794 que Restif de la Bretonne utilisa (le premier ?) le mot « érotisme ».

La poésie dite érotique, bravant les interdits et les tabous au fil des siècles, n'est autre que le piment nécessaire à une forme d'expression qui a inspiré même les auteurs les plus « sérieux ». Villon, Ronsard, Musset, Voltaire, jusqu'à notre poète académicien Jean Cocteau, pour ne citer qu'eux, ne furent-ils pas de ceux-là ? Il est bien évident que les poètes ne se plient jamais aux règles de la morale courante. Le vocabulaire évolutif évoquera, au fil du temps, la sensuelle volupté, prenant en compte les plus franches gaillardises qui se transformeront parfois en obscènes formules, d'où les raffinés supplices ainsi que les matières fécales ne seront point absents. Je ferai donc un florilège de ces œuvres poétiques, puisque aussi bien la bonne et passionnée de belles-lettres – et jeune éditrice – Nicole Lattès me l'a demandé. Jean-Jacques Pauvert, avec sa riche *Anthologie de la littérature érotique*, ou Marcel Béalu, auteur d'une *Anthologie de la poésie érotique* fort bien faite, pour n'évoquer que les plus récents, ont déjà effectué il est vrai des investigations dans ce domaine pouvant laisser à penser qu'ils ont fait le tour de la question. On peut toujours aller plus loin.

Les centaines d'œuvres (hormis quelques magnifiques incontournables que je citerai ici) non encore prises en compte dans un florilège contemporain m'ont décidé à continuer ce « travail » sélectif et passionnant. J'espère, éditrice très chère, ne pas décevoir la confiance que vous m'accordez en publiant à votre tour cette nouvelle anthologie de poésie érotique.

« Le Saint Ciel est ivre de pénétrer le corps de la terre »...

C'est Eschyle qui avait trouvé ça tout seul. Il en connaissait un bout sur le sujet. Cet aspect cosmique de l'érotisme, qui n'apparaît pourtant pas beaucoup dans les tragédies du poète, nous le retrouvons dans le principe taoïste du yin et du yang alternatifs, qui sont à l'origine de la *Gītā Govinda* ou du fameux *Kāma Sūtra* ; ces manuels religieux (vendus aujourd'hui dans les drugstores !) font depuis autorité dans la classique pratique du mouvement alternatif, que l'érotisme le plus sophistiqué n'a jamais pu contourner.

Les pays où les dieux font l'amour n'avaient pas de problèmes avec la morale que la chrétienté a imposée aux pays occidentaux. Arishua sans vergogne s'envoyait Rādhā (d'où depuis l'expression argotique : aller au radada ?). Un récit japonais nous conte, dans le *Kojiki*, comment Izanami No Mikoto, le mâle qu'on invite, et Izanagi No Mikoto, la femelle qui invite, s'envoient en l'air comme des bêtes après avoir tourné pieusement autour de l'auguste pilier céleste « fondant ainsi, d'un seul geste, l'humanité tout entière et la dynastie japonaise ».

Il suffit donc à l'homme de faire l'amour autour d'un poteau pour imiter impunément ses dieux. Du même coup – si j'ose dire – sa vie charnelle est sanctifiée et le tour est joué. Pas besoin d'acte... de contrition.

Parmi les huit saveurs *rasas* qui sont partie intégrante de la poétique indienne traditionnelle (tout comme celle du Japon évoquée ci-dessus), les quatre retenues de prime abord sont : l'érotique, le furieux, l'héroïque et l'odieux. Du seul *rasa* érotique « procéderaient le comique, le pathétique, le merveilleux et le terrible ». L'épicentre de l'unité parfaite se nicherait, selon cette poétique, au cœur même du *rasa* érotique. O bienheureux Indiens en paix avec votre zizi et tous ses débordements ! Si la conscience populaire judéo-chrétienne avait pu être calquée sur la vôtre, nous eussions évité (et nous éviterions aujourd'hui encore !) tous les problèmes que l'on sait. L'acte de chair, sanctifié par les dieux à Tokyo, à Calcutta ou à Lima, n'est hélas chez nous chrétiens « civilisés » que souillure, honte, indécence et impudicité depuis la faute originelle.

Comment Jésus fit-il pour ne pas bander en présence de Marie Madeleine qui était fraîche comme un jour de printemps, et tellement excitante que tous les mâles qui le pouvaient la sautaient comme une crêpe à la Chandeleur ? Un prédicateur (gonflé !) prétendait qu'un jour où les longs cheveux de la Mado balayaient tendrement les pieds de Jésus (façon comme une autre sans doute de le remercier de son pardon !), ce dernier fut « troublé » !

Nous ignorons tout hélas de la nature de ce trouble. Nous n'avons jamais constaté par ailleurs la moindre érection de Jésus-Christ sur ses bois de crucifixion, le moindre petit renflement du bout de linge sauvegardant sa pudeur qui pourrait l'assimiler à ces dieux païens, pas le moins du monde gênés par la fierté de leur phallus. Notre pape actuel, qui n'a pas évolué d'un iota depuis les saintes consignes du Seigneur :

> Luxurieux point ne seras
> de corps ni de consentement...

continue de prôner – sous la menace de l'enfer – la pureté de l'esprit et du corps en observant chasteté et continence... et en interdisant le préservatif. Nous ne saurions trop remercier le saint homme.

Baudelaire, Verlaine et tant d'autres furent condamnés pour avoir écrit des vers licencieux, obscènes et considérés comme orduriers. (Remercions au passage les Belges, plus courageux, qui publièrent toujours, sans hésiter, ces auteurs nés et vivant en France, pays des libertés !)

En 1662, Claude Le Petit, malgré la menace dont il était conscient, publia ses vers « impurs » avant d'être brûlé vif à vingt-trois ans sur la place de Grève. Heureux auteurs du *Jardin des caresses* et de tant d'autres poèmes orientaux qui ne connurent pas le même sort. Le Prophète paraît indéniablement plus libéral que Jésus !

La poésie existe, même dans l'érotisme. Je dis bien même, ou aussi, car les esprits chagrins ont condamné depuis belle lurette au nom de cette sacro-sainte morale tous les auteurs de textes sulfureux. Ce qui n'a pour tout effet que de condamner, et d'encourager du même coup, un impressionnant cortège de poètes tels que : François Villon, Marot, Rabelais, Mathurin Régnier, Théophile de Viau, Voltaire ou Louise Labé...

Ce qui étonne et retient tout de suite l'attention, dans cette forme de poésie, est une remarquable absence de préjugés qui annihileraient le propos. Ça n'est autre qu'une totale liberté d'expression littéraire. Force est de constater que les mille et un termes lestes, gaillards, parfois dits « vulgaires » (voir La Fontaine, Rabelais, etc.), sont à la base de notre belle et roborative langue populaire. J'entends d'ores et déjà nos délicats cassandres branchés pousser des hurlements à la lecture de ces œuvres impies. Grand bien leur fasse. Il est toujours bel et bon d'éliminer sa bile de quelconque façon. Puritains au teint jaune, ce livre n'est donc pas pour vous. Ne gâchez pas le plaisir de ceux qui auront du bonheur à lire ces vers :

Source vénérienne où vont boire les mâles
Fissure de Porphyre où frise un brun gazon
Qui, fin comme duvet, chaud comme une toison
Moutonne dans un bain de senteurs animales.

Cette fameuse source évoquée ici par le Sire de Chambley a mille synonymes évocateurs, aimables ou truculents, dont le sel réjouira l'œil et l'esprit du lecteur curieux.

François Villon, dans son parler de coquillard, nous régale de ces trois petits vers savoureux pour désigner le « lieu magique » :

Ces larges reins, ce sadinet
Assis sur grosses fermes cuisses,
Dedans son petit jardinet.

C'est sans détour aucun que Guillaume Bochetel (XVIe siècle) évoque dans son superbe blason ce :

Petit mouflard, petit con rebondi,
Petit connin plus fier que lévrier hardi.

Ce con petit, mignon, velu, rose, etc. dont le nom seul effaroucha apparemment Georges Brassens qui écrivit une chanson (*Le Blason*, précisément !) pour en dénoncer la vulgarité (sans pour autant nommer le coupable !). Pierre de Ronsard, sans doute moins pudibond, saluait en lui la « merveillette fente », le « bienheureux pertuis ».

Notre bon La Fontaine lui-même, moraliste réputé, n'écrivit-il pas quelques jours avant ses noces cette épigramme qui en dit long sur son état d'esprit à propos des plaisirs « vulgaires » d'ici-bas :

Aimons, foutons, ce sont plaisirs
Qu'il ne faut pas que l'on sépare
La jouissance et les désirs
Sont ce que l'âme a de plus rare
D'un vit, d'un con, et de deux cœurs
Naît un accord plein de douceur
Que les dévots blâment sans cause.

Les *vits*, les *cons* sont-ils mots et objets vulgaires ? A vous cher lecteur d'en décider. Un sang vif pourtant court dans les vaisseaux de la trame poétique des auteurs des XVIe et XVIIe siècles. Le propos est ardent et n'en contrarie en rien la forme souvent élégante. La pruderie n'a pas cours dans les alcôves ou sur les bottes de foin de nos poètes. Nous sommes ici certes plus proches de la poésie gaillarde, satyrique (lire le *Livret des Folastries* de Ronsard) que de la poésie érotique moderne d'André Breton ou de Radiguet. Mais nous n'en sommes pas encore arrivés à ces novateurs magnifiques. Le XVIIIe siècle venant (hormis sans doute Voltaire, Piron et quelques rares autres), la verve s'affaiblit. Les audaces poétiques deviennent soudain mièvres, et ces versifications mesurées sont surtout prisées dans les salons. On y glousse fort en écoutant des polissonneries mondaines, et un peu fades il faut bien l'avouer, qui ne remplacent pas hélas, les petits bijoux de poèmes érotiques que François Maynard soumettait au jugement de la reine Margot autour des années 1600 :

Jeanne dont les yeux m'ont vaincu
Cesse de rougir et de craindre
Le feu d'amour brûle ton cul
Et mon vit a de quoi l'éteindre.
(Les Priapées)

Ce con, tant décrié, n'effrayait pas davantage Guillaume Apollinaire quelques siècles plus tard, qui écrivait dans son *Cortège priapique* :

Con large comme un estuaire
Où meurt mon amoureux reflux
Tu as la saveur poissonnière
L'odeur de la bite et du cul
La fraîche odeur trouduculière.

On ne peut guère échapper à cette loi naturelle de l'amour physique aiguillonné par l'imaginaire. Il ne trouve généralement son équilibre que dans ce brutal et doux mélange, cette torride et tendre collision de l'*asperge* avec l'*abricot fendu*, du *doigt sans ongle* avec la *fissure* ou du *borgne à roulettes* pénétrant dans l'*atelier de Vénus* ! Car c'est cela aussi l'érotisme.

Ces mille appellations hautes en couleur ou argotiques ne sont-elles pas déjà de la poésie pure ? La *figue*, le *minou*, la *four-*

rure, la *framboise*, la *gripette*, le *puits d'amour*, le *régulier* ou la *douce praline rose* ne sont-ils pas autant de diamants échafaudés dans ces constructions poétiques qui nous émerveillent et titillent nos sens ?

L'imagerie qui fait naître l'érotisme en poésie est transcendée par ce luxe de mots rares, généreux, inquiétants, dérangeants souvent, car peu familiers. Certes, on y appelle un chat un *con*, un *barbu* ou un *baba*, mais ça n'est que pour mieux conforter le fragile édifice de suggestions, de non-dits et d'évocations qui permettent au lecteur de laisser libre cours à ses fantasmes les plus luxuriants. La *chagatte*, la *boîte à ouvrage*, le *berlingot*, le *calibristi* ou le *sadinet* cher à Villon seront toujours plus séduisants que le vagin de nos cours d'éducation sexuelle ou du gynécologue dont le nom seul fait froid dans le dos. Une certaine pureté n'est pourtant jamais totalement absente chez les poètes qui emploient les mots les plus impudiques, grossiers, voire graveleux. Le vocabulaire escorte fidèlement l'époque où l'on se sert de lui et la violence verbale n'est souvent que le reflet de celle des mœurs qui sont vécues parallèlement au quotidien. Le plaisir commercialisé dans les *Eros Center* allemands n'a pas grand-chose d'érotique. Les perversions sexuelles y sont salaces. Mais elles sont en fin de compte assez en accord avec la trivialité de l'existence d'aujourd'hui.

Sade aurait-il eu le plaisir qu'il prétendit trouver en dégradant ainsi la femme s'il n'avait vécu à une triste époque de violence révolutionnaire et, en ce qui le concerne, de désenchantement ?

On vend sous le label « érotisme » de pauvres passes en Thaïlande à des malades mentaux qui sodomisent des enfants de huit ans. Cet original « tourisme sexuel » vomit quotidiennement des charters entiers d'impuissants « cadres supérieurs » sur les trottoirs de Manille ou de Bangkok au nom de l'érotisme exotique. Rien n'est a priori exclu dans la stimulation mécanique ou mentale que d'aucuns utilisent en guise d'érotisme pour parvenir à un « résultat » physique ou... psychologiquement émotionnel. Chacun n'a pas pour autant les mêmes frontières que son voisin. Les dérapages contrôlés de bites « turgescentes » (ce dernier mot est généralement le poncif utilisé par les fabricants de « littérature érotique » au kilomètre !) qui éclaboussent de foutre nos écrans de télé le samedi soir, ainsi que les pauvres dialogues qui les accompagnent, ne me paraissent pas personnellement relever de la grande poésie érotique. Chacun voit midi à la porte de ses fantasmes. Est-ce de l'obscénité ? Est-ce de la pornographie ? Ce vieux débat entre l'érotique et le porno me paraît, quant à moi, totalement dépourvu d'intérêt. Le comportement de chaque individu concernant ses émotions corporelles me semble être tout à fait dépendant de son état d'esprit de jouisseur raffiné et attentif ou de sa propre misère sexuelle. Il ne m'appartient pas d'en juger. Les mots me paraissent être plus stimulateurs que les images qu'on nous montre en matière d'érotisme. Il en existe toute une panoplie allant des plus gais, des plus impertinents, provocants, excitants, jusqu'aux plus sinistres et décourageants dans certaines situations. Dans ce choix de poésies érotiques, l'humour tient une place honorable. Le grand « amoureux » qu'était Paul Léautaud – ce qui ne l'empêchait pas de manifester souvent son incorrigible misogynie –, écrivait : « Ce qui gâche souvent les plaisirs de l'amour, c'est le manque d'esprit des femmes ! » Certes, toutes n'en donnent pas la preuve lors des ébats amoureux, mais certaines poésies de cette anthologie démentiront ce propos, prouvant ainsi, si besoin est, que les femmes sont plus souvent qu'à leur tour à la hauteur de certaines circonstances. Je déplore, malgré cela, que nos dames d'antan aient filé si doux sous le joug de leurs machos de maris. Ils passaient leur temps à guerroyer en violant de-ci, de-là les jolies paysannes qui leur tombaient sous la main, et revenaient triomphants faire un enfant à leur légitime. Ce comportement ne donnait pas forcément envie à la dame d'écrire des poésies libertines ou... érotiques ! C'est hélas ! pour cette raison que les femmes « libérées » de la trempe de George Sand (qui n'a pas à ma connaissance écrit de poésies de ce type) ou plus récemment de Joyce Mansour (qui elle en revanche en a écrit de fort belles) n'ont, jusqu'aux années 1970, qu'une place bien modeste dans cet ouvrage.

L'image érotique, que je ne veux en rien minimiser, même si les mots me paraissent prépondérants, se rencontre à chaque pas de notre vie quotidienne. La vision des jambes croisées d'une femme assise, dont on aperçoit un éclair de peau blanche au-dessus du bas noir, me semble bien plus excitante que celle d'une blondinette à poil sur une plage. L'érotisme n'est-il pas une fenêtre sur le rêve ? Ne met-il pas en route la pulsion sensuelle au simple regard que l'on pose sur un décolleté prometteur ? De même, les yeux bleus ou la poitrine velue d'un homme ne peuvent-ils éveiller chez une femme un élan de désir (moins visible que chez un homme !) plus sûrement que s'il lui exhibait tout de go son tout-puissant zizi en érection ? Je crois en fin de compte que notre imagination – d'aucuns appellent ça le « cœur » – n'est autre que le « starter » de toute émotion physique, déclenchée par le timbre d'une voix ou, pourquoi pas, par le geste gracieux et provocant d'une femme en jupette qui se penche pour récupérer sa balle sur un court de tennis. Déserter les poncifs de l'expression amoureuse sous toutes ses formes et faire une promenade dans les jardins de l'imaginaire, ne voilà-t-il pas la clé qui ouvre les portes de l'érotisme ? Car tout est permis à l'imagination. Cependant, les apparents surplus de vitalité de nos délirants marquis de Sade ou comte de Mirabeau, pour ne citer que ceux-là, n'engendrent pas forcément, dans certains cas, ce que nous appellerons la fine fleur de la poésie érotique. Le mépris affiché de la femme-objet, le « plaisir » scatologique qu'on lui inflige ou les sévices raffinés dont elle est la victime (parfois « consentante » nous dit-on !) peuvent laisser rêveur. Ces pernicieux étalages d'impuissance me semblent, dans ces cas précis, davantage relever de la démence sénile que de la littérature dite érotique. Par ailleurs, ça n'est certes pas moi qui mettrai en doute le talent incontestable de ces auteurs, mais on peut se poser la question de savoir s'ils l'ont toujours mis au service d'une véritable expression poétique. La recherche à tout prix, désespérée pourrait-on dire, de ce plaisir « qui nargue la mort » n'est peut-être qu'une manière de dénier l'inéluctable fin des pauvres mortels que nous sommes. Ces obsessions dont l'homme est à la fois l'artisan et la victime ne sont-elles pas l'antidote inconscient aux valeurs superficielles que nous offrent les civilisations techniques ? Peut-on s'empêcher de fantasmer sur la vertigineuse chute de reins d'une mère de famille qui attend sagement son tour au guichet de la Sécurité sociale ? J'espère bien que non, cher lecteur attentif, mais on n'est pas obligé pour autant de lui filer une dégelée de coups de bâton, en la traînant par les cheveux pour lui manifester nos « besoins d'érotisme » !

Les genres les plus divers fleurissent donc dans cette anthologie. Vous pouvez y déguster avec le même appétit gourmand les vers ciselés de Verlaine et ceux de Rimbaud qui ont magnifiquement brodé au poil de cul le *Sonnet du trou* du susdit, ou les déchirants miaulements de chatte en chaleur de l'Egyptienne Joyce Mansour. Vous risquez fort d'être étonnés et séduits par l'incandescent et minutieux récit ô combien érotique d'Alina Reyes, *Le Boucher*, ou par les extraits du roman de l'Anglais D.M. Thomas *L'Hôtel blanc*, où l'imagination sexuelle la plus violente a fait son nid au creux d'un univers poétique des plus sublimes. L'humour des poésies du Sire de Chambley, de Théophile de Viau, d'Alfred de Musset (mais oui !), de Voltaire ou de Théophile Gautier attesteront que gaillardise et malice ne sont point antinomiques. Nous découvrirons enfin de vrais poètes contemporains déjà publiés (ou non) par les rares maisons d'édition qui ont eu le courage et le mérite de les proposer à un public qui n'a hélas ! que trop tendance à se contenter de la pâture « érotique » qu'on lui vend dans les sex-shops par cassettes vidéo interposées.

La transgression du tabou de l'érotisme est une victoire sur tous les interdits moraux et physiques inventés par l'homme lui-même. D'où la poésie... érotique !

L'érotisme n'est-il pas exacerbé souvent par la distance qui sépare deux êtres sexuellement attirés l'un par l'autre et par la sacralisation qui auréole un personnage mythique, inaccessible ? N'existe-t-il pas de femmes qui ont rêvé un jour de se pâmer entre les bras puissants de Tarzan ? De saccager sauvagement la couche de James Bond ou de Mad Max, qui les fera hurler de plaisir ? Et Jeanne d'Arc, Juliette ou sainte Thérèse de Lisieux venant la nuit faire un strip-tease dans les rêves d'un mari fidèle, cela n'est-il jamais arrivé ? N'y a-t-il rien de plus attirant que d'enfreindre ces lois morales qui ont déclenché en chacun de nous cette « trouille sexuelle » ancestrale ? C'est indéniablement le sens du devoir et de la morale, qu'on nous a inculqué si jeunes, qui a tué dans l'œuf tout épanouissement sexuel normal ! On doit normalement se marier, être fidèle et ne jamais fantasmer sur l'autre qui passe.

L'érotisme commence par conséquent chez la voisine. Ce sera elle le premier péché. Elle, qu'on imagine en train d'ôter sa petite culotte blanche qui glisse doucement sur ses douces cuisses bronzées. Un chef-d'œuvre de petit cul rond et ferme qui ombrage en son milieu une brune fourrure frisottante vous fout littéralement le feu au cerveau... et au reste ! Sans pour autant vouloir se prendre au sérieux, ce bouquin, d'abord fait pour charmer le lecteur et les sensuelles lectrices, ne sera, je l'espère, pas totalement inutile. « L'amour mode d'emploi » qui est proposé ici me semble plus à même de générer du bonheur qu'une certaine récente apologie du suicide allèchant le lecteur morbide par un titre semblable.

Les psychiatres ou les toubibs, qui font souvent office de confesseurs pour leurs patients, nous étonneront toujours par maints exemples d'ignorance crasse de ces derniers en matière sexuelle.

Un ami médecin me raconta qu'il reçut un jour un couple ayant la trentaine. Etonnés et désespérés à la fois de n'avoir toujours pas d'enfant après huit ans de mariage, les époux expliquèrent leur façon doulcureuse (surtout pour la femme !) de s'y prendre. Le récits des assauts répétés du mari, qui tour à tour sodomisait, ou essayait en désespoir de cause de pénétrer le nombril de sa légitime, atterra littéralement mon copain. La maladresse ou la brutalité des hommes jusqu'à la quarantaine, et parfois plus, n'est-elle pas la résultante d'un manque évident d'éducation de la pratique et du plaisir sexuel ? La jouissance à la sauvette n'est-elle pas trop souvent uniquement l'affaire de l'homme ? Nombreuses sont les jeunes épouses n'ayant connu qu'un seul homme qui ignorent encore qu'une femme aussi peut jouir. Je sais très bien qu'à notre époque, nos chérubins bénéficient à l'école de cours d'éducation sexuelle. Mais y apprend-on la « musique du corps » ? Y apprendra-t-on l'art de jouir ? En attendant ce jour béni, je propose à d'aucuns de faire ici leurs premiers pas en entrant par la porte qui ouvre sur le pays de l'érotisme, porte secrète des rêves concupiscents dont on garde la clé pour soi tout seul.

L'apothéose de l'opiniâtre hypocrisie avait atteint son point culminant au XIXe siècle. Déjà, à la fin du XVIIIe, Restif de la Bretonne soulignait : « Le mot "immoral" est un mot nouveau. On ne fait qu'en parler de tous côtés » !

Une anthologie étant par essence même arbitraire, celle-ci n'échappera pas à la règle. Fera-t-elle rêver les lecteurs ? Aiguillonnera-t-elle la sensualité de nos jolies lectrices ? Seront-ils enfin, en la lisant, aussi amusés et passionnés que je le fus moi-même durant ces quelques mois d'élaboration ?

C'est bien là mon souhait le plus vif.

P. PERRET

MONSEIGNEUR BOUVIER (JEAN-BAPTISTE)

(évêque du Mans)
(XIXe siècle)

AVANT que vous ne vous lanciez à cœur ouvert et à corps perdu dans la lecture de ce bouquin, il est de mon devoir, chers lecteurs, de vous mettre en garde. Afin que votre âme ne soit mise en péril par cette pernicieuse littérature, je vous invite à vous imprégner de celle de Mgr Bouvier, évêque de son état.
Les préceptes moraux sortis de la plume de ce savant prélat ont été adoptés dans les établissements ecclésiastiques de France dès le XIXe siècle ainsi que partout ailleurs, jusque chez les Indiens d'Amérique. Il pondit (entre autres) treize traités relatifs au mariage, à la justice, etc. Je ne vous en donne hélas ! qu'un petit aperçu, sacrifiant pour quelques lignes seulement la poésie érotique à l'humour des plus involontaires !

Pèche mortellement celui qui se complaît à regarder ses propres parties pudiques, car il est presque impossible que ces regards ne fassent pas naître chez lui des mouvements lubriques. Il en serait autrement s'il les regardait par pure curiosité, et surtout s'il y avait lieu de présumer qu'il n'a pas couru un grave danger. Il n'y aurait pas de péché si, tout danger de lubricité écarté d'ailleurs, ces regards étaient nécessaires ou utiles.
C'est un péché mortel de regarder complaisamment – *morosé* – les seins nus d'une belle femme, à cause du danger inséparable de ces regards. Ne pèchent cependant pas ainsi, lorsqu'il n'y a pas un danger particulier, ceux qui regardent des mères ou des nourrices allaiter des enfants. Ces femmes doivent cependant avoir la prudence de se cacher, de peur d'être un sujet de scandale pour les autres, et surtout pour les jeunes gens.
C'est souvent un grave péché de regarder fixement une belle personne d'un autre sexe, car une pareille attention est remplie de dangers ; cependant si, tout bien examiné, il n'y a ni danger grave ni intentions lubriques, le péché est seulement véniel. Il n'est pas nécessaire pour cela de marcher les yeux baissés et sans regarder personne ; il faut naturellement, et sans effort, savoir rester dans un juste milieu.
Ceux qui composent des livres gravement obscènes pèchent mortellement ; car ils sont une occasion de ruine spirituelle pour un grand nombre de personnes, et ils ne peuvent invoquer aucun motif d'excuse légitime.

LE CANTIQUE DES CANTIQUES

C'EST le livre canonique de l'Ancien Testament, écrit dans la deuxième moitié du premier millénaire avant Jésus-Christ en langue hébraïque. D'après la traduction judaïque et chrétienne, son auteur n'était autre que Salomon, qui voulait épater un chouïa sa bergère sulamite à qui il faisait du gringue. Je ne cite d'emblée ce petit et joli morceau du *Cantique des cantiques* que parce que ce dernier est bien entendu condamné par l'Église catholique. Car enfin, « décrire l'amour physique de l'homme et de la femme, en en faisant un poème érotique profane », n'est-ce pas absolument dégoûtant ? Je vous aurai prévenus !

Antiquité

Les contours de tes reins sont comme des colliers
Ouvrés par une main d'artiste.
Ta gorge est une coupe arrondie,
Pleine d'un vin parfumé.
Ton corps est comme une meule de froment,
Couronnée de lis.
Tes deux seins sont comme les faons
Jumeaux d'une gazelle.

O mon amour, source de délices !
Ta taille est souple comme un palmier.
Et tes seins ressemblent à des grappes.
J'ai dit : « Je veux monter à la cime de ce palmier,
J'en saisirai les rameaux ! »
Que tes seins soient pour moi comme les grappes de la [vigne,
Que ta bouche me verse un vin généreux...

– Oui, un vin qui ne coulera que pour mon bien-aimé,
Et qui rafraîchira nos lèvres à l'heure du sommeil !...

KĀMA SŪTRA
(300 ans avant J.-C.)

SELON M. Van Tieghem (*Dictionnaire des littératures*, Presses Universitaires de France), le Kāma Sūtra peut être un terme générique pour désigner un domaine de la littérature sanskrite, vouée essentiellement à l'érotique.
Mais le Kāma Sūtra est également le texte de base de date indéterminable (IIIe siècle ?) qui désigne aussi le Kāma Sūtra (recueil des aphorismes sur l'amour) par Vâtsyâyana Mallanâga.
C'est un ouvrage notable de l'Antiquité indienne, en prose légèrement archaïsante, comprenant des versets en fin de chapitre.
Outre la partie technique, il contient des données sur le rituel du mariage, sur l'eugénisme, la situation des actrices et des courtisanes... La dernière section est un exposé, jadis secret, qui présente des recettes aphrodisiaques, médicales ou magiques.
Tout cela pour vous inciter à lire (si cela n'est pas fait !) cet édifiant ouvrage qui tend à prouver que le mariage, l'aphrodisiaque cantharide ou la magie ne font pas un cocktail si aberrant pour parvenir à connaître... l'érotisme.
De plus, ces récits sont souvent poétiques, et parfois même très rigolos. Jugez-en plutôt par ce petit aperçu.

Quand un homme mord une femme très fort, avec colère, elle doit le lui rendre, encore plus fort. Si elle est très écorchée, qu'elle lui cherche tout de suite une querelle d'amoureux. Elle le prend par les cheveux et attire sa tête vers elle ; elle baise ses lèvres, puis, ivre d'amour, elle ferme les yeux et le mord partout.

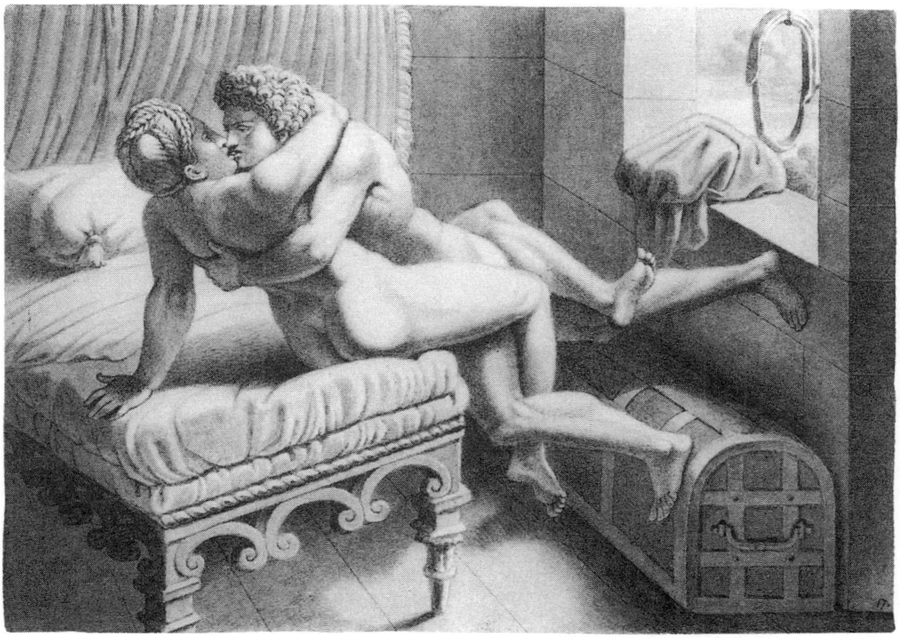

APULÉE
(125-200 avant J.-C.)

PASSIONNÉ de science, de philosophie et même de magie, Lucius Apulée, disciple de Platon, était aussi un amoureux impénitent du beau sexe. Je ne suis pas peu fier de vous avoir déniché le récit de ce « combat ». Le moins que l'on puisse dire est qu'il est plutôt singulier.

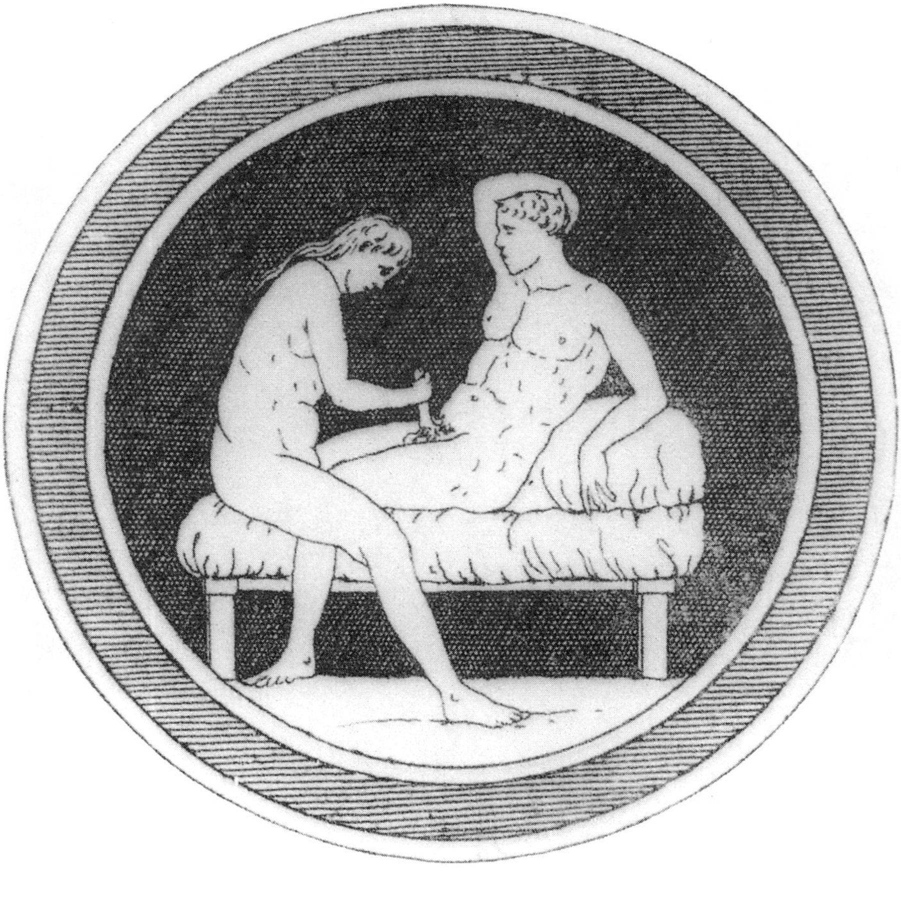

Le combat

« Point de retard. Tous les récipients à mangeaille sont rapidement enlevés. Photis se défait de sa robe. Elle est nue, la chevelure dénouée offerte en promesse de jouissance et de plaisir. On croirait voir Vénus sortant des flots marins, transfigurée de beauté et, de ses doigts gracieux de rose, ombrageant un peu aussi l'éblouissement lisse de son sexe, par calcul, plutôt que de le cacher par pudeur. "Au combat", s'écrie-t-elle, "et combats vaillamment, car je ne te céderai pas et je ne tournerai pas le dos ! Corps à corps, face à face, si tu es un mâle, viens tout droit, attaque sans faiblir, tue et meurs ! A présent, c'est bataille à outrance." Tout en disant ces mots, elle monte sur moi, et, à soubresauts pressés, à force de caresses lascives, agite en souplesse les hanches et me rassasie des fruits de la Vénus à la balancette, jusqu'au moment enfin, où, courage lassé et membres alanguis, nous fûmes effondrés en mutuels embrassements, rendant l'âme. En ces luttes et en de tels affrontements, jusqu'aux frontières de l'aube nous demeurâmes éveillés, ranimant quelquefois par des coupes de vin notre lassitude, excitant nos désirs, renouvelant nos voluptés. »

LES PRIAPÉES ANONYMES *

Les Priapées, nous dit le *Trésor de la langue française*, sont des pièces écrites en latin en l'honneur de Priape*. Ce sont également des fêtes qui célèbrent cette sorte de bouc insatiable. On peut évoquer ici François Maynard lui-même, disciple de Malherbe, qui, selon Sainte-Beuve, écrivait si purement ses Priapées impures.
Les quelques-unes qui suivent, bien qu'anonymes, ne manquent pas d'intérêt. On peut les situer aussi bien au XIVe qu'au XVIIe ou XVIIIe siècle, puisque tous les auteurs « licencieux » en « commirent ».

* Priape est un dieu qui vint au monde avec un phallus démesuré. C'est bien beau, mais peut-on mentionner pareil détail sur sa carte de visite ? Méditez là-dessus, belle et passionnée lectrice.

La vengeance de Priape

Je suis, comme tu vois, le Priape de bois ; de bois est ma faux, de bois aussi mon membre. Pourtant je te prendrai et pris je te tiendrai, et cette verge tout entière, sans en rien rabattre, plus raide qu'un câble ou qu'une corde de lyre, dans toute sa longueur je te l'enfoncerai jusqu'à la septième côte.

Rosée

Vous voyez la partie humide de mon être par laquelle il est signifié que c'est moi Priape : ce n'est pas rosée, croyez-moi, ni frimas. Mais ce qui sort tout seul quand l'esprit se remémore une fille aux fesses patientes.

Sur la pudeur

Toi qui, pour ne pas voir les signes de la virilité, détournes les yeux de moi, comme il sied à une fille pudique, ce que tu crains tant de regarder, tu voudrais peut-être bien l'avoir dans le ventre.

Le dieu

J'ai tenu sur mon lit, jambes écartées, Doris aux fesses de rose, et dans la fleur de sa chair fraîche je me suis senti devenir immortel. Me tenant serré au milieu de ses jambes magnifiques, elle parcourut sans défaillance la longue course de l'amour, en jetant sur moi des yeux langoureux : leur lueur scintillait pendant ces ébats comme la feuille au vent, le jeu ne cessa que lorsque notre vigueur fut épuisée et que Doris demeura gisante, les membres inertes.

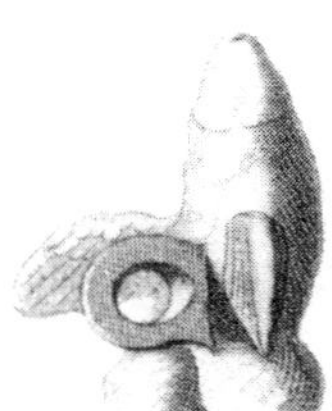

ANTONIO BECCADELLI
(1393-1471)

LE BEL ITALIEN Antonio était prof d'éloquence à Pavie au service de la famille Visconti. Il fut violemment attaqué pour avoir écrit des épigrammes obscènes (*Hermaphroditus*, 1426) mais talentueuses. C'est sans doute cela qu'on lui pardonna le moins.

Épitaphe de Nichina, Flamande, excellente putain

Si tu t'arrêtes quelque peu et lis ces vers, tu sauras quelle est la courtisane inhumée dans ce tombeau. Jeune fille, en mes tendres ans je quittai ma patrie, cédant aux larmes de mon amant, cédant à ses prières. La Flandre m'engendra ; nous parcourûmes tout l'univers, enfin me reçut pour toujours la paisible Sienne. Mon nom était Nichina, un nom fameux ; j'habitai le lupanar, je fus la splendeur du bordel. J'étais jolie et décente, sentant bon, plus propre que l'or ; mes membres étaient plus blancs que la neige, et il n'y avait au bordel siennois pas une Thaïs qui sût mieux que moi remuer les fesses ; d'une langue frétillante j'appliquais des baisers aux hommes, même après le coït je donnais encore maints baisers. Mon lit était garni de nombreux linges blancs, et ma main officieuse essuyait les nerfs. J'avais une vasque dans ma chambre ; je m'y lavais souvent, une gentille petite chienne léchait ma cuisse humide. Une nuit que vint me solliciter une troupe de jeunes gens, je soutins, irrassasiée, une centaine d'assauts. J'étais douce, agréable ; à tous plaisaient mes façons, mais à moi rien ne m'était plus doux que l'argent.

A son livre pour qu'il aille au lupanar de Florence

Si tu fais fi du vœu de ton maître, va, cours, mais gagne les murs de Florence, ô mon petit livre. Il est, au milieu de la ville où tu vas, un endroit joyeux et pour que tu puisses le reconnaître, je te l'indiquerai. Demande où est la haute église de Santa-Reparata, ou la splendide cathédrale du Dieu qui porte l'agneau. Quand tu y seras, prends à droite, chemine un peu. Puis arrête-toi et, fatigué, demande le Marché-Vieux. Là est le terme de ta route, là est le génial lupanar : l'endroit par son odeur se révèle de lui-même. Entre, salue pour moi maquerelles et putains ; sur leur tendre sein elles t'attireront toutes. Vers toi accourront la blonde Elena, la douce Mathilda, habiles l'une et l'autre à remuer les fesses. Viendra te voir Gianetta, suivie de sa chienne : la chienne aime sa maîtresse et celle-ci aime les hommes. Vite viendra Clodia, aux seins nus et fardés, Clodia, jeune beauté charmante par ses caresses.

Sur ta vulve ou sur ton membre, car tu as l'un et l'autre, Galla, sans aucune rougeur, portera sa main. Anna viendra vers toi en chantant une chanson allemande : quand

Anna chante, sa bouche sent le vin frais. Vers toi viendra aussi la grande crissatrice Pitho et, avec elle, Ursa, délices du bordel. Pour te saluer, Thaïs traverse la rue voisine, la rue qui d'un bœuf immolé tire son nom. Enfin, de tout ce qu'il y a de putains dans cette noble ville le troupeau t'entourera, joyeux de ta venue. Tu peux leur dire des polissonneries et leur en faire, de nul refus n'aura à rougir ton visage. Là, comme tu le souhaites et veux depuis longtemps, à ton gré tu besogneras et seras besogné, mon livre.

PACIFICO MASSIMI
(1400-1500)

LA LIBERTÉ DE MŒURS en plein Quattrocento italien n'était pas qu'une vue de l'esprit. Pour ce qui était de l'expression en revanche, c'était pas de la pâte à pizza ! Le pauvre Pacifico en fit les frais. Après avoir épousé une femme qui empoisonne leurs trois enfants de sang-froid, il devient poète, puis précepteur. Il fait ensuite le soldat. Puis il est médecin, faux témoin, tueur à gages, faux monnayeur, tricheur au jeu, sorcier, usurier et entremetteur de jeunes garçons. Les dernières années de sa vie, il est protégé et vit en ménage avec un jeune et riche humaniste qui est promis à une belle carrière ecclésiastique. Il n'a aucun rhumatisme, toutes ses dents, et se vante de lire sans ses besicles à l'âge de cent ans.
« O habitants du ciel, dit-il un jour, à moi qui ai vécu un siècle, donnez-m'en un second. Si mon vœu n'est pas entendu, je rends gorge, et tous les dieux, je les emmerde ! »
Une heureuse nature.

Sur ma mentule

Que direz-vous ? Quoique ma mentule égale deux palmes et pèse une dizaine de livres, ma maîtresse se plaint qu'elle soit toute petite, et quand elle l'a dans le con, prétend n'y avoir rien. Les voiles d'un navire pourraient à peine cacher ce mât, et en l'exhibant un jardin serait à l'abri des voleurs. Comme je besognais une autre fille, je craignis de la tuer : son visage ressemblait à celui d'un mourant. A peine eus-je franchi la porte qu'elle s'évanouit de douleur. Malheureux ! Elle est si grosse, d'un poids si formidable que dans le peuple je passerais pour avoir trois jambes. Celui-là est fort riche et n'a pas un mince bagage qui s'enorgueillit d'un énorme pénis. C'est plus précieux que l'or, de jouir d'un gros membre ; pour un pareil les rois voudraient donner leurs trônes, et comme à regarder son or jouit un avare, ainsi je jouis en contemplant cette grosse colonne. Elle est plus blanche que la neige, elle dépasse en blancheur les lis ; couchée elle a des plumes, tendue elle est pleine de vigueur. Si quelqu'un en veut une semblable ou une plus grosse, il l'aura : elle ne m'est pas née telle, je l'ai façonnée de ma main. Comme elle a grossi chez moi, elle grossira chez toi. Le laboureur doit creuser son champ, et dans les sillons semer de larges fèves. J'ai moi-même appris à arrêter de la main la veine trop hâtive, et aussi à la solliciter de la main, quand elle est paresseuse. A tous ceux que tu vois s'enorgueillir d'un énorme pénis, sache que la mentule s'est accrue dans beaucoup d'eau. Si tu veux qu'une courge s'enfle bien, soit bien longue, dans les jardins arrosés que l'eau coule continuellement. Mais à quoi me sert la mienne ? Elle ne suffit pas à ma mignonne ; une si grosse affaire, elle la prétend mince et courte. Qu'elle se bouche donc son immense barathre sans fond, et le couse trois ou quatre fois d'un fil bien serré, ou qu'elle en prenne un autre : elle ne verra pas pareil membre ; le ciel n'en possède point, ni la terre non plus. Faites, ô dieux bienveillants, car vous pouvez toutes choses, que je sois tout en pénis, pour qu'elle dise : « Assez. »

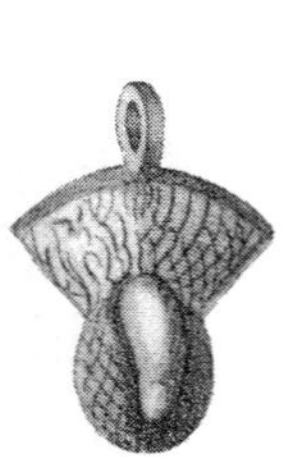

FRANÇOIS VILLON
(1431-1463)

SON NOM VÉRITABLE était François de Montcorbier. Il se faisait appeler Villon en mouillant bien les deux *l* s'il vous plaît, comme un sillon dans un champ. Son champ à lui, c'était la rue, les fréquentations qu'il y avait firent vite de lui un marginal. Il assassine son premier curé, Philippe Sermoise, en 1455. Puis il fait un casse au collège de Navarre l'année suivante, ce qui l'oblige à fuir Paname pour la deuxième fois. Il s'essaye alors, tant bien que mal, à faire le poète à Angers au château du roi René, puis chez Charles d'Orléans à Blois. Le jeune homme est doué et remporte le Concours de Blois (« Je meurs de soif ») mais il fomente tellement de magouilles à lui tout seul, qu'il se fait proprement virer pour se retrouver colporteur puis manœuvre. Renouant sans tarder avec les chapardages, il se retrouve au trou à Orléans puis à Meung. Il pondra au cachot l'*Epître à (ses) amis*. Il revient à Paris où il est à présent aussi célèbre chansonnier que casseur. Il va alors régler superbement ses comptes avec lui-même en troussant le célèbre *Testament* dont il rédige deux versions, le *Lais* (ou *Petit Testament*) en 1456 et le *Grand Testament* en 1461 et 1463.
Ce barjo incorrigible, mais néanmoins génial, se fait encore une fois condamner à mort (ce qui nous vaut la *Ballade des pendus*) puis bannir, ce qui lui inspire *Louange à la Cour*. Son irrépressible besoin de vivre une

vie au-dessus de ses moyens, ainsi que les bides successifs qu'il prenait auprès des dames qu'il convoitait, nettement au-dessus de sa condition, avaient sans doute fait de lui le parfait asocial qu'il était devenu. Tous ces mauvais traitements ont eu raison de sa carcasse de bagarreur.
Son œuvre, dont aucun écrit ne subsiste, a été éditée en 1489 par Pierre Levet, libraire parisien qui se référa à la transmission orale jalousement conservée par ses admirateurs. Villon est, dit-on, le premier à avoir « renié et dédaigné l'accompagnement traditionnellement imposé à notre poésie lyrique, le premier à avoir prononcé la séparation de la musique et de la poésie ». Ce sacré François eût peut-être changé d'avis, s'il avait pu connaître la musique dont Georges Brassens a fait une chanson avec sa *Ballade des dames du temps jadis*.
Villon poète érotique ? On peut pas vraiment dire... mais il est certain qu'en lisant le poème qui suit, on ne peut s'empêcher de penser à Ronsard qui, un siècle plus tard, tenait un propos semblable à ses belles ; et, bien plus tard encore, Queneau n'écrivait-il pas *Si tu t'imagines...* dont la moderne facture n'est pourtant pas si éloignée ?

Quand me regarde toute nue,
Et je me vois si très changée,
Pauvre, sèche, maigre, menue,
Je suis presque toute enragée.

Qu'est devenu ce front poli,
Cheveux blonds, ces sourcils voûtils,
Grand entrœil, ce regard joli,
Dont prenaye les plus subtils ;
Ce beau nez droit grand ni petit,
Ces petites jointes oreilles,
Menton fourchu, clair vis traictis,
Et ces belles lèvres vermeilles ?

Ces gentes épaules menues,
Ces bras longs et ces mains traictisses,
Petits tétins, hanches charnues,
Elevées, propres, faictisses
A tenir amoureuses lisses ;
Ces larges reins, ce sadinet
Assis sur grosses fermes cuisses,
Dedans son petit jardinet ?...

Mamelles quoi ? toutes retraites.
Telles les hanches que les têtes.
Du sadinet, fi ! Quant des cuisses,
Cuisses ne sont plus, mais des cuissètes
Grivelées comme saucisses...

FRANÇOIS RABELAIS
(1494 ?-1553)

L'ÉROTISME n'était pas vraiment son pays. Rabelais était sans nul doute plus franc-buveur, paillard notoire et amoureux avant tout d'une imagerie s'appuyant sur des mots en cascades gorgés de couleurs, au service d'une imagination des plus luxuriantes.
C'est la raison pour laquelle, compte tenu de son immense carte de visite, (l'un de mes trois ou quatre auteurs préférés), il ne sera pas forcément trop présent pour illustrer le propos qui nous occupe ici.
Voici simplement un savoureux petit morceau, peinture d'une certaine gourmandise féminine, s'accordant parfaitement avec notre sujet, à savoir la poésie érotique.
Apprenez donc comment, dans le *Chiabrena des pucelles*, le bon docteur met en garde les guerriers imprévoyants, prêts à s'engager au combat.

Celle qui veid son mary tout armé,
Fors la braguette, aller à l'escarmouche,
Luy dist : « Amy, de paour* qu'on ne vous touche,
Armez cela, qui est le plus aymé »
Quoy ? tel conseil doibt il estre blasmé ?
Je diz que non : car sa paour la plus grande
De perdre estoit, le voyant animé,
Le bon morceau, dont elle estoit friande.

* Peur.

GUILLAUME BOCHETEL
(?-1558)

CET HUMANISTE, ami de Baïf, est connu (nous dit Alain Rey dans le *Dictionnaire des littératures de langue française*) pour une traduction en vers de l'*Hécube* d'Euripide (1554) qui annonce poétiquement le théâtre de Robert Garnier. Il est aussi apprécié pour avoir pondu un contre-blason marotique et... impudique qui n'est pas piqué des hannetons.
Est-ce en évoquant celui d'Eléonore de Habsbourg, belle et douce reine du Portugal, puis de France, que le malicieux Guillaume fit l'apologie de cet incontournable et délicieux blason, « petit con rebondi » ? Quelle qu'en soit l'inspiratrice, grâces lui soient rendues d'avoir suscité chez le poète ce morceau de roi et de bravoure qui n'est autre, à l'instar de l'objet sublime, qu'un petit bijou.

Le con

Petit mouflard, petit con rebondi,
Petit connin plus fier que lévrier hardi,
Plus que lion au combat courageux,
Agile et prompt en tes folâtres jeux
Plus que le singe ou le jeune chaton,
Connin vêtu de ton poil folâtron,
Plus riche que la toison de Colcos,
Connin grasset, sans arêtes, sans os,
Friand morceau de naïve bonté,
O joli con, bien assis, haut monté
Loin de danger et bruit de ton voisin
Qu'on ne prendrait jamais pour ton cousin,
Bien embouché d'un bouton vermeillet
Ou d'un rubis servant de fermeillet,
Joint et serré, fermé tant seulement
Que ta façon ou joli mouvement
Soit le corps droit, assis, gambade ou joue,
Si tu ne fais quelque amoureuse moue.

Source d'amour, fontaine de douceur,
Petit ruisseau apaisant toute ardeur,
Mal et langueur ; ô lieu solacieux

Et gracieux, séjour délicieux,
Voluptueux plus que tout autre au monde
Petit sentier qui droit mène à la bonde
D'excellent bien et souverain plaisir,
Heureux sera cil duquel le désir
Contenteras, qui prendre te pourra
Et qui de toi pleinement jouira.

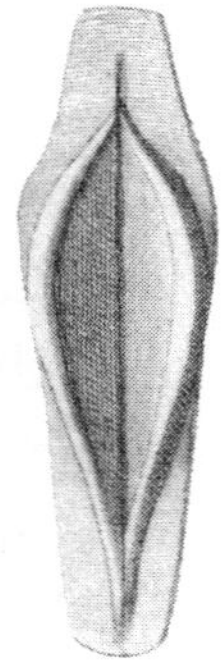

MELLIN DE SAINT-GELAIS
(1491-1558)

Ce sont surtout ses épigrammes gaillardes qui firent sa renommée à la cour (lui aussi) de François Ier. Il y était considéré comme l'amuseur favori et son étoile brillait plus encore que celle de Marot.
Sa poésie anecdotique est avant tout grivoise. La truculence de sa vision poétique, séduisante d'emblée, mérite une place aussi modeste soit-elle parmi les poètes « roboratifs » de cet ouvrage.

Épigrammes

Un jour que Madame dormait,
Monsieur branlait sa chambrière,
Et elle, qui la danse aimait,
Remuait du mieux le derrière.
Enfin la garce toute fière,
Lui dit : « Monsieur, par votre foi,
Qui le fait mieux, Madame ou moi ?
– C'est toi, dit-il, sans contredit.
– Saint Jean, dit-elle, je le croi,
Car tout le monde me le dit !

*
* *

Un jeune amant près de sa dame soupait
Le nerf tendu trop mieux que l'appétit.
Advint que comm' du pain elle coupait
Dessus lui chut son coutelet petit
Lequel cherchant sur lui, elle sentit
Un braquemart de plus longue allumelle.
Dont si soudain ses bras tira vers elle,
Que le mari lui prenant sa main blanche,
Lui dit : « M'amie, il pique fort et tranche ;
Saignez-vous point ? – N'ayez peur, dit la belle,
Non mon ami, je l'ai pris par le manche. »

Folie

Comme un cheval qui pâlit à l'étrille
Et comme on voit un hareng sur la grille
Se revenir, et un chapon en mue,
Ainsi j'engraisse et ma couleur se mue
Quand ma mignonne avecques moi babille.

Et s'il advient qu'elle se déshabille
Montrant un sein aussi rond qu'une bille,
J'ai un poulain qui se dresse et remue
Comme un cheval.

Je lui hennis, je l'embrasse et la pille
Et le lui montre aussi droit qu'une quille,
Le museau gros comme un bout de massue.
Puis, quand c'est fait, au pas, au trop, je drille *
Comme un cheval.

---

* Sautille.

PIETRO ARETINO
(1492-1556)

L'ARÉTIN, pseudonyme de Pietro Bacci, fut un Italien brillant, un poète cultivé et un ambitieux. Il devint très riche, tant ses incisives broutaient le tapis des grands personnages. Il était le pote du cardinal Jules de Médicis qui devint pape sous le nom de Clément VII. François Ier et Charles Quint lui filaient des pensions juteuses qui lui permettaient d'égayer tout un sérail de splendides et complaisantes créatures (les Arétines) qu'il partageait avec ses inséparables copains artistes, Jacopo Sansovino et Titien.
Sa production littéraire fut assez conséquente. Il pondit entre autres le *Ragionamenti* considéré comme le bréviaire de la vie galante, et un tas de comédies totalement oubliées aujourd'hui. Il connut de plus sur la fin de ses jours des œuvres « ascétiques » en espérant effacer avec ça ses écarts licencieux et se faire nommer cardinal. Il l'a eu dans le baba, il n'est resté que poète.

Sonnets luxurieux

Pose-moi cette jambe par-dessus l'épaule
Et ôte aussi ta main de mon cas,
Et quand tu voudras que je pousse fort ou doucement,
Doucement ou fort avec le derrière danse sur le lit.

Et si du mirely à l'autre pertuis mon cas se trompe,
Dis que je suis un scélérat et un rustre,
Car je sais reconnaître la vulve de l'anus,
Comme l'étalon reconnaît la cavale.

– Je ne veux pas ôter la main du cas, moi,
Non, moi, je ne veux pas faire cette folie
Et si tu ne veux pas ainsi, va-t'en avec Dieu.

Car le plaisir, derrière, serait pour toi,
Mais devant le plaisir est à toi et à moi.
Ainsi donc fais l'amour à la bonne façon ou bien va-t'en.

– Je ne m'en irai pas,
Signora chère, d'une aussi douce bêtise,
Quand bien même je croirais délivrer le roi de France.

*

Où le mettrez-vous ? Dites-le de grâce,
Derrière ou devant ? Je le voudrais savoir,
Parce que je vous ferai peut-être déplaisir
Si, par-derrière, je me le chasse par malheur.

– Madonna, non ; parce que le mirely rassasie
Le cas à tel point qu'il y a peu de plaisir ;
Mais ce que je fais, je le fais pour ne point paraître
Un Fra Mariano, *verbi gratia.*

Mais puisque vous voulez tout le cas dans ce pertuis,
Comme veulent les sages, je suis content
Que vous fassiez du mien ce que vous voulez.

Et prenez-le avec la main, mettez-le dedans :
Vous le trouverez aussi utile pour le corps
Que l'est aux malades l'argument.

Et tant de joie je sens
A le sentir dans votre main
Qu'entre nous, je mourrai, si nous faisons l'amour.

Ce serait vraiment une couillonnerie,
Ayant le désir de vous prendre maintenant,
Que de vous avoir mis le cas au mirely,
Puisque de l'autre côté pour moi vous n'êtes pas chiche.

Finisse en moi la généalogie !
Je veux vous prendre à l'inverse souvent, souvent,
Puisque le rond est plus différent que la fente
Que la tisane du malvoisie.

– Prends-moi et fais de moi tout ce que tu veux,
Devant, derrière, je me soucie peu
Du lieu où tu feras ton affaire,

Car pour moi, devant, derrière, j'ai le feu,
Et tous les cas qu'ont mulets, ânes et bœufs
N'éteindraient pas de mon ardeur seulement un peu

Et puis, tu serais un homme de peu
De me le faire à l'antique, entre les cuisses :
Moi aussi je le ferais de l'autre côté si j'étais homme.

*

Celui-ci est vraiment un beau cas long et gros.
Allons ! Si tu veux bien, laisse-moi le voir.
– Nous allons essayer si vous pouvez recevoir
Ce cas au mirely et moi par-dessus.

– Comment ? si je veux essayer ? Comment ? si je puis ?
Plutôt cela que manger ou boire !
– Mais si je vous écrase ensuite en étant couché,
Je vous ferai mal. – Tu as la pensée du Rosso.

Jette-toi sur le lit et sur le plancher.
Sur moi, quand ce serait Marforio
Ou un géant, moi j'en aurais soulas.

Pourvu que tu me touches les moelles et les os.
Avec ce tien divinissime cas
Qui guérit les mirelys de la toux.

– Ouvrez bien les cuisses.
Certes, on pourrait voir des femmes
Mieux vêtues que vous, mais non mieux foutues.

*

Ouvre les cuisses afin que j'aperçoive bien
Tes belles hanches et ton mirely de face.
O hanches à faire qu'un cas change d'avis !
O mirely qui distille les cœurs par les veines !

Pendant que je vous caresse, voici qu'il me vient
Un caprice de vous baiser à l'improviste,
Et je me parais beaucoup plus beau que Narcisse
Dans le miroir que mon cas allègre tient.

– Ah ! ribaude ! Ah ! ribaud ! sur la terre et au lit !
Je te vois bien, putain ! et prépare-toi,
Je vais te rompre deux côtes dans la poitrine.

Le pucelage

Il délibéra de m'avoir pour femme ou de mourir. Il était à son aise. Ma mère, qui, comme je te l'ai dit, portait les culottes de mon père (Dieu a voulu qu'il mourût), conclut le mariage. Pour t'en résumer mille en un mot, vint la nuit où je devais lui tenir compagnie, charnellement ; le dort-au-feu attendait cette nuit-là comme le laboureur attend la récolte. Mais qu'elle fut belle l'astuce de ma douce maman ! Sachant que ma virginité était restée en route, elle coupa le cou à l'un des chapons de la noce, remplit de sang une coquille d'œuf et tout en m'enseignant comment je devais m'y prendre pour faire des manières, en me mettant au lit m'en barbouilla la bouche par laquelle est sortie ma Pippa. A peine étais-je couchée qu'il se couche, et s'allongeant pour m'embrasser, il me trouve toute en un paquet ramassée dans la ruelle ; il veut me mettre la main sur l'*et caetera*. je me laisse tomber par terre ; le voilà qui se jette au bas du lit pour me relever. « Je ne veux pas faire de vilaines choses, laissez-moi tranquille », lui dis-je, non sans des larmes dans la voix. Puis, comme je haussais le ton, j'entends ma mère qui entre dans la chambre, une lumière à la main. Elle me fit tant de caresses que je finis par m'accorder avec le bon pasteur qui, voulant m'ouvrir les cuisses, sua plus que celui qui bat le grain. Là-dessus, il me déchira la chemise et me dit mille injures ; à la fin, plus exorcisée que n'exorcise un possédé attaché au pilier, tout en grommelant, pleurant et maudissant, j'ouvris la boîte à violon et il se jeta dessus, tout frissonnant du désir qu'il avait de ma chair. Il voulait me mettre la sonde dans la plaie, mais je lui donnai si à propos une secousse que je le désarçonnai ; lui, patient, se remit en selle sur moi et essayant de nouveau avec la sonde la poussa si bien qu'elle entra. Moi, je ne pus me retenir, en goûtant le pain beurré, de m'abandonner comme une truie qu'on gratte et je ne poussai pas un cri avant que la bête ne fût sortie de mon logis. Mais alors, oui, je criai, que les voisins accoururent se mettre aux fenêtres. Ma mère, rentrée dans la chambre à la vue du sang de poulet qui avait taché les draps et la chemise de mon mari, fit tant qu'il consentit à ce que, pour cette nuit, j'allasse coucher avec elle. Et, le matin, tout le voisinage réuni en conclave célébra ma vertu ; on ne parlait pas d'autre chose dans le quartier. Les épousailles terminées, je commençai de fréquenter les églises, d'aller aux fêtes, comme font les autres, et, liant connaissance avec celle-ci, avec celle-là, je devins la confidente de l'une ou de l'autre.

CLÉMENT MAROT
(1495-1544)

LUI, c'était les nibards. Enfin, le blason qu'il choisit de laisser à la postérité tout au moins. Cela ne prouve nullement qu'il dédaignait... le reste.
Sont-ce les « tétins d'appétit » de la reine Margot * qui nous valurent ce gourmand descriptif ? Certes, ne fut-il pas son valet « de chambre », après avoir été l'infidèle cajoleur des doudounes de Diane de Poitiers qui le disgracia pour sa goujaterie ? Il n'eut pas de chance, le beau Clément. Ses œuvres sentaient par trop le soufre. Malgré François Ier qui s'efforçait de le protéger, il échappa de peu au bûcher qui riffaudait les paturons des hérétiques. Il dut s'enfuir plusieurs fois après avoir goûté des cachots, et mourut tristement à Turin en 1544. Y rêvait-il de ce « tétin refait, plus blanc qu'un œuf » ?

* Encore elle ! Apparemment, la coquine en inspira plus d'un !

Tétin refait, plus blanc qu'un œuf,
Tétin de satin tout neuf,
Tétin qui fais honte à la rose,
Tétin plus beau que nulle chose ;
Tétin dur, non pas Tétin, voire,
Mais petite boule d'ivoire,
Au milieu duquel est assise
Une fraise, ou une cerise,
Que nul ne voit, ne touche aussi,
Mais je gage qu'il est ainsi.
Tétin donc au petit bout rouge,
Tétin qui jamais ne se bouge,
Soit pour venir, soit pour aller,
Soit pour courir, soit pour baller.
Tétin gauche, Tétin mignon
Toujours loin de son compagnon,
Tétin qui portes témoignage
Du demeurant du personnage.
Quand on te voit, il vient à maints
Une envie dedans les mains
De te tâter, de te tenir ;
Mais il se faut bien contenir
D'en approcher, bon gré ma vie,
Car il viendrait une autre envie.
O Tétin ni grand, ni petit,
Tétin mûr, Tétin d'appétit,
Tétin qui nuit et jour criez :
« Mariez-moi tôt, mariez » ;
Tétin qui t'enfles, et repousses

Ton gorgias de deux bons pouces.
A bon droit heureux on dira
Celui qui de lait t'emplira,
Faisant d'un Tétin de pucelle,
Tétin de femme entière et belle.

Épitaphe d'Alix

Ci-gît, qui est une grand perte,
En culetis, la plus experte
Qu'on sut jamais trouver en France.
C'est Alix, qui dès son enfance,
Quand sa nourrice l'allaitait,
Dedans le berceau culetait;
Et de trois jusques à neuf ans,
Avec garçons, petits enfants,
Allait toujours, en quelque coin,
Culeter au grenier au foin,
Et à dix ans tant fut culée,
Qu'en culant fut dépucelée.
Depuis grosse garce devint
Et lors culetait plus que vingt.
Et après devint toute femme,
Et inventa la bonne Dame
Mille tordions avenants
Pour culeter à tous venants :
Vrai est, quand n'eut plus dents en gueule
Qu'elle culeta toute seule.
Mais afin que le monde vit
Son grand savoir, elle écrivit

Un beau livre de culetage,
Pour ceux qui étaient en grand âge,
Et un autre de culetis,
Pour ceux qui étaient plus petits.
Ces livres fit en s'ébattant
Et puis mourut en culetant.
Encor, dit-on, par grand merveille,
Que si on veut mettre l'oreille
Contre sa tombe et s'arrêter,
On ouïra ses os culeter.

EUSTORG DE BEAULIEU

(1495-1552)

APRÈS avoir été organiste à la cathédrale de Beaulieu, il devint comédien. Ce dernier métier l'amena tout naturellement à se faire prêtre catholique puis – pourquoi pas – ministre protestant. Ces contradictions successives ne l'empêchèrent pas de révérer tout au long de sa vie – fidèlement cette fois – le cul. Il le chanta sur tous les tons dans des rondeaux, des dizains, des ballades, des épîtres et notamment dans cet immortel blason que bien peu d'amateurs lettrés ne connaissent aujourd'hui.
Pour la petite histoire, il publia néanmoins, et presque en même temps, une *Doctrine et instruction des filles chrétiennes désirant vivre selon la parole de Dieu, avec la repentance de l'homme pécheur.*
Il ne manquait pas de souffle, le bel Eustorg.

Le cul

Sans déroger aux premiers blasonneurs
Du trou du cul, et sauvées leurs honneurs
Et de tous ceux qui ont savoir condigne
Pour blasonner une chose tant digne,
Je derechef lui donnai un blason,
Car sa louange est toujours de saison
Et tout premier dis que, sans menterie,
Le cul au corps a haute seigneurie
Et qu'ainsi soit, la force de son sens
Vient parforcer tous les autres cinq sens
A consentir aux sentences mucées
Dans son cerveau, puis par lui prononcées
Si justement qu'on n'en peut appeler,
Ni contre lui fors en vain rebeller.
Pour les cheveux, front, sourcils, yeux et bouche
Sont amortis quand la mort le cul bouche,
Si sont tétins, nez, joues et menton,
Gorge, estomac, ventre, cuisses et con,
Jambes et bras, pieds, mains, aussi oreilles,
Cols blancs et droits, et corps faits pour merveilles.
Mais on peut bien perdre un œil, ou tous deux,
La jambe, un bras, le nez ou les cheveux,

Que pour cela monsieur le cul, derrière,
N'en mourra point, ne fera pire chère.
Donc, il n'est rien en tout le corps humain
Que, si le cul ne lui tient forte main,
Puisse échapper que ne perdre la vie
Ou, pour le moins, ne tombe en maladie.
Et si d'icelle attend la guérison,
Faut que le cul en fasse la raison
En lui donnant force suppositoires,
Poudres, senteurs, doux huiles et clystères
Pour l'apaiser, voire jusques à tant
Qu'il crachera le mal au corps latent.
Or doncques, cul, de santé le vrai signe
Où maint docteur en l'art de médecine
Prends son avis, et visite ton fait,
Sans toi n'est corps qui ne soit imparfait.
Et outre plus n'est requis que je taise
Comme tout prince, et grand seigneur, te baise
Au départir du ventre maternel
Qui est à toi un los bien solennel,
Car ce tribut te doit tout fils de mère,
Soit pauvre ou riche, aussi nul n'y diffère.
Et d'aucun dit que tu es sale, et ord,
Et inutile, il te blasonne à tort,
Car j'ai raison pour toi tout au contraire
Dieu sait de qui ! et voici l'exemplaire :
Ne lit-on pas aux livres anciens
Ce qu'un grand clerc mande aux Corinthiens ?
Ne sait si c'est en l'épître première...

Si l'aille voir qui ne te prise guère
Et revenons au cul en joie et ris.
Ou donc gros cul à façon de Paris,
Cul qu'en allant te dégoises et branles
Pour démontrer – si bien ta geste on lit –
Que tu ferais bien branler un châlit.
Cul qu'à ta garde as dix ou douze armures
De linge, toile, ou drap, soie, ou doublures,
Outre le beau, frisque et gaillard derrier,
Mais de surcroît, pour être plus gorrier.
Cul enlevé trop mieux qu'une coquille,
O cul de femme ! O cul de belle fille !
Cul rondelet, cul proportionné,
De poil frisé pour haie environné
Où tu te tiens toujours la bouche close,
Fors quand tu vois qu'il faut faire autre chose.
Cul bien froncé, cul bien rond, cul mignon,
Qui fait heurter souvent ton compagnon
Et tressaillir, quand sa mie on embrasse
Pour accomplir le jeu de meilleure grâce.
Cul rembourré comme un beau carrelet,
Qui prend les gens plus au nez qu'au collet.
Cul préféré à chacun autre membre,
Qui le premier couche au lit de sa chambre
Et le dernier en sort gai et léger,
Comme de table à l'heure de manger.
Cul anobli et à qui fait hommage
La blanche main, voire tête et corsage
S'inclinant bas pour te pouvoir toucher

Et tous les jours révéremment torcher.
Et, qui plus est, ce temps, chacun s'essoie
De te vêtir de drap d'or et de soie.
Et peut on voir maints braves testonnés
Qui ont leurs bas de chausse, et leurs bonnets,
Robe et pourpoint de draps de moindre enchère
Qui n'est leur haut de chausse et leur derrière.
O puissant cul ! que tu es à douter,
Car tu fais seul par ta force arrêter
Où il te plaît seigneurs, serfs, fols et sages,
Dont les uns ont pour te moucher des pages.

Cul désiré d'être souvent baisé
De maint amant de sa dame abusé
S'elle voulait moyennant telle offrande
Lui octroyer ton prochain qu'il demande.
Je dis encor, ô cul de grand'valeur,
Que ton teint fait de brunette couleur
Ne changera tant que tu seras en règne
Et le teint blanc qu'aux autres membres règne
Par cours du temps peu à peu viendra laid.
Or doncques, cul, réjouis-toi seulet
Puisque tu as tant de vertu et grâce
Que tout beau teint, fors que le tien, s'efface,
Et, advenant qu'il se peut effacer,
Mieux que d'un autre on se pourrait passer.
Et, pour renfort de ta louange écrire,
Dis que tu tiens de tous membres l'empire,
Pour ce que peux leurs beautés disposer,

Ou leur laisser, ou leur faire poser :
C'est quand tu es aux œuvres naturelles
Prompt et hardi, ou quand te fâches d'elles,
Et de toi pend leur joie ou leur tristesse.
O cul vaillant et rempli de prouesse,
Combien heureux sont – donc – les membres tous
Tant que tu as la foire, ou bien la toux ?
Car, cependant, la crainte ne les mord
D'être mordus, en chiant, de la mort :
Confesse donc que sans tes bénéfices
Ils n'ont beauté, teint, plaisirs ni délices.

GILLES D'AURIGNY
(XVIe siècle, entre 1510 et 1560 environ)

ÉTRANGE trajectoire poétique que celle de ce poète, capable d'écrire aussi bien la *Contemplation de la mort de Jésus-Christ*, ou les *Psaumes de David* (1547), que ses *Chansons licencieuses*. Elle fait immanquablement penser à celle du sieur Faucherand de Montgaillard, qui décrit lui aussi gaillardement une scène similaire d'ancillaires amours.

Chanson

Hélas ! Monsieur, ôtez-vous tôt !
– Enda, je vous chatouillerai !
– Madame ici viendra tantôt ;
– Par ma fi ! Je vous piquerai.
Ecoutez là, quelqu'un j'entends...
Monsieur, vous perdez votre temps.

Otez la main de cet endroit,
Après vous n'y avez rien mis.
Je disais bien que l'on viendroit...
Ne me touchez sous mes habits :
Cessez donc de me gazouiller
Et pensez de vous en aller.

Autre m'estimez que je suis.
Ne me venez plus harceler ;
Non, Monsieur, ne me fermez l'huis,
Cela ne se pourrait celer...
Le bel honneur que ce serait
Quand quelqu'un notre fait saurait.

Laissez-moi, Monsieur, je vous prie,
Une autre que moi vous faudrait...
Laissez-moi, merci je vous crie,
Car si quelqu'un y survenait
Déshonorée je serais,
Et plutôt mourir je voudrais.

Laissez-moi donc ici seulette,
Et vous en allez vitement.
Ne détachez votre aiguillette :
Vous êtes ainsi proprement.
Monsieur, ne vous détachez point,
Vous êtes très bien en ce point.

Connaître faut devant qu'aimer :
De ce mot-là soyez content.
Vous ne vous faites qu'enflammer,
Monsieur, ne me tâtez point tant;
Je vous prie de vous déporter,
Car d'un doux viendrait un amer.

Mais qu'est-ce que me barbouillez ?
Je n'entends point ce jeu ici...
Vous dites que vous vous jouez
Je ne connais rien en ceci.
Arrêtez-vous, quelqu'un j'entends,
Saint Jean ! Quel jeu ! Il est dedans !

SIAO-SIAO CHENG
(1520-1593)

LES POÉSIES érotiques chinoises sont, hélas, bien plus rares que les dessins, les peintures ou les sculptures. Les mots de ce poème sont auréolés de volupté et de sensualité, formant de délicieuses descriptions évocatrices. Malgré les restrictions de Jean-Jacques Pauvert qui déplore (dans son deuxième volume de l'*Anthologie historique des lectures érotiques* publiée en 1980 aux éditions Ramsay et Jean-Jacques Pauvert) que le premier traducteur allemand, Franz Kuhn, en ait fait une adaptation « très infidèle, ajoutant et retranchant au texte sans aucun scrupule les passages érotiques qui ont le plus souffert de ses fantaisies », voici cette poésie sino-érotique « altérée » dans son intégralité.

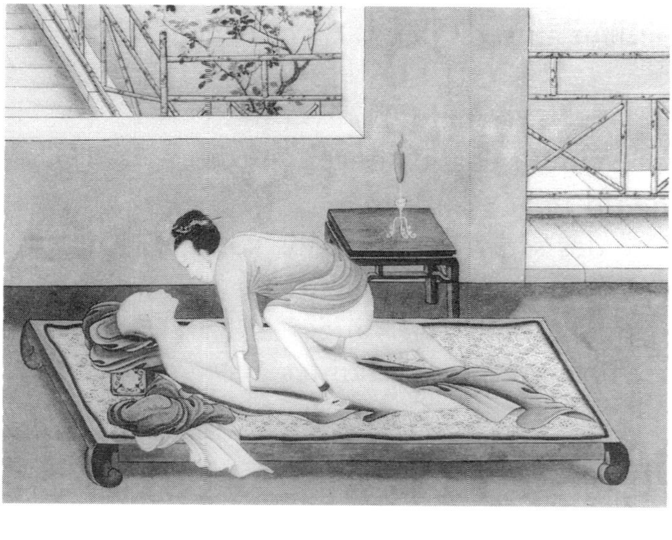

Kin p'ing Meï, ou la Merveilleuse Histoire de Hsi Men avec ses six femmes
(1948)

Poitrine contre poitrine, comme deux canards mandarins
[amoureux,
Qui s'ébattent dans l'eau,
Tête contre tête, comme un couple tendre de phénix
Qui construit avec zèle son nid de brindilles,
Elle presse ses lèvres vermeilles sur la joue de l'amant
Il tient entre ses mains vigoureuses la tête penchée de
[l'amante,
Dont les jambes gainées de soie cherchent appui sur les
épaules de l'ami
En dévoilant ainsi les deux arcs d'une faucille de nouvelle
[lune
Les agrafes d'or se défont sur sa tête
Et sa chevelure s'épand sur les coussins
Comme un nuage sombre.
Il profère des serments profonds comme la mer
Puissants comme les montagnes
Et ses caresses mille fois variées
Dispersent les dernières craintes

Comme le vent disperse les nuages.
Assaillie de tendresse impétueuse
Elle pousse un cri de bonheur, semblable au cri du bruant
Sa bouche s'emplit de suave salive
Et, luxurieuse, elle darde sa langue sous le plaisir.
Dans chaque artère, dans chaque veine
De son corps souple et élancé,
Elle sent rouler lourdement
Un sombre flot de volupté.
Mais le souffle de ses lèvres vermeilles
Halète et va s'affaiblissant
Sur ses yeux descend la nuit,
Sa peau se mouille de perles fines,
Scintillantes.
Sa gorge lisse palpite
Comme les vagues de la mer
Ah les voilà consommées
Toutes les délices de l'amour volé :
Deux amants ont parfait leur étreinte.

RONSARD
(1524-1585)

LE MALHEUREUX a pris des gnons au cœur durant toute sa vie amoureuse. En 1552, il publie *Les Amours*, dans lequel il célèbre les grâces et avantages de la belle Cassandre Salviati, fille d'un banquier italien. Il en tombe fou amoureux. Elle en épouse un autre. En Anjou, il soupire aux genoux de Marie. Elle le laisse tomber pour un éleveur de cochons sans aucun doute... Il va ainsi de bide en bide jusqu'à ce qu'il soit devenu vieux (il était déjà sourd), grison et bedonnant. Sa « dernière aventure », comme il l'appelle, se nomme Hélène de Surgères. La belle a vingt-cinq piges et lui cinquante balais. Il lui écrit des déclarations qui devraient mettre le feu... aux joues de sa belle :

« Ne viendra point le temps où dessous les rameaux
Au matin où l'aurore éveille toutes choses
En un ciel bleu tranquille, au caquet des oiseaux
Je vous puisse baiser à lèvres demi-closes
Et vous conter mon mal, et de mes bras jumeaux
Embrasser à souhait votre ivoire et vos roses. »

La môme Hélène trouve ça très beau, mais l'envoie néanmoins chez plumeau.
Pour se venger, il lui pond alors l'immortel sonnet un tantinet moralisateur, qui a fait flipper depuis nombre de mijaurées : « Quand vous serez bien vieille, au soir, à la chandelle »....
J'ai choisi, entre autres, le fameux *Adieu, cons rondelets...* qui ne fut écrit par Ronsard que pour se moquer d'Henri III et de ses mignons. Ils avaient, en effet, une fâcheuse tendance à préférer le jeu du bilboquet à celui que l'on pratique ordinairement avec les délicieuses « marbrines motelettes » chères au poète.

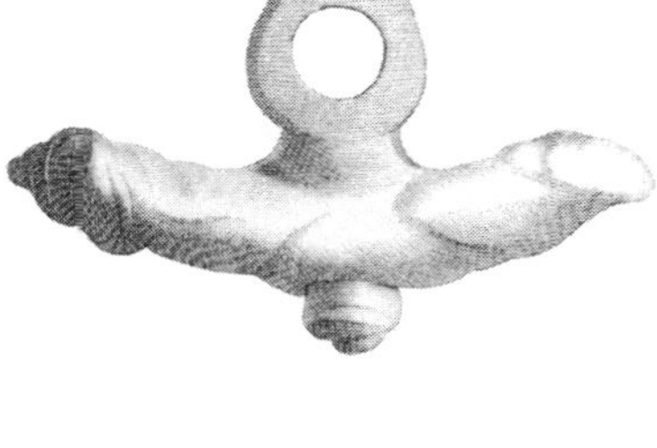

Sonnets

Lance au bout d'or, qui sais et poindre et oindre,
De qui jamais la roideur ne défaut,
Quand, en camp clos, bras à bras, il me faut
Toutes les nuits au doux combat me joindre;

Lance, vraiment, qui ne fus jamais moindre
A ton dernier qu'à ton premier assaut,
De qui le bout, bravement dressé haut,
Est toujours prest de choquer et de poindre !

Sans toi le Monde un Chaos se feroit,
Nature manque inhabile seroit,
Sans tes combats, d'accomplir ses offices;

Donc, si tu es l'instrument du bonheur
Par qui l'on vit, combien à ton honneur
Doit-on de vœux, combien de sacrifices ?

*

Je te salue, ô merveillette fente,
Qui vivement entre ces flancs reluis;
Je te salue, ô bienheureux pertuis,
Qui rend ma vie heureusement contente !

C'est toi qui fais que plus ne me tourmente
L'archer volant qui causait mes ennuis ;
T'ayant tenu seulement quatre nuits,
Je sens sa force en moi déjà plus lente.

O petit trou, trou mignard, trou velu,
D'un poil folet mollement crespelu,
Qui à ton gré domptes les plus rebelles :

Tous vers galans devraient, pour t'honorer,
A beaux genoux te venir adorer,
Tenant au poin leurs flambantes chandelles !

*

Adieu, Cons rondelets, Corralines Fossettes,
L'entretien de Nature et de tout l'univers ;
Adieux, antre Velus, plains de plaisirs divers,
Fontaines de Nectar, Marbrines Motelettes.

Ores, en votre lieu sont les fesses molettes,
Et les Culs blancs de chair, de tout Poil descouverts ;
Les Culs plus que les Cons sont maintenant ouverts :
Les Mignons de la Cour y mettent leurs lancettes.

Le Roi ne m'aime point, pour être trop barbu ;
Il aime à semencer le champ qui n'est herbu,
Et, comme vrai Castor, chevaucher le derrière ;

Lors qu'il foute les Culs, qui sont Cons estrecis;
Il tient du naturel de ceux de Medicis,
Et prenant le Devant, il imite son Père !

Sonnet

Douce lancette à la couleur vermeille,
Dardant parfois la plus prompte vigueur,
Qui au toucher met le feu dans le cœur,
Assoupissant la vie qui sommeille,

Et qui savoure avecque sa pareille
Le doux friand d'une douce liqueur,
Rafraîchissant la brûlante chaleur.
Du sang bouillant sous l'ardeur non pareille ;

Chatouille un peu mon maintien endormi,
Te retirant, traversant à demi
Dedans le clos de la mienne couchée,

Je te rendrai le semblable plaisir,
Qui mettra sus le plus outré désir
En attendant la lutte trébuchée.

Sonnet

Quand en songeant ma follâtre j'acolle,
Laissant mes flancs sus les siens s'alonger,
Et que, d'un branle habilement léger,
En sa moitié ma moitié je recolle :

Amour, adonc, si follement m'affolle,
Qu'un tel abus je ne voudroi changer,
Non au butin d'un rivage étranger,
Non au sablon qui jaunoie en Pactole.

Mon dieu, quel heur, et quel contentement,
M'a fait sentir ce faus recollement,
Changeant ma vie en cent métamorfoses !

Combien de fois, doucement irrité,
Suis-je ore mort, ore resuscité,
Entre cent lis et cent vermeilles roses !

LOUISE LABÉ
(1526-1565)

« LA BELLE CORDIÈRE » avait le feu au tambour. Mariée depuis dix ans à un cordier très riche, elle n'avait pas attendu d'être veuve pour se glisser entre les bras d'Olivier de Magny, qui était tombé raide dingue de la mignonne. Dans une *Ode à sire Aymon*, Olivier se paye d'ailleurs carrément la tirelire du cocu, ce qui peut laisser rêveur sur la réputation et les mœurs de la coquine. L'œuvre poétique de l'amoureuse Lyonnaise comprend *Le Débat de Folie et d'Amour* (1555) (elle savait de quoi elle parlait !), un dialogue en prose, vingt-quatre sonnets et trois élégies. Ces poésies exsudent la sensualité et la passion incandescente qui l'habitent. Son œuvre tout entière est consacrée à l'amour charnel, principalement dans les sonnets, qui demeurent les plus sublimes de notre langue.

Sonnets

O beaux yeux bruns, ô regars destournez,
O chaus soupirs, ô larmes espandues,
O noires nuits vainement atendues,
O jours luisans vainement retournez :

O tristes pleins, ô désirs obstinez,
O tems perdu, ô peines déspendues,
O mile morts en mile rets tendues,
O pires maus contre moy destinez.

O ris, ô front, cheveus, bras, mains et doigts :
O lut pleintif, viole, archet et voix :
Tant de flambeaux pour ardre une femelle !

De toy me plein, que tant de feus portant,
En tant d'endrois d'iceus mon cœur tatant,
N'en est sur toy volé quelque étincelle.

*

Baise m'encor, rebaise moy et baise :
Donne m'en un de tes plus savoureus,
Donne m'en un de tes plus amoureus :
Je t'en rendray quatre plus chaus que braise.

Las, te pleins-tu ? ça que ce mal j'apaise,
En t'en donnant dix autres doucereus.
Ainsi meslans nos baisers tant heureus
Jouissons nous l'un de l'autre à notre aise.

Lors double vie à chacun en suivra.
Chacun en soy et son ami vivra.
Permets m'Amour penser quelque folie :

Toujours suis mal, vivant discrettement,
Et ne me puis donner contentement,
Si hors de moy ne fay quelque saillie.

Tout aussitôt que je commence à prendre
Dans le mol lit le repos désiré,
Mon triste esprit hors de moi retiré
S'en va vers toi incontinent se rendre.

Lors m'est avis que dedans mon sein tendre
je tiens le bien où j'ai tant aspiré,
Et pour lequel j'ai si haut soupiré
Que de sanglots ai souvent cuidé fendre.

O doux sommeil, ô nuit à moi heureuse !
Plaisant repos, plein de tranquillité,
Continuez toutes les nuits mon songe ;

Et si jamais ma pauvre âme amoureuse
Ne doit avoir de bien en vérité,
Faites au moins qu'elle en ait en mensonge.

RÉMY BELLEAU
(1527-1577)

RÉMY fut un poète bucolique, tendre, sensuel et plutôt romantique. Cet éternel soupirant, aimé des dames, était choyé aussi par ses amis qui l'appelaient le « gentil Belleau ». La gaillardise ici n'a pas cours. On le devine amoureux perpétuel et plein de lyrisme :

Depuis que je baisai ce bel œil languissant
Qui tient de ses attraits mon âme ensorcelée...

On retient de sa poésie de petits éclairs érotiques :

Ou le parfum et la civette
Pour emmusquer ta peau douillette

tout à fait charmants qui lui font mériter une place aux côtés de son copain Ronsard. Celui-ci, en compagnie de ses amis de Baïf, Desportes et Amadys Jamyn, porta le cercueil sur ses épaules dans la nef des Grands Augustins, lors de l'enterrement de ce pauvre Rémy qui n'avait que cinquante ans.
Il nous reste sa poésie.

Baisers

Si tu veux que je meure entre tes bras, m'amie,
Trousse l'escarlatin de ton beau pellisson
Puis me baise et me presse et nous entrelassons
Comme, autour des ormeaux, le lierre se plie.

Dégraffe ce colet, m'amour, que je manie
De ton sein blanchissant le petit mont besson :
Puis me baise et me presse, et me tien de façon
Que le plaisir commun nous enivre, ma vie.

L'un va cherchant la mort aux flancs d'une muraille
En escarmouche, en garde, en assaut, en bataille
Pour acheter un nom qu'on surnomme l'honneur.

Mais moy, je veux mourir sur tes lèvres, maîtresse,
C''est ma gloire, mon heur, mon trésor, ma richesse,
Car j'ai logé ma vie en ta bouche, mon cœur.

à M. M.

De puis que je baisai sa bouchette emperlée
Et de son beau tétin le bouton rougissant
Depuis que je baisai le crêpe jaunissant
En cent flocons retors de sa tresse annelée

Depuis que je baisai la neige amoncelée
Sur sa gorge d'ivoire et son sein blanchissant,
Depuis que je baisai ce bel œil languissant
Qui tient de ses attraits mon âme ensorcelée :

Depuis je n'eus repos, et les soucis mordants
L'espérance et la peur ont gagné le dedans
De mon cœur fol banni des faveurs qu'il désire

Ah ! qui vit malheureux, qui se travaille en vain
Et qui sans espérer allonge de sa main,
Et vivant et mourant le fil de son martyre.

*

Depuis que j'ai baisé ta bouche vermeillette,
Et que je suçotté le petit bout moiteux
De ta langue sucrée et tâté bien-heureux
L'ivoire doux poli de ta cuisse douillette :

Depuis je n'eus repos, une flamme secrète
Aussi tôt dans mon âme écoula par les yeux,
Et de soupirs ardents un escadron venteux
Près d'elle se campa pour servir d'échauguette.

Qui dormirait, mon cœur, nourrissant dedans joy
Tant d'ennemis ensemble, ainsi que dedans moi
Sans trêve nuit et jour je nourris misérable ?

Mais sachant bien, mon cœur, que sous votre bonté
Vous ne cachez rigueur, dédain ni cruauté,
J'espère qu'à mon mal vous serez secourable.

Impuissance

Quel désastre nouveau, quel estrange malheur
Me brasse le destin, me bannissant de l'heur
Dont je pouvois jouyr ceste nuict près de celle
Qui brusle comme moy d'une ardeur naturelle !
Hé quoy ! tenant ma langue auprès l'ivoire blanc
De sa bouche de basme, entre flanc contre flanc,
Voyant du beau printemps les richesses escloses,
Dessus son large sein les œillets et les roses,
Un tétin ferme et rond en fraise aboutissant,
Une crespe d'or fin sur un teint blanchissant,
Un petit mont feutré de mousse délicate,
Tracé sur le milieu d'un filet d'escarlate,
Sous un ventre arondi, grasset, et potelé ;
Un petit pied mignard, bien fait, et bien moulé,
Une greve, un genouil, deux fermes rondes cuisses,
De l'amoureux plaisir les plus rares délices ;
Un doux embrasement de deux bras gros et longs,
Mille tremblants souspirs, mille baisers mignons :
Mon vit faict le poltron, estant en mesme sorte
Qu'un boyau replié de quelque chèvre morte :
Bref, il reste perclus, morne, lasche, et faquin,
Comme un drapeau mouillé, comme un vieux brodequin

Baigné, trempé de l'eau, comme si la tempeste
Eust voulu triompher des honneurs de ma teste !
Frappé d'un mauvais vent je demeure sans cœur,
Flac, équené, transi, sans force et sans vigueur.
Qu'est devenu ce vit à la pointe acérée,
Vit rougissant ainsi que la crête pourprée
Qui couronne, flottant, le morion d'un coc,
Roide, entrant tout ainsi que la pointe d'un soc
Qui se plonge et se cache en toute terre grasse
Jusqu'aux couillons ? Ce vit estoit enflé d'audace,
Escumant de colère et de fumante ardeur ;
Ce vit, comme un limier qui, de flairante odeur,
Suyvoit le trac d'un con, vit de bonne espérance,
Tousjours gonflé d'orgueil et gorgé de semence,
Et qui, pour galoper, ne faisoit du rétif,
Mais maintenant, ô Dieux, est couard et craintif ?

Donc, pour te faire arcer, mon vit, il te faut ores
Une vieille a deux dents qui se souvienne encores
De Jeanne la Pucelle ; à qui l'entrefesson
Sans enflure, sans poil, soit gelé de frisson,
Et si peu fréquenté qu'on sente, de la porte,
Un relent vermoulu, une peau déjà morte,
Entrouvrant tout ainsi qu'un sépulcre cendreux,
Béant, sur le portail, tout rance et tout poudreux,
Où pende pour trophee, et pour belles enseignes,
Un vieux crespe tissu des lèvres des areignes :
Un con baveux, rongneux, landieux et peautreux,
Renfrongné, découpé, marmiteux et chancreux.

Tel con sera pour toy, afin de mettre au plonge,
Dans l'abisme profond, ce nerf qui ne s'allonge
Et qui ne dresse point, glissant comme un poisson
Qui frétille, goulu, autour de l'ameçon,
Mais qui jamais ne prend amorce à la languette :
Une tripe, une peau, une savate infecte,
Rebouchant, remoussé, et pliant de façon
Que fait contre l'acier une lame de plon ;
Brave sur le rempart et couard à la brèche,
Un canon démonté, sans amorce et sans mesche,
Un manche sans marteau, un mortier sans pilon,
Un navire sans mast, boucle sans ardillon,
Un arc toujours courbé et qui jamais ne bande,
Un nerf tousjours lasché et qui jamais ne tende.
Il faut donc pour ce vit un grand con vermoulu,
Un con démesuré qui dévore, goulu,
La teste et les couillons, pour le mettre en curee,
Un con toujours puant comme vieille maree ?
Tel con sera pour toy, puis qu'un autre plus beau
Ne peut faire roidir ceste coüarde peau.
Adieu, et jamais plus ne t'avienne entreprendre
De faire le vaillant, toy qui ne sçauroit tendre !
Adieu, contente toy, et, ne pouvant dresser,
Que ce boyau ridé te serve de pisser !

OLIVIER DE MAGNY
(1529-1561)

OLIVIER en a bavé avec la belle Louise Labé *. Cela se devine dans sa poésie. C'est en passant à Lyon pour se rendre à Rome en mission diplomatique qu'il se transforma en bretzel amoureux aux pieds de la Belle Cordière. Elle lui en fit voir des vertes et des saignantes. Il rêve d'elle, il ne pense qu'à elle, ne fait l'amour qu'à elle (enfin... tout est relatif !), mais elle, dont la passion charnelle débordante est quasiment incontrôlable, va se frotter à d'autres luths que celui de son soupirant mal inspiré. L'amour envoie parfois des uppercuts. Il semble cependant que le lyrisme fougueux de sa géniale maîtresse ait laissé quelques bénéfiques influences dans l'œuvre du poète. Merci Louise.

* *Cf.* p. 85.

A Anne

Anne, je vous supplie, à baiser apprenez,
A baiser apprenez, Anne, je vous supplie,
Car parmi les plaisirs qu'en amour on publie,
Les baisers sont divins quand ils sont bien donnéz

Je suis, et comme moi plusieurs sont étonnés
Ayant ainsi la bouche en beaultez accomplie,
Et de si bonne odeur l'ayant ainsi remplie,
Qu'à baiser un peu mieux vous ne vous adonniez.

Ce n'est pas tout que d'être ensemble bec à bec,
Les lèvres se pressant d'un baiser toujours sec,
Il faut que l'une langue avec l'autre s'assemble,

Ores à son amy doulcement la donnant,
Ores à son amy doulcement la prenant,
La suçant, étreignant et mordant tout ensemble.

A s'amie

J'entrevoyais sous un vêtement noir,
Le marbre blanc de ta cuisse arrondie,
Lors que ta main, jalousement hardie,
Priva mes yeux du bonheur de la voir.

Dieux ! dis-je adonc, quel est votre pouvoir !
Quel est le teint de sa cuisse embellie !
Quelle est l'ardeur de mon âme assaillie,
Et sa douceur qui me paist d'un espoir !

Ni les crayons de Tymanthe ou d'Apelle,
Ni les ciseaux d'un nouveau Praxitelle,
Nous la feindraient si divinement bien...

Qu'ainsi ta main plus benigne devienne,
Me faisant voir cette colonne tienne
Sur qui fleurit ton jardin Cyprien.

*

Je l'aime bien, pour ce qu'elle a les yeux
Et les sourcils de couleur toute noire,
Le teint de rose et l'estomac d'ivoire,
L'haleine douce et le ris gracieux.

Je l'aime bien, pour son front spacieux,
Où l'amour tient le siège de sa gloire,
Pour sa faconde et sa riche mémoire,
Et son esprit plus qu'autre industrieux.

Je l'aime bien pour ce qu'elle est humaine,
Pour ce qu'elle est de savoir toute pleine,
Et que son cœur d'avarice n'est point ;
Mais qui me fait l'aimer d'une amour telle,
C'est pour autant qu'ell' me tient bien en point
Et que je dors quand je veux avec elle.

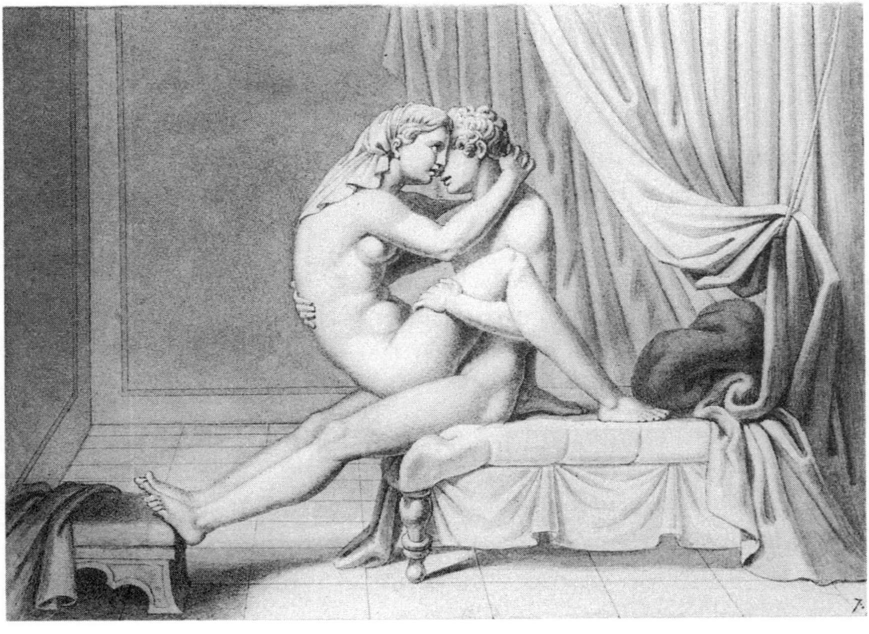

ÉTIENNE JODELLE
(1532-1573)

ÉTIENNE JODELLE connut dans sa courte vie la grandeur et la décadence. Il écrivit des pièces qui faisaient un tabac monstre devant la cour d'Henri II.
Hélas ! protestants et catholiques n'appréciaient guère les galipettes verbales de sa diablesse « Cléopâtre captive » ! Il connut un colossal succès auquel succédèrent des flops retentissants. Il gagna beaucoup de thunes et en dépensa encore plus. A l'âge de dix-sept ans, il écrivait déjà de superbes sonnets au collège de Boncourt en compagnie de son pote le « gentil Belleau ». Plus tard, de Baïf, d'Aubigné et Ronsard, qui le fit entrer à la Pléiade, furent ses copains. Il fut le premier à écrire des tragédies en alexandrins.
Il mourut dans une sombre panade, harcelé par ses créanciers. Agrippa d'Aubigné célébra ainsi l'infortuné Étienne :

Le ciel avait mis en Jodelle
Un esprit tout autre qu'humain
La France lui nia le pain
Tant elle fut mère cruelle.

Les vers de ses sonnets pleins de délicatesse ne sont point dépourvus de vigueur ni de sensualité à l'image de Louise Labé ou, plus tard, de Verlaine ou de Rimbaud. Ses mots tintent comme du cristal et c'est un vrai bonheur que de les dire à haute voix. Essayez donc.

Sonnets tirés de La Priapée

Bague fatale atteinte de la Lance,
Mise en l'arrêt de deux pertuis marbrins,
Que vont ornant les petits rares brins
D'un or tiré par étrange excellence ;

Et qui jamais par le vent ne balance,
Le plus puissant l'aurait-il entrepris,
Etant dessous la voûte d'un pourpris,
Que garde honneur contre la violence.

Attends le choc ou le heurt gracieux
De mon planson doucement furieux :
Je remplirai de corail et d'ivoire

Ton petit vide à la rose pareil,
Lequel aura de ma vertu la gloire,
Moi le loyer de mon plaisant travail.

*

En quelle nuit, de ma lance d'ivoire,
Au moussé bout d'un corail rougissant,
Pourrai-je ouvrir ce boutin languissant,
En la saison de sa plus grande gloire ?

Quand verserai-je, au bout de ma victoire,
Dedans sa fleur le cristal blanchissant,
Donnant couleur à son teint pâlissant,
Sous le plaisir d'une longue mémoire ?

Puisse elle tôt à bonne heure venir,
Pour m'engraver un joyeux souvenir,
Tardant si peu de son cours ordinaire

Qu'elle voudra l'ombre noir qui la suit,
Car de la nuit le clair jour je puis faire,
Et du clair jour l'ombreuse noire nuit.

*

Douce lancette à la couleur vermeille,
Dardant parfois la plus prompte vigueur,
Qui, au toucher, met le feu dans le cœur,
Arroidissant la vie qui sommeille,

Et qui savoure, avecques sa pareille,
Le doux friand d'une douce liqueur,
Rafraîchissant la brûlante rigueur
Du sang bouillant sous l'ardent non pareille,

Chatouille un peu mon maintien endormi,
Te retirant, t'avançant à demi,
Dedans le clos de la mienne couchée;

Je te rendrai le semblable plaisir,
En attendant la lutte tresbuchée,
Qui mettra sus le plus outré désir.

*

Touche de main mignonne, fretillarde,
Sur l'instrument le plus doux en amour,
Qui peut chasser la plaintive clamour,
Sous un accord de plaisance gaillarde,

Et au tenter d'une ruse pillarde,
Pince et blandit mainte corde à l'entour,

En l'animant d'agile brusque tour,
Par la vertu de sa voix babillarde.

Assez, assez, pour jouir à plaisir
Et commencer me tente le désir :
Tiens la mesure, ou sur mon Luth fredonne

Les doux accords des accordants débats;
Ce temps pendant, du pouvoir que me donne
Le long repos, je fournirai le bas.

BRANTÔME
(1535-1614)

PIERRE DE BOURDEILLE, seigneur de Brantôme, fut un remarquable conteur. Tout comme Tallemant des Réaux, il excella dans les historiettes plutôt galantes. Il en pinça sérieux (lui aussi !) pour Marguerite de Valois qui était à ses yeux « la plus belle, la plus intelligente, la plus généreuse, la plus magnanime et la plus accomplie princesse du monde ». L'histoire ne dit pas s'il parvint à ses fins... Son vrai destin dans un premier temps fut de partir se bigorner en Italie, puis de se friter ensuite copieusement en Afrique contre les Turcs. C'est en allant combattre pour le roi d'Espagne Philippe II qu'il tomba de cheval et se cassa la margoulette. Cloué sur un pageot durant plusieurs années avec les reins brisés, Brantôme devint écrivain, c'est beaucoup moins dangereux et ça laisse d'heureuses traces pour la postérité.

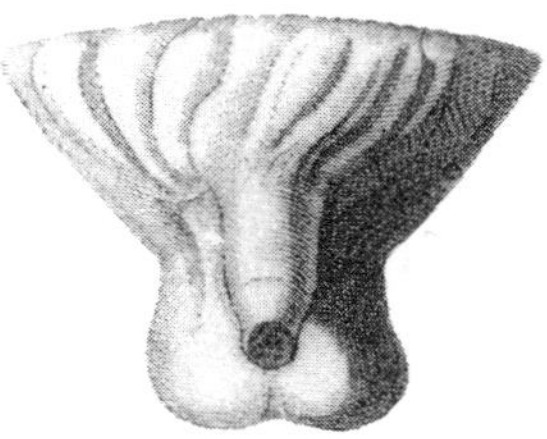

Maisonfleur, je ne puis aimer une pucelle
Qui foiblette ne peut encor' le joug porter,
Et farouche ne veut le Taureau supporter
Quand quelques fois il veut s'esbaudir avec elle.

J'aime bien celle la qu'après sa fleur nouvelle ?
Sur l'âge de vingt ans, est preste de dompter,
Et se laisse aisément à son m'ay monter,
Sans ployer au fardeau ni sans estre rebelle.

Maisonfleur, dites-moy : qui a telles amours
Ne peut-il pas finir heureusement ses jours ?
L'autre n'est point amour que d'une estrange sorte ;

Voilà pourquoy je veux retirer mon amour
D'un raisin qui est vert, en attendant qu'un jour,
Possible plus meury, l'Automne me l'apporte.

*

Je n'ayme plus qu'un nom de Catherine
J'en aime deux portans ce mesme nom,
L'une a mon cœur, pour avoir un surnom
Qui correspond à sa vertu divine ;

Et quant à l'autre, à voir sa douce mine,
Son embonpoint, son visage si bon,
Je crois qu'elle a belle motte et beau con :
Elle aura donc mon vit pour contremine.

Je ne veux pas pourtant m'assujettir
Tant en ce lieu qu'il n'en puisse sortir
Car s'il plaisoit à Dame première

De me prester ce que j'aime trop mieux,
Son con, son flanc, plus qu'un trait de ses yeux,
Je l'aime bien autant que la dernière.

PIERRE DE LARIVEY
(1540-1619)

NOMMÉ chanoine à Troyes puis ordonné prêtre, le sieur de Larivey passa une partie de ses loisirs à traduire des livres italiens. Il reconnut que ses propres écrits étaient du reste « imités des auteurs italiens ». En fait, il pilla de nombreux auteurs de théâtre italiens pour en faire des pièces françaises signées Larivey. Dommage qu'il n'ait pondu davantage de poésies aussi malicieuses que celle qui suit.

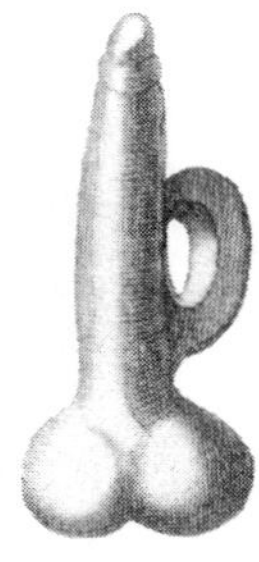

Une femme qui pile

Je vis ces jours passez une fort belle garce
Négligemment coiffée, assise sur du foin,
Ayant ses deux genoux l'un de l'autre si loin
Au large escarquillez qu'ils occupoient la place.

Ses cuisses elle ouvroit d'une si bonne grace
Qu'on voyoit entre deux, vers le haut, en un coin,
Un trou large et ouvert à y mettre le poin,
Mais qui faisoit, ce semble, une laide grimace.

Joyeuse, elle tenait à belles plaines mains
Un chose gros et long d'un quartier pour le moins
Qu'elle mettoit dedans d'une mine asseurée ;

Et, remuant tousjours, si fort elle pressoit
Que jamais en repos elle ne la laissoit
Qu'une douce liqueur elle n'en eut tirée.

MARC DE PAPILLON DE LASPHRISE

(1555-1599)

C'EST l'interdit qui l'attirait de prime abord. N'est-ce pas toujours le meilleur ? Il était capitaine, fort estimé, dans la suite du duc d'Anjou (le futur Henri III). Les éclatants succès de ses conquêtes guerrières contribuèrent largement à ceux qu'il remporta auprès des dames. Mais voilà, les mignonnes n'étaient pas forcément libres. Cette jolie novice de vingt printemps qui s'apprêtait à épouser Dieu ne finit-elle pas dans son lit, toute chamboulée par les vers qu'il composa pour elle ? Il l'avait surnommée « Théophile » (Aime Dieu). En attendant, il faisait Dieu cocu ! Il agit de même, d'ailleurs, avec ce pauvre tendron de Polixène Papillon, la propre fille de son frère, sa nièce, oui, et mariée qui plus est. C'est pour toutes ces raisons qu'il l'appelait Noémie, pour brouiller les cartes. Remarquez, obligé qu'il était de taire le nom de ses maîtresses faisant partie de la cour ou, comme cette pauvre Noémie, de sa famille, il se débrouillait pour glisser leur nom dans ses poésies par le jeu d'acrostiches ou d'anagrammes.

Ce secret de polichinelle vite éventé, on avait tôt fait de montrer du doigt les malheureuses amantes, quand elles ne finissaient pas étranglées par le mari jaloux.

Mais ligotez plutôt ces vers galants du bouillant capitaine qui tant aimait « la jolie escarmouche ». Sacré Papillon !

L'amour passionnée de Noémie

Hà Dieu ! que j'ay de bien alors que je baisotte
Ma jeune folion dedans un riche lict.
Hà Dieu ! que j'ay de bien en ce plaisant conflict,
Perdant mon plus beau sang par une douce flotte.
Hà Dieu ! que j'ay de bien lors que je la mignotte,
Lors que je la chatouille, et lors qu'elle me rid,
Hà Dieu ! que j'ay de bien, quand j'entends qu'elle dict
D'une soufflante voix : Mon mignon, je suis morte.
Et quand je n'en puis plus, hà Dieu ! que j'ay de bien
De faire la mocquette en m'esbatant pour rien.
Hà Dieu ! que j'ay de bien de pinçotter sa cuisse,
De lécher son beau sein, de mordre son tetault.
Hà Dieu ! que j'ay de bien en ce doux exercice,
Maniant l'honneur blond de son petit tonneault.

*

Çà, je veux fourniller en ton joly fourneau
Car j'ay de quoi esteindre et allumer la flame ;
Je vous veux chatouiller jusqu'au profond de l'ame,
Et vous faire mourir avec un bon morceau.
Ma petonne, inventons un passe-temps nouveau,
Le chantre ne vaut rien qui ne dit qu'une game :

Faictes donc le seigneur et je feray la dame,
Serrez, poussez, entrez, et retirez tout beau.
Je remu'ray à bons d'une vitesse ardente,
Nos pieds entrelacez, nostre bouche baisante,
La langue fretillarde ira s'entremouillant.
Jouons assis, debout, à costé, par derrière
(Non à l'italienne) et tousjours babillant,
Ceste diversité est plaisante à Cythere.

Chanson

O que c'est chose belle
D'estre bien amoureux,
En jouyssant de celle
Dont on est desireux ;
C'est la douceur naifve
Et la superlative.
Mais las ! quel plaisir est-ce
D'approcher au matin
Sa gentille maistresse
Mordillant son tetin,
Puis donner sur la couche
La jolie escarmouche ?
Et sur l'apres-dinee
La mener dans le bois,
Puis l'ayant proumenee
L'embrasser quelquesfois ;
Quand la dame est vestue
L'amour s'en évertue.
Lors que l'on la desrobe
Vestue richement
Le fricfric de sa robe
Eguillonne l'amant,

Entendant les ramages
De mille oyseaux sauvages.
Là là l'on se baisotte
Bien mieux que sus un lict, (...)

***

Je l'œilladoy my-nue, eschevelee,
Par un pertuis desrobé finement;
Mon cœur battoit d'un tel débatement,
Qu'on m'eust jugé comme en peur desreiglee.
Or j'estoy plein d'une ardeur enflamee,
Ore de glace en ce frissonnement;
Je fus ravy d'un doux contentement,
Tant que ma vie en fust toute pasmée.
Là follastroit le beau soleil joyeux,
Avec un vent (zephyre gracieux)
Parmy l'or blond de sa tresse ondoyante,
Qui haut volante ombrageoit ses genoux.
Que de beautez ! mais le destin jaloux
Ne me permist de voir ma chere attente.

***

O qu'il est doux, le plaisant jeu d'aimer !
Qui eust pensé une telle delice ?
Si c'est cela que l'on appelle vice,
Le vice ainsi joye se peut nommer.

Il falloit donc le faire plus amer,
Chagrin, pleurant, mauvais, plein d'artifice,
Non gay, riant, naturel, sans malice,
Comme est l'amour qui me fait enflamer.
Si le vice est d'avoir douce allegresse,
La vertu donc est pleine de tristesse,
Chaque chose a sa contrariété.
Si vertu pleure et que le vice rie,
Le philosophe est gonflé de folie :
Car rire duist à nostre humanité.

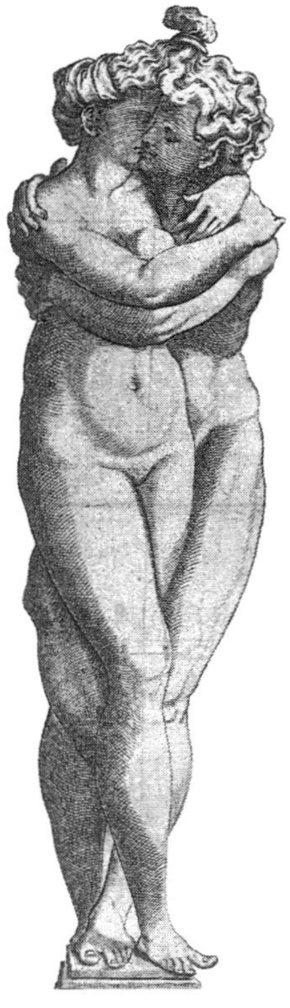

FRANÇOIS DE MALHERBE
(1555-1628)

SA LANGUE est superbe, vigoureuse, luxuriante. Sa poésie, malgré la hardiesse des mots qu'il choisit avec soin, est dépourvue de trivialité tant ses vers sont ciselés avec élégance. La métrique implacable dans laquelle ces derniers sont enchâssés en a sans doute découragé plus d'un d'oser prendre une plume et de « faire le poète ». Le magique assemblage des mots choisis engendre une cadence musicale et fait naître une vigueur dans le propos auxquelles seule la perfection des vers de la « Belle Cordière » Louise Labé peut être comparée. Les sentiments de cette dernière étaient, il est vrai, plus empreints de passion que de la gaillardise évidente du sieur de Malherbe. On l'appelait d'ailleurs le « père luxure » et cela ne lui déplaisait pas, bien au contraire. Il se vantait fréquemment de ses succès obtenus auprès de la gent féminine.
Jacques Brosse nous dit dans son *Dictionnaire des auteurs* que « Malherbe, en son temps, fit figure d'original. Epris de rigueur, de simplicité et même de sécheresse, il est parvenu à marquer durablement de son tempérament personnel, raisonneur, austère, la poésie de tout le XVIIe siècle. »
Il est tout de même utile de souligner que Malherbe, capable de faire rimer si joliment des sonnets aussi licencieux que ceux de Mathurin de Régnier, garda, lui, prudemment ses manuscrits cachés sous une pile de draps.

Il en fut de même du reste des célèbres priapées de François Maynard, qui elles aussi ne furent publiées qu'au XIXe siècle.
Courageux ces messieurs, mais point téméraires. Pension du Roi oblige.
Pour ma part, François de Malherbe fut le premier poète qui m'émerveilla à l'âge de dix-sept ans.

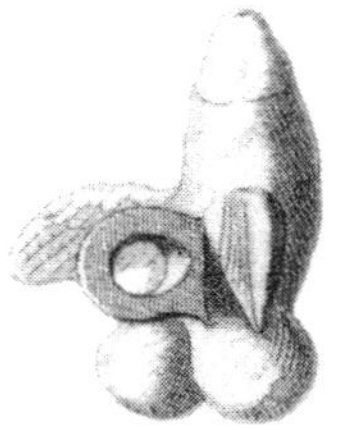

Sonnets

Là ! Là ! pour le dessert, troussez moy ceste cotte,
Viste, chemise et tout, qu'il n'y demeure rien
Qui me puisse empescher de recognoistre bien
Du plus haut du nombril jusqu'au bas de la motte.

Là, sans vous renfroigner, venez que je vous frotte,
Et me laissez à part tout ce grave maintien :
Suis-je pas votre cœur ? Estes-vous pas le mien ?
C'est bien avecque moi qu'il faut faire la sotte !

– Mon cœur, il est bien vray, mais vous en faites trop :
Remettez-vous au pas et quittez ce galop.
– Ma belle, baisez-moi, c'est à vous de vous taire.

– Ma foi, cela vous gaste au milieu du repas...
– Belle, vous dites vray, mais se pourroit-il faire
De voir un si beau con, et ne le foutre pas ?

***

Sitôt que le sommeil, au matin, m'a quitté,
Le premier souvenir est du con de Nérée,
De qui la motte ferme et la barbe dorée
Esgale ma fortune à l'immortalité.

Mon vit, dont le plaisir est la félicité,
S'allonge incontinent à si douce curée,
Et d'une échine roide, au combat préparée,
Montre que sa colère est à l'extrémité.

La douleur que j'en ai montre sa patience,
Car de me le mener, c'est cas de conscience ;
Ne me le mener point, ce sont mille trépas.

Je le pense flatter afin qu'il me contienne,
Mais en l'entretenant je ne m'aperçois pas
Qu'il me crache en la main sa fureur et la mienne.

*

« Multipliez le monde en votre accouplement »,
Dit la voix éternelle à notre premier père,
Et lui, tout aussitôt, désireux de le faire,
Il met sa femme bas, et la fout vitement.

Nous, qui faisons les fous, disputons sottement
De ce Dieu tout-puissant la volonté si claire
Par une opinion ouvertement contraire
Nous-mêmes nous privant de ce contentement.

Pauvres ! qu'attendons-nous d'une bonté si grande ?
Ne fait-il pas assez, puisqu'il nous le commande ?
Faut-il qu'il nous assigne et le temps et le lieu ?

Il n'a pas dit, Foutez; mais grossiers que nous sommes
Multiplier le monde en langage de Dieu
Qu'est-ce, si ce n'est foutre en langage des hommes ?

*

J'avais passé quinze ans, les premiers de ma vie,
Sans avoir jamais sçeu quel estoit cet effort
Où le branle du cu fait que l'âme s'endort,
Quand l'homme a dans un con son ardeur assouvie.

Ce n'estoit pas pourtant qu'une éternelle envie
Ne me fît désirer une si douce mort,
Mais le vit que j'avois n'estoit pas assez fort
Pour rendre comme il faut une Dame servie.

Je travaille depuis, et de jour, et de nuit,
A regagner ma perte, et le temps qui s'enfuit,
Mais déjà l'Occident menace mes journées....

O Dieu, je vous appelle, aydez à ma vertu :
Pour un acte si doux, allongez mes années,
Ou me rendez le temps que je n'ai pas foutu !

*

HÉLIETTE DE VIVONNE
(1558-1625)

CETTE MUTINE d'Héliette avait pour elle une façon bien aimable de jouer du luth avant de s'endormir. Les musiciennes, c'est connu, sont artistes sensibles. Mariée à Louis de Montberon, elle fut dame d'honneur de la reine Elisabeth puis de la reine Louise de Lorraine. Desportes l'a chantée dans ses poésies, ainsi que Ronsard à qui elle avait dû taper dans l'œil. On retrouve dans l'un de ses sonnets :

Cette Françoise Grèque aux beaux cheveux chatains
Dont les yeux sont pareils à Vesper la brunette
Cette belle, sçavante et céleste Héliette...

Et en plus elle était belle !

Le luth

Pour le plus doux esbat que je puisse choisir,
Souvent, après disner, craignant qu'il ne m'ennuye,
Je prends le manche en main, je le taste et manie,
Tant qu'il soit en estat de me donner plaisir.

Sur mon lict je me jette, et, sans m'en dessaisir,
Je l'estrains de mes bras et sur moy je l'apuye,
Et, remuant bien fort, d'aise toute ravie,
Entre mille douceurs j'accomplis mon désir.

S'il avient, par malheur, quelquefois qu'il se lasche,
De la main je le dresse, et, derechef, je tasche
Au jouir du plaisir d'un si doux maniment :

Ainsi, mon bien aymé, tant que le nerf luy tire,
Me contemple et me plaist, puis de luy, doucement,
Lasse et non assouvie en fin je me retire.

SIGONE

(1560-1611)

IL AVAIT la plume acide et s'était fait des tas d'ennemis. Il disait – et écrivait – pis que pendre de Régnier et de Motin son « ennemi intime » qu'il éclaboussait régulièrement d'une volée d'épithètes telles que : « bouffon, poltron, cocu, maquereau et... sodomite » ! Parfois, un rien vous soulage. Son style poétique est sans doute plus proche de Rabelais que véritablement des satyriques qui, Régnier en tête, révolutionnèrent la poésie du XVIIe siècle. Sa verve n'en demeure pas moins truculente, remplie d'inventions et de pittoresque, que l'on retrouve le plus souvent dans ses stances ou ses épigrammes parfois très méchantes et fort drôles.

Épigramme

Jeanne, si belle et si jolie,
A tout foutu fors un écu
Que si souvent elle manie,
Qu'il est plus usé que son cul
Encore ne l'emploira-t-elle,
Comme j'entends ; la demoiselle,
A quelque chose de friand.
Mais si elle voyait près d'elle
Quelque vit joyeux et riant,
Qui portât fort haute sa tête,
C'est bien pour lui qu'elle l'apprête.
Le ventre qui meurt cependant,
De male faim en attendant,
Pète, rechigne et se tempête.
Et voyant du con les repas,
Il se difforme et devient blême
De se voir toujours au Carême,
L'autre toujours au Mardi gras.

Le gaude-michy des filles

L'on m'a dit que le plus souvent,
L'amour vous contraint en servant
De faire à l'envers la grenouille,
Et que faites mille regrets
Pour les doux mystères secrets
Du feu secret qui vous chatouille.

Mais je me plains que tout le jour
Fuyant même le nom d'amour
Vous contrefaites la doucette,
Cependant que toutes les nuits
Vous prenez de nouveaux desduits,
Avec un manche d'époucette.

Mais un clou qui se détacha
Ces jours passés, vous écorcha,
Dont vous faites si triste mine
Que vous allez tout desdaignant :
Pouvant à peine en rechignant
Retenir l'eau de votre urine

Une autre fois, il faut choisir,
Le lieu, le temps et le loisir
Pour vous réjouir à votre aise
Usant de ces bastons polis
Dont vous arrangez les gros plis
Et les bouillons de votre fraise.

Ceux de veloux ne coulent pas ;
Ceux de satin deviennent gras,
Et sont rudes à la couture :
Et ceux de verre en la chaleur
S'ils se cassaient par un malheur
Vous pourraient blesser la nature.

Si vous en prenez un de fer
Avant qu'il se puisse échauffer
Il ne fera rien qui vous plaise.
Mais ! Je me trompe en cet endroit,
Car aussitôt il se fondroit,
Comme dedans une fournaise

Mais il vaut bien mieux pratiquer
L'amour même sans se moquer
Sans aimer l'ombre de son ombre,
Et sans par un ébat nouveau
Vous jouer de quelque naveau
Ou d'un avorton de concombre.

Ce n'est pas ainsi qu'il nous faut !
Refroidir un endroit si chaud,
Qui d'une feinte ne s'abuse,
Et qui pourrait en un moment
Allumer dans un régiment
Toutes les mesches d'arquebuse.

N'y se tromper de la façon
De celle qui pour un garçon
Embrassait souvent une femme ;
Et qui mourant de trop aimer,
Ne trouva qu'aux flots de la mer
Un remède à sa triste flâme.

Vous n'attendez qu'un mari neuf,
Quelque veau pour devenir bœuf,
Qui vous oste ce nom de fille,
Et tenant clos votre vallon,
Craignant l'enfleure du ballon
Vous vous esbattez d'une quille.

Mais quiconque soit le damné,
Votre mari prédestiné,
Bien qu'il n'épouse qu'une beste,
Heureux il sera, le cocu,
Au moins si vous avez le cu
Tout aussi léger comme la teste.

Stances sur la belle Margot

Margot feignait d'être de fête
Afin de tromper son jaloux,
Et fit tant par humble requête
Qu'elle eut des souliers de veloux.

Mais tandis qu'il va par la ville
Elle fait venir son valet,
Qui vous l'empoigne et vous l'enfile
Ainsi qu'un grain de chappelet ;

Des jambes son col elle accolle,
Et pendant qu'au branle du cul
Ses pieds faisaient la cabriolle,
Voici revenir son cocu :

Alors il cria de la porte,
Voyant le nouveau passe-temps :
Si tu vas toujours de la sorte
Tes souliers dureront longtemps.

Stances

Ces petits vits desquels l'enflure
A peine garnit l'ouverture
Des cons, voire des plus petits,
Sont haïs de nous autres filles,
Et les estimons inabiles
A chatouiller nos appétits.

Ces petits vits à la douzaine
Ne rendent la nature pleine
Et en donnent jusques au bout ;
Il semble que l'on nous farfouille
Ou d'un festu, ou d'une douille :
Il faut égalité partout.

Les nains, monstres en petitesse,
N'ont jamais garde d'estre en presse :
Il semble, à voir ces avortons,
D'une chétive créature
Qui se promène à l'adventure
Dans un grand palais, à tatons.

Ils vont vagabons par la place
Sans marquer ny chemin ny trace,
Les murs n'approchent nullement ;
Le plancher sur leur chef se hausse ;
C'est une volupté sans sauce ;
Le plaisir vient du frottement.

Je ne suis nullement avide
Du plaisir qui provient du vide ;
Qui veut faire sortir du feu
Des cailloux, il faut qu'il les joigne :
Se les vits ses parois esloigne,
C'est un désagréable jeu.

Nous aimons les vits dont les rables
Bouchent tout à plain nos estables,
Mettent le nez en chaque coin,
Qu'ils avancent et qu'ils reculent,
Qu'ils s'alongent et qu'ils s'aculent,
Maintenant pres, maintenant loing.

Nos cons sont palais magnifiques ;
Il n'y faut d'estroites boutiques,
L'on y veut court, et grand verger,
Salle, cabinet, et cuisine,
Chambre, et antichambre voisine :
Un petit train n'y peut loger.

GONGORA
(1561-1627)

JE VOUS ACCORDE volontiers que le ton des poésies de Gongora fait davantage penser aux joyeusetés gaillardes d'un François Maynard ou de Théophile de Viau qu'à l'érotisme de Baudelaire. C'était pourtant celui de l'époque. Gongora, né et mort à Cordoue, eut une influence considérable sur la poésie espagnole jusqu'en 1920, où il était encore considéré comme une référence suprême par les jeunes poètes espagnols.

Dites-moi, ma gracieuse dame
qu'est-ce que cela et ceci ?
Dites-moi ce qui est tendu
avec deux citrons tout au bout,
et, comme gros navet, barbu,
et, tel un os, est dur et mou ;
Irrité et le cœur joyeux
Il pleurait un lait savoureux,
qu'est-ce que cela et ceci ?
Dites, qu'est ceci qui s'élance
de par les berges du Génil,
on dirait qu'une canne file,
qu'elle ricoche comme lance,
et blesse sans rancœur vile
la partie qui lui fait offense,
qu'est-ce que cela et ceci ?
Cet œillet qui est situé
aux abords de Fontarabie,
est, dites, comment, mon aimée,
à la fois large et rétréci ?
Pourquoi lorsque je suis couché
c'est à mes lèvres si doux fruit ?
Qu'est-ce que cela et ceci ?
Pourquoi vole-t-il bec au vent
et se restaure sans manger ?
Pourquoi quand je l'ai mieux comblé
s'ouvre-t-il de contentement ?
Et si ce n'est qu'un encrier,
pourquoi est-il toujours bouillant ?
Qu'est-ce que cela et ceci ?

*
* *

Thérèse me pria,
comme elles étaient seulettes
de sortir à la hâte
ma canne et mes boulettes.
J'ôtai mes vêtements,
dégainai de bon gré,
Si tu m'avais vu, Juan,
jouer du bilboquet !
Puis Inès enleva
un à un ses atours,
j'entrepris dare-dare
un coup, deux coups, trois coups,
Tel un homme galant
mes touches je portai,
Si tu m'avais vu, Juan
jouer du bilboquet.

PIERRE MOTIN
(1566-1610)

SES SONNETS du cabinet satyrique sont considérés, hormis ceux de Régnier, comme étant les meilleurs parmi les poètes du XVIIe siècle. Le ton en est totalement libre et la versification bien plus élégante que celle de Sigogne par exemple. Motin, ami de Régnier, eut l'honneur d'écrire pour lui l'ode liminaire placée en tête de la première publication de ses satyres. Régnier, par ailleurs, dédia l'une de ses satyres à Motin. Ils furent tous deux « protégés » par le « bon roi Henri » qui goûtait fort leur poésie et ne ménageait pas ses encouragements de toutes sortes.

Ode

Doux antre, où mon âme guidée
Met son désir audacieux,
Clos à mes mains, clos à mes yeux,
Et descouvert à mon idée.

Tertre qu'un lis dore la bouche,
De qui le dessous enflammé
Ressemble un œillet mi fermé,
Alors que le soleil se couche.

Brun séjour et secret arcade,
Au fond de vermeil éclatant,
Et qui le va marbre imitant
Et le dessus d'une grenade.

Beau crespe, qui dessus blondoye,
Le plus fin qu'on puisse trouver ;
Amour luy-mesme en fit le ver ;
Et luy-mesme en fila la soye.

Toyson d'or, d'amour enseignée,
Où mon désir est arresté,
Ainsi qu'une mouche en esté
Dans les filets d'une araignée.

Petit gazon fait d'une rose,
Gros comme un coin en sa couleur,
Ne laisse pas sécher ta fleur
A faute qu'aucun ne l'arrose.

Stances

Ces petits cons dont l'on faict fête,
Où le vit ne met que la tête,
N'assouvissent point mon désir ;
J'aime les cons de belles marges,
Les grands cons qui sont gros et larges,
Où je m'enfonce à mon plaisir.

Les cons si estroits de cloture
Mettent un vit à la torture
Et le laissent sans mouvement ;
J'aimerois mieux branler la pique
Que de foutre en paralitique :
Le plaisir gît au remument,

Dans le grand con de ma Maîtresse,
Mon vit peut montrer son adresse,
Aller le trot, aller le pas,
Chercher par tout son adventage,
Et monter d'étage en étage,
Maintenant haut, maintenant bas.

Comme le Monarque des Perses,
Jadis, par les saisons diverses,
Avait de diverses maisons,
D'un vit la majesté suprême
Dans un grand con peut tout de même,
Se loger en toutes saisons,

Foutre des cons de ces pucelles,
Serrés comme des escarcelles,
Où le vit n'est en liberté !
J'ai dans le con de ma voisine,
Ma chambre, antichambre, et cuisine,
Logis d'Hiver, logis d'Eté.

Pour une jeune dame Sonnet

Le Pigeon fout la Colombelle,
Le coq fout la poule souvent,
Et le moyneau, moins continent,
Fout et refout la passerelle.

Ceste mignarde Tourterelle
A foutre a du contentement,
Le cheval saute la Jument,
Le taureau la Genisse appelle.

Il n'est animal montagnard,
Tygre, Grifon, ny Leopard,
Lyon, ne Dragon, qui ne foute.

Pourquoy avons nous des Couillons,
Sinon pour foutre, compagnons,
Suyvans de nos Peres la route ?

Sonnet

Qu'à tous les diables soient ces chiennes de maîtresse,
Qui me font idolâtre avec leurs foutus yeux !
Si je leur dis mon mal, je suis capricieux,
Et n'ont point de pitié de mes fières détresses.

Vous qui faites du cul maints beaux tours de souplesse,
Plongez mon brave vit dans vos gouffres affreux,
Et ne vous étonnez s'il est ainsi baveux :
Ce ne sont pleurs de deuil, mais larmes de liesse.

Venez, garces, venez, qu'il ne soit plus tendu
Sans quelque coup férir ; je veux être pendu
Si du premier estoc je n'enfonce la maille.

Hé bien ! qu'en dites-vous, bougresses de putains ?
Supportez la fureur de mes coups clandestins
Ou je vous ferai foutre avec des vits de paille.

MATHURIN RÉGNIER
(1573-1613)

RÉGNIER fut sans aucun doute le premier poète qui eut l'audace et le courage de publier en 1608 ses premières satyres. La verdeur et la liberté de langage surprirent au plus haut point les lecteurs d'alors, qui ignoraient totalement le libertinage philosophique que dispensaient généreusement ces fameuses satyres. Voltaire, Stendhal, et bien plus tard Verlaine et tant d'autres, doivent tout à Régnier, ainsi que ceux de son époque qu'il imprégna si fortement de son esprit. J'évoque bien sûr Sigogne, Motin et même Berthelot, un teigneux de talent, ennemi de Malherbe ainsi que de Régnier. Tous ces auteurs satyriques ont perfusé un sang frais et tout neuf dans les veines de cette vieille poésie malade de l'héritage du Moyen Age et de sa chrétienté. C'est l'athéisme salutaire, légué par les « païens » de la Renaissance – Ronsard y compris – aux burlesques et philosophes libertins du XVIIe siècle, qui ouvrit les chemins de la liberté d'expression poétique. Grâces vous soient rendues Messieurs les poètes, et Mathurin en particulier.

Stances

Je ne suis pas prêt de me rendre
Je suis en foutre un Alexandre
Et comme son ambition
D'un monde ne peut se repaistre
Un tant grand con peusse-t-il estre
Ne suffit à ma passion

Bien que cassé la teste grise,
J'ai sué sous mainte entreprise,
Mon vit est si franc du collier
Que veuves sans choses et autres
Il enfile plus de patenostres
Que n'en dit jamais cordelier

Toujours gaillard, prêt à combattre,
J'en mets à bas autant que quatre.
Qui ne le croit vienne au congrès :
Je foutrai à jeun et sans boire
Plus qu'Hercule à la couille noire,
Le plus vaillant fouteur des Grecs !

Stances

Femmes qui aimez mieux le foutre que le pain,
Qui prenez en foutant un plaisir souverain,
Qui faites de vos cons une source seconde,
Qui crevez de despit qu'on ne vous foute point,
Laissez-vous foutre à moi, j'ai le vit en bon point,
Et vous direz que c'est le paradis du monde.

Je crois que tout foutoit quand je fus engendré
Tant je suis en foutant chaudement agité,
D'une ardeur qui n'est point à tous fouteurs commune.
Si j'approche d'un con je me sens eschauffer,
Ni mari ni parent ne peuvent m'estonner,
Mon vit et mes couillons courent même fortune.

O mourir agréable, ô trespas bien heureux !
S'il y a quelque chose en ce monde d'heureux,
C'est un tombeau tout nud d'une cuisse yvoirine,
Les esprits vont au ciel d'un ravissement doux :
Si l'homme meurt dessus la femme meurt dessous,
mais une mort est peu pour chose si divine.

Ce sont mots inventez que parler de l'honneur,
Et dire qu'en foutant on n'a point de bonheur,
Et que celui qui fout à la vertu s'oppose.
Il n'est point d'autre honneur que de foutre très bien,
Car sans ce doux plaisir la vertu ne vaut rien :
Honneur, foutre et vertu, c'est une même chose.

Sonnet

Eh bien mon doux ami, comment vous portez-vous ?
Etes-vous satisfait du con de Magdelaine ?
Quant à moi, je suis bien, j'ai le vit en haleine,
Tout prêt comme il me semble à foutre quatre coups.

Je prends tant de plaisir à l'heure que je fous
Et que Rose sous moi à foutre se démeine
Que lassé de mon âme au bout du vit la meine
Pour faire un lit d'honneur entre ses deux genoux.

Mon vit en y pensant se roidit et s'eschauffe
Tellement que sa forme apparait par dehors ;
Au souvenir de Rose je fais lever ma chausse.

Rose de qui le con a de roses les bords,
Où je voudrois fourrer les couilles et le corps
Et là comme un anchois me fondre tout en sausse !

Diverses épigrammes

Jeunes esprits qui ne pouvez comprendre
Comme il vaut faut gaigner le jeu d'aimer
Le jeu de paume à tous vous peut apprendre
Qu'amour se doit pour la belle estimer.
Le premier coup que quinze il faut nommer
C'est le devis, puis le baiser le trente,
Et puis toucher du tétin à la fente,
Quarante-cinq doit compter l'amoureux,
Mais pour gaigner le jeu qui tant contente,
Il faut frapper tout droit dans l'entredeux.

⁂

Un bon coüillaud voyant sa chambrière
Belle de corps et propre à soutenir
Quelque grand faix en chambre de derrière,
Monta dessus, puis soudain vient venir
Sa femme oyant ce bruit qui dit holà,
Qui vous a mis tous deux en ce point là ?
Est-ce l'amour qu'à moi avez enclose ?
Ha ! mon mari, je ferais bien cela
Ma chambrière eut bien fait autre chose.

⁂

Avant hier mon maitre m'accola
Dessus un banc où me trouva assise,
Et puis me dit, m'amie faisons cela,
Car c'est un jeu que tout le monde prise.
Au même instant rebroussa ma chemise
Puis me coucha pour le faire à son aise,
Ou lors je fis quelque peu la mauvaise,
Ne cognoissant le goût de ces ébas,
Après je dis : je veux bien qu'on me baise
Tout aussitôt que j'aurai le cul bas.

***

Un galland le fit et refit
A une fille en s'esbatant
Et puis après la satisfit,
D'un bel escu d'or tout contant.
Ma foi je n'en aurai point tant,
Dit la fillette, c'est beaucoup :
Serrez cela, dit-il tout à coup,
Lors ce dic la fille au corps gent,
Faites le donc encore un coup,
Pour le surplus de votre argent.

***

Elle disait : faites tous bellement,
Hé ! mon ami, j'ai la cuisse écorchée,
Mais puis après se sentant échauffée
Dict tost, tost, tost, las ! frappez hardiment
Ne craignez point que je sois affaiblie,
Pour endurer un mal si doucement.

Éloge du con

O con gentil, con mignon, con joly,
Con rondelet, con net, con bien poly,
Con ombragé d'un petit poil follet,
Con où n'y a rien de difforme ou laid ;
Con, petit con, dont la bouche vermeille
A fait dresser à maint grand vit l'oreille ;
Con que l'on doit, plus qu'un saint, tenir cher,
Quand ainsi faict ressusciter la chair.
O con, qui peult à ta louange tendre ?
Où est l'engin qui te puisse comprendre ?
Con est d'amour le trésor et domaine,
Con, la forge de quoi nature humaine
Faict ses divins et excellents ouvrages,
Con est de mort réparant les dommages ;
Con est la fin dont l'amour se couronne,
Con est le prix dont amour se guerdonne.
Somme, le con, quand tout est bien compris,
Sur le surplus doit emporter le prix.
Il est bien vrai que l'œil l'amour attire,
Mais le con est l'amour qui se désire.
Or de la bouche elle a bien bonne grâce
Et croy pour vray que la première place

Doit obtenir au service du con,
Car trop mieux qu'autre elle sçait sa leçon.
Pour refuser ou accorder l'entrée
De l'amoureuse et plaisante contrée ;
Touchant la main elle est propre et aduicte.
Pour con servir de loyale conduite,
Estre près luy, et prompt à ses affaires
Les plus secrets et les plus nécessaires.
De ce tétin il n'en faut point mentir,
Je ne sçay quoi à qui le cœur sentir
Prochain parent et de nature mesme
De ce con cy, qui est cher comme cresme,
Quant au regard de sa cuisse, bien faicte,
Blanche, élevée, ronde, dure et refaicte,
C'est le beau lit où le con se repose,
Ce con plaisant, ce con tant digne chose,
Que je puis dire, et sans imputer vice
Au résidu, tout faict pour son service :
– « Doncques de corps entier au départy,
« Je prends le con pour le meilleur party. »

LA PRINCESSE DE CONTI
(1574-1631)

Si la belle Gabrielle n'avait pas fait de galipettes avec le bon roi Henri IV, le Béarnais eût peut-être épousé Mlle de Guise comme il le lui avait laissé espérer. Elle se consola donc dans les bras du stupide (dixit Tallemant des Réaux) prince de Conti qui lui offrit son nom et sa fortune. Hormis ses « mauvaises mœurs », Louise-Marguerite fut sans doute la plus aimable ainsi que l'une des plus spirituelles et des plus considérables femmes de son époque. Elle aima si passionnément... l'amour ! Tallemant raconte qu'elle pria un jour son frère, M. de Guise, de ne plus jouer, puisqu'il perdait tant.
« Ma sœur, dit-il, je ne jouerai plus quand vous ne ferez plus l'amour.
– Ah le méchant, reprit-elle, il ne s'en tiendra jamais ! »
Au fait, c'est quoi, les mauvaises mœurs, pour une femme ? Celles que les hommes trouvent bonnes ?

Stances

J'aime bien ces portraits au blanc d'une muraille,
Dont seulement l'objet émeut nos appétits,
Mais je ris de ces fous, ô la grande canaille,
Qui les peignent si grands et les ont si petits.

Ils veulent par l'objet d'une feinte peinture
Faire courre après eux, mais ils en sont bien loin.
Nos cons ne suivent pas de façon la nature :
Ils ne vont pas au lièvre, ils sont oiseaux de poing.

Quelque faim qui les presse, en leur humeur gourmande
L'oiseau n'est pas niais, il connaît son gibier.
Il faut qu'il voie un poing bien garni de viande,
Si l'on veut qu'il s'abatte et rende familier.

Les cons et les vautours ont cette ressemblance,
Qu'ils se paissent de cru, et au vif ils vont tous ;
Ensemble leur nature a cette différence,
Que l'un fond sur la proie, et l'autre fond dessous.

JEAN AUVRAY
(1580-1622)

APRÈS avoir bûché la chirurgie et le droit, est-ce sa fonction d'avocat au parlement de Rouen qui donna tant de verve gaillarde au sieur Jeannot ? Est-ce également pour se « dédouaner » de sa truculence poétique qu'il se crut obligé de pondre pour la postérité les *Œuvres poétiques sur le sujet de la conception de la Très Sainte Vierge...* ou de consacrer plusieurs ouvrages à l'histoire de la Compagnie de Jésus ? On jugea à l'époque son *Banquet des muses* (1633) truffé d'expressions « basses, grossières ainsi que d'images indécentes, voire obscènes ». Tiens, cela me rappelle le papier d'un journaliste que j'avais montré à ses débuts à Georges Brassens (qui ne l'avait pas lu !), dans lequel il lui était reproché à peu près la même chose. Georges s'était contenté de bougonner : « Sombre connard ! » Votre serviteur n'a pas été épargné non plus par ce même type d'« entreprise de démolition » dispensé par quelque pisse-vinaigre en mal de gloire. Au fait, qui se souvient du nom de ce fameux « journaliste » ?

Sonnet

Ma belle un jour dessus son lit j'approche
Qui me baisant là sous moi frétillait
Et de ses bras mon col entortillait
Comme un lierre une penchante roche

Au fort de l'aise et la pâmoison proche
Il me sembla que son œil se fermait
Qu'elle était froide et qu'elle s'endormait
Dont courroucé je lui fis ce reproche

Vous dormez donc ? Quoi, Madame, êtes-vous
Si peu sensible à des plaisirs si doux ?
Lors, me jetant une œillade lascive,

Elle me dit, non non, mon cher désir
Je ne dors pas, mais j'ai si grand plaisir
Que je ne sais si je suis morte ou vive.

Dame jouant du luth au giron de son ami

Madame un jour sur mes genoux assise
D'un luth charmait mon esprit très versé,
Quand pour jouer de son luth renversé
Habilement je levai sa chemise,

Amour adonc enflamme, allume, attise
Le feu qu'il a dans nos âmes versé
Je me pâmais et ma belle Circé
Mourait aussi d'un même feu éprise

Quoi ! dis-je alors, tes doigts n'en peuvent plus ?
Dessus le manche ils languissent perclus
Sans fredonner les accords que tu passes ?

Elle me dit, mon désirable objet,
Mes doigts n'ont rien qu'à tenir le sujet
Assez mon cul fredonne sur les basses.

Sonnet

Une dame tançait sa Servante, accusée
D'avoir fait en jouant ce qu'on fait de là l'eau :
– Vien-ça, nomme le moi, pauvre fille abusée,
Le méchant qui osa chez nous faire un bordeau !

– C'est votre Maréchal, Madame. – O la Rusée !
Combien as-tu de fois r'emmanché son marteau ?
– Il me le fit six coups en filant ma fusée,
Et si voulait encor lever mon devanteau.

– Six coups ! ce dit la Dame, en extase ravie,
Une femme d'honneur en serait bien servie.
Fuis d'ici ! Ta présence attise mon courroux !

La laide ! La souillon ! La petite impudente !
C'est bien à telle Gueuse à le faire six coups !
Je m'y passerais bien, moi qui suis Présidente !

FRANÇOIS MAYNARD
(1582-1646)

TOULOUSAIN de naissance, il devint en 1605 le secrétaire de la reine Margot et il est permis de penser qu'il lui fallut une belle santé pour s'acquitter de sa mission. Il fut l'un des « escholiers » favoris de Malherbe lui-même et en 1634 figurait parmi les tout premiers membres de l'Académie française. Bravo François ! Manque de bol, il mourut à Saint-Céré l'année de la publication de ses œuvres. Racan, dans *Le Cabinet secret du Parnasse*, nous dit qu'on admettait à l'époque « l'érotisme gaillard, expression de l'élan vital, ne réservant l'indignation qu'à l'érotisme pervers, signe d'une maladie de l'âme ». Doux Jésus !

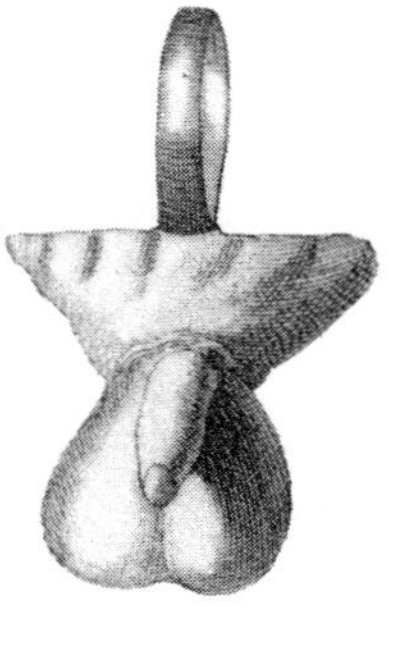

Épigrammes

Muses, trêve de modestie,
Vous rougissez, toutes les fois
Que je nomme cette partie
Qui fait les Papes et les Rois.
Si vous n'êtes un peu lubriques,
Votre raison va de travers ;
Le foutre des temps héroïques
Fut le sujet des premiers vers,
Sachez que la terre n'est pleine
Des chansons de vos favoris,
Que parce que le con d'Hélène
Hébergea le vit de Pâris.

Sur une jeune épousée

Jeanneton, en la nuit première,
Son mari dessus elle étant,
Remuait des mieux le derrière,
Et puis disait en s'ébattant :
« Mon doux ami que j'aime tant,
Fais-je pas bien de cette sorte ? »
Le mari, lors qui se transporte,
Lui répond, de courroux épris :
« Oui, mais que le grand diable emporte
Ceux qui tant vous en ont appris. »

Pour une jeune dame

Belle, qui sans plaisir foutez
Prenant plaisir quand vous frottez
Votre doigt contre votre motte,
Laissez ce plaisir imparfait,
Et d'un vit aussi long qu'un traict,
Permettez-moi que je la frotte.

Je suis un fort brave fouteur
Qui va de courage et de cœur,
Ayant quelque belle Angélique ;
Mais si le sujet n'est bien beau,
J'aime mieux contre un posteau,
A mon aise branler ma picque.

Ce plaisir d'amour est si doux !
Belle, pourquoi ne foutez-vous ?
On a bien foutu pour vous faire.
Pour moi, je veux foutre en tous lieux
Deussai-je perdre les deux yeux
Ayant un vit de quoi le faire.

Même je veux, dedans l'enfer,
Foutre en despit de Lucifer,
De Pluton et de Proserpine,
Et les grands diables et petits,
Pour assouvir les appétits
Qui foutrimassent ma poitrine !

– Voyez, Charlot, comme après vous
Je galope à cotte levée.
Vous avez le foutre si doux
Que mon âme en est captivée.

Votre jeunesse me ravit,
Vous me semblez plus beau qu'un ange ;
Lorsque je songe à votre vit
Voilà mon con qui me démange.

Ça donc, que ce vit d'empereur
Se mette en sa bonne posture,
Et que sa paillarde fureur
Vienne écumer dans ma nature ?

CLAUDE D'ESTERNOD
(1590-1630)

« LE PLUS SATYRIQUE des poètes de son temps » écrit Adolphe Van Bever *, qui ajoute : « Son imagination est singulièrement pervertie. Sa façon fort libre, empreinte des images aux termes les plus burlesques, les plus cyniques. »
On peut sans doute trouver cette appréciation exagérée après avoir lu Sigogne, Pierre Motin ou... Mathurin Régnier.
Moins connu que ses confrères rénovateurs d'une poésie jusqu'alors particulièrement affadie par les publications de Malherbe et de ses disciples (je parle de la hardiesse et de la liberté d'esprit), il n'en demeure pas moins un poète inventif et original qui fut maintes fois réimprimé depuis sa première édition. On compte jusqu'à nos jours une dizaine d'éditions de son *Espadon satyrique*, quasi introuvable sinon dans la bibliothèque de Jean-Claude Simoën !

* *Les Poètes satyriques*. Bibliothèque internationale d'édition, 1903.

Le soufflet qui enfla la joue

Dessus mon visage de bois
Vous touchastes de vos cinq doigts
Et, ausi tost, ma chalemie
Alla enfler ; mais, je parie
Que si je touchois, d'un seul doigt,
En un certain petit endroit,
Vous enfleriez bien davantage ;
Mon courtaut estant des plus sages,
Rouge en chapeau de Cardinal,
Faisant plustost masle que male,
Car il n'est point, alors qu'il touche,
Comme les vostres, tant farouche ;
Il n'est cause du mal de dents,
D'autant qu'il fait du bien dedans ;
Son bout est teint en escarlate,
Il n'a point d'ongles, et s'il gratte,
Il est grosset et assez long.
Si vous voulez l'échantillon,
Mesurez-en quelque dix pouces ;
Ses cordes comme miel sont douces ;
Quand il perce, c'est du nectar ;
S'il vous touchait en quelque part,

Vous enfleriez, comme je pense,
Mais bien avec différence,
D'autant qu'on dit communément :
Rage du cul passe les dents.

THÉOPHILE DE VIAU
(1590-1626)

CET ENFANT presque de mon pays – Clairac-en-Agenais, où il naquit, situé non loin de mon Castelsarrasin natal – fut sans aucun doute le plus gaillard des libertins, le plus libre des poètes du XVIIe siècle. Après la publication (entre autres) de son audacieux *Parnasse satyrique*, ce truculent naïf échappa de peu au bûcher, ayant été jugé par contumace. La scandaleuse vigueur de ses sonnets lui valut d'être brûlé en effigie en place de Grève au milieu de ses œuvres certes un chouïa candides, mais irrémédiablement condamnées par leur outrance libertine. Une certaine musicalité et le ton « à la franche marguerite » de ses poésies le rapprochent parfois des fameux contes libertins qu'écrira plus tard La Fontaine. Son immense succès, qui fit même en son temps de l'ombre à l'étoile de Malherbe, ne s'est jamais démenti. Nous sommes heureux aujourd'hui d'avoir ici un aperçu de l'œuvre salutaire de ce délicieux poète mort de chagrin et de mauvais traitements en prison à l'âge de trente-six ans.

Chanson

Approche, approche, ma dryade !
Ici murmureront les eaux ;
Ici les amoureux oiseaux
Chanteront une sérénade ;
Les vents nous souffleront au sein,
Et afin que chacun s'applique,
Je te mettrai mon vit en main,
Et tu me branleras la picque !

L'enfant dont avorta Semèle
Nous emplira le gobelet ;
Philis nous donnera du lait,
Et la plaintive Philomèle
Entonnera ses doux accords :
A l'air d'une chanson lyrique,
Je tirerai mon vit dehors,
Et tu me branleras la picque !

Ois le pinson et la linotte
A l'ombrage de ce laurier ;
Vois frémir le petit gozier ;
Vois comme ils ont changé de note...

Tandis qu'ils font dormir les dieux
Au son de leur joyeux cantique,
J'eslèverai mon vit aux cieux,
Et tu me branleras la picque !

Ici, Priape, à ta venue,
De ses trésors tous découverts
Te fera voir cent cons ouverts
Et cent vits à la tête nue,
Les plus beaux qu'homme jamais vit.
Et pour sa dernière réplique,
Il te présentera mon vit,
Et tu me branleras la picque !

Avance ceste main d'albâtre,
Fais semblant de me rebuter :
J'essaierai de te lutter.
Ainsi savants à nous esbattre
Nous ferons envier les dieux,
Mais mon vit leur fera la nicque :
Je le ferai cracher aux cieux,
Et tu me branleras la picque !

Que crains-tu plus, ma toute belle ?
Nous sommes seuls dans ces forêts,
Et seule de nos feux secrets
Phoebé sera la maquerelle.
Que si l'horreur d'un tel séjour
Te fait l'esprit mélancolique,
Mon vit mettra ses yeux au jour,
Et tu me branleras la picque !

Si nous changeons cette demeure
Aux prisons noires du trépas,
Ma belle, ne t'en fâche pas,
Pourvu que notre amour ne meure,
Car dans la glace de ces bords
Aussi chaud que sablons d'Afrique,
J'arresserai devant les morts,
Et tu me branleras la picque !

Épigrammes

Mes couilles, quand mon vit se dresse,
Gros comme un membre de mulet,
Plaisent aux doigts de ma maîtresse
Plus que deux grains de chapelet.

Il est arrivé dans la ville
Un personnage fort utile,
Expressément pour le déduit ;
Il a quinze pouces de vit
Et fait neuf coups sans déconner,
Et six après sans s'étonner.

Pourtant s'il y a damoiselle,
Jeune femme, fille ou pucelle,
Qui aye besoin d'un tel vit
Qu'elles mettent leur nom en écrit,
Le lieu, la rue et la demeure,
Le personnage ira à l'heure,
Et s'il ne fait tout ce qu'il dit,
Il veut qu'on lui coupe le vit.

NICOLAS CHORIER
(1612-1692)

CE CHER NICOLAS, né à Vienne, fut un historien dauphinois, avocat et procureur du roi à Grenoble. Les ouvrages érotiques qu'il écrivit n'étaient disait-on que la malheureuse conséquence de ses mœurs dépravées. Pauvre Nicolas. Difficile de contenter tout le monde, sa muse et ses maîtresses !

Caviceo

Caviceo accourt, leste et joyeux. Il m'ôte ma chemise, et approche de ma partie une main libertine. Il m'ordonne de me rasseoir comme j'étais auparavant et replace les chaises sous mes pieds de façon que, les jambes en l'air, j'offrisse toute grande ouverte aux assauts que j'attendais la porte de mon jardin. Il glisse néanmoins sa main droite sous mes fesses et me rapproche un peu plus de lui... De sa main gauche, il soutenait le poids du javelot ; alors il s'allongea sur moi..., appliqua le bélier au-devant de ma porte et en introduisit la tête dans la première commissure, dont il écarta les lèvres. Là, il resta un moment immobile, et ne tenta rien de plus. « Ma chère Ottavia, me dit-il, étreins-moi bien fort, lève ta cuisse droite et appuie-la sur mes flancs. – Je ne comprends pas ce que vous voulez » répondis-je. Là-dessus, de sa propre main, il me prend la cuisse et l'allonge autour de ses reins comme il le voulait ; enfin, il pousse sa mentule dans la cible de Vénus. D'abord, il ne l'enfonce que par petites secousses, puis il va plus fort et finalement d'une telle raideur, que je ne doutai point d'être menacée du plus grand péril. Elle était dure comme de la corne... Il y allait d'une telle force, et me fendait si cruellement de son coin, que je lui criai : « Vous me déchirez ! » Il interrompit un moment sa besogne : « Tais-toi, je t'en conjure, ma chérie, dit-il, c'est comme cela qu'il faut s'y prendre ; endure tout sans bouger. » Il glissa de nouveau sa main sous mes fesses, me rapprocha de lui, car j'avais l'air de vouloir battre en retraite, et sans plus tarder me harcela tellement de secousses multipliées que j'étais près de défaillir. D'une violente poussée, il enfonça le javelot, dont la pointe resta fixée dans la plaie entr'ouverte. Je jetai un cri... Caviceo laissa échapper la vénérienne exsudation et je me sentis arrosée d'une pluie brûlante... Au moment où Caviceo se pâmait, j'éprouvai une sorte de démangeaison voluptueuse, comme si j'urinais ; je retirai mes fesses un peu en arrière, et aussitôt, avec un suprême plaisir, je sentis s'échapper de moi je ne sais quoi qui me chatouillait indiciblement à cet endroit-là. Mes yeux s'égaraient, mon souffle haletait, j'avais le visage en feu, et je sentais tout mon corps se fondre. « Ah ! ah ! ah ! je m'évanouis, mon Caviceo, m'écriai-je, retiens mon âme qui s'échappe ! »

La Tour

La Tour vient immédiatement... Je m'étais jetée à bas du lit, j'étais nue, il bandait. Sans plus tarder, de chaque main il s'empare d'un de mes tétons, et brandissant entre mes cuisses le brûlant et dur javelot : « Voyez, dit-il, Madame, comme s'élance vers vous ce trait au moyen duquel je vous procurerai, non pas la mort, mais toutes les douceurs possibles. Servez, je vous prie, de guide à l'aveugle mentule dans cet obscur sentier, de peur qu'elle ne s'écarte du but ; je ne veux pas retirer mes mains d'où elles sont et les priver du bonheur dont elles jouissent ! » Je fais comme il voulait. J'applique moi-même le trait enflammé à mon guichet non moins brûlant : il le sent, il pousse, il enfonce... Aussitôt, et après une ou deux secousses, je fondis en eau, avec un incroyable chatouillement, et peu s'en fallut que les jarrets ne vinssent à me manquer. « Arrêtez, lui criai-je, arrêtez mon âme qui s'enfuit. – Je sais par où, répondit-il en souriant. Elle va sans doute vous échapper par cette issue inférieure que j'occupe ; mais je la tiens très soigneusement bouchée. » Tout en parlant, il s'efforçait, en retenant son souffle d'une certaine manière, d'accroître le volume déjà énorme de sa turgescente mentule. « Je vais refouler en arrière votre âme fugitive », ajoutait-il, et il m'imprimait les secousses les plus violentes. Le fer entra plus profondément dans le vif. Il redoublait ses coups pleins de douceur, me pénétrait de fureurs délicieuses avec une telle force, que ne pouvant répandre en moi tout son corps, du moins il épanchait dans le mien toutes ses passions, tous ses désirs, par ses voluptueuses étreintes. Enfin, lorsqu'il sent s'approcher l'extase et la liquide effervescence, il glisse ses mains sous mes fesses, il les soulève en l'air. Moi, j'enlace ses membres ardents des plus étroites chaînes de mes bras, en même temps que des nœuds de mes cuisses et de mes jambes, ses jambes et ses cuisses, de sorte que je me trouvais suspendue à son cou, lancée au-dessus du sol ; je pendais ainsi, comme fixée à un clou. Le travail traînant en longueur, je n'eus pas la patience d'attendre et la volupté me fit de nouveau pâmer de plaisir. Je ne pus, transportée que j'étais du plus violent spasme d'amour, m'empêcher de crier : « Je sens toutes les... je sens toutes les délices de Junon couchée avec Jupiter. Je suis enlevée au ciel ! » A ce moment, La Tour, que Vénus et l'Amour poussaient de toutes leurs forces à la volupté, arrosa le champ génital d'une abondante semence, brûlante comme du feu. Le lierre ne s'enroule pas autour du noyer plus étroitement que je ne serrais La Tour, liée à lui par les étreintes de mes bras et de mes cuisses.

ANONYMES
(1616)

Stances satyriques sur le cu d'une courtisane
fragments

Chante qui voudra de sa Dame
Atteint d'une ordinaire flame,
Le poil, l'œil, la bouche, ou le sein ;
Pas un d'eux le cœur ne m'entame,
C'est son cu qui me charme l'âme
Et me met la plume à la main.

Ce souple et courageux derrière,
D'une industrieuse manière
Subjugue les plus braves vits,
Je le loüe et ne puis me taire,
Car, luy ayant veu si bien faire
Je le dois mettre en mes escris.

D'une ruse toute nouvelle,
Il attire dans sa cordelle
Tousjours quelque désir nouveau.
Et, d'un branslement qui excelle,
Il faict plus d'un bout de chandelle
Qu'un autre avecque son flambeau.

*

Je n'ay que ce cu en la teste,
C'est à ce cu que je fais feste,
Et c'est ce seul cu qui me plaist,
Mon nez a beau faire l'honneste
Je lui préfère ma brayette,
Fût-il bien plus propre qu'il est.

Ceste partie si aymable
A je ne sçay quoi d'agréable
Qui par tout le corps nous esmeut :
Son abord est doux et traitable,
Et plus que tout si charitable
Qu'il s'abandonne à qui le veut.

Ce cu, d'entre les cus le prime
Et de qui l'embonpoint anime,
Rend les plus lasches vigoureux,
Lors que, pour entrer en estime,
Tout ainsi qu'un maistre d'escrime
Il rüe des coups malheureux.

*

Ce maistre cu a connaissance
De cette nombreuse cadence
Qui s'estudie en plain bordeau :
Il en pratique la science
Et ceste sienne suffisance
Nous couste du sang et de l'eau.

O cu, dont la grace accomplie
Pour tousjours ma mémoire lie,
Je m'advoue vostre vaincu,
Mon vouloir au vostre se plie,
Et si jamais je vous oublie
Qu'autres cus me tournent le cu !

Cu plus rond que n'est une boule,
Cu plus blanc que l'œuf d'une poule,
Cu plus léger que les désirs,
Cu qui toujours fretille et roulle,
Cu qui lasse plus qu'il ne soulle,
Je te dédie mes plaisirs.

*

Toute sagesse au loing bannie,
Mon cœur, transporté de manie,
Se plaist tant à l'entretenir
Qu'il préfère à toute harmonie,
Chasque fois que je le manie,
La voix qu'il ne peut retenir.

C'est une volupté d'entendre
Le son que la main luy fait rendre
Avecques maints petits soufflez,
Lorsque, fasché de tant attendre
Ce nerf qui ne se veut estendre
Aussi vite que je voudrois.

Il me ravit quand je l'empogne,
Et que, pour haster la besogne,
Je l'avertis de son devoir,
Car il fait une telle trogne
Qu'il fait, dès que je m'en eslogne,
Que j'y retourne pour le voir.

Gros cu, seul tesmoing de mon aise,
Sur qui mainte fureur j'apaise,
Pardonnez à ma passion,
Sy quelque fois, plus chaut que braise
Durant les heures que je baise
Je pique sans discrétion.

Vous estes la pierre angulaire
Et la bourse fondamentaire
Où j'ay mes plaisirs designez,
Si bon, au reste, et volontaire,
Qu'avant que reculer arrière
Vous tomberiez dessus le nez.

Sans vous il n'est point de délices,
Sans vous, fi de tous exercices,
Sans vous, à Dieu toutes douceurs ;
Ormis vous, tous cus sont novices
Et sçavent juger des blandices
Comme un aveugle des couleurs.

Souvent, pour entrer en escolle,
Conformant l'acte et la parolle,
Et chassant les soings importuns,
Avec mainte posture folle
Mon cu dessus ce cu se colle
Et le travaille à frais communs.

Qui ne scait quelle est son adresse,
Lors que, pénible, je le presse
Et le manie à toutes mains,
Ignore, outre mainte caresse,
Ce que tient amour et jeunesse
Infus dans de robustes reins.

Il n'est point d'agréable force,
Attraits, postures, geste, extorce,
Dont vous n'éveilliez l'appétit :
Avec ceste lassive amorce
Vous tireriez jus d'une escorce
Et non pas seulement d'un vit.

Estreines à la grosse Margot

Margot, çà, je te veux donner
Un coup de vit pour t'estrener,
Afin que, toute ceste année,
Toi qui de sperme est affamée
Tu passes l'an joyeusement,
Foutant dès le commencement.
Songe, Margot, comment il entre,
Par ceste rencontre de ventre,
En ce vallon délicieux
Entouré d'émail précieux,
Val amoureux et de plaisance,
Où gist l'entière joüissance !
Margot, çà, descouvrons ce val
Dont les bords sont de vif coral
Ombragé par une entourure
D'une blondelette frisure
De poil, pareille à la toyson
Qu'on voit, à la jeune saison,
Lors que tout renaist et verdoye,
Dessus le dos d'un ver de soye.
La veuë de ce beau conduit
Fait que je confine mon vit

Dedans ce touffu hermistage
Pour là y consommer son age,
Et, tous les ans, de peur d'ennuy,
Les commercer comme aujourd'huy.
Margot, voilà donc une estraine
Qui mérite que l'on la prenne ;
Toutes filles, en cas pareil,
Désireroit à leur resveil
Qu'un tel que moy leur fit de rente
Un bon vit pour boucher leur fente.
Celuy qui y seroit tenu
Ne sçauroit, de ce revenu,
L'amortissement jamais faire,
Car la charge en serait foncière ;
Et puis, elles aymeroient mieux
Perdre tout leur bien précieux,
Et retenir tousjours vers elles
Ces arrérages naturelles.

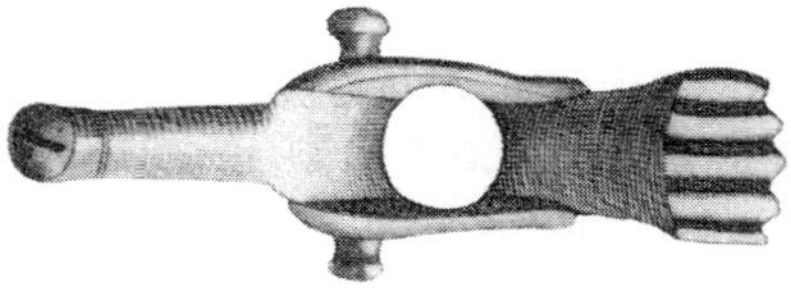

FRANÇOIS DE MAUCROIX
(1619-1708)

Nous restons ici en pays de libertinage où il est vrai que l'érotisme ne trouve pas sa juste signification. Il m'a semblé cependant utile de prendre en compte ce subtil cousinage où la « mise en scène » des poèmes tend à atteindre le même but. Ses amours malheureuses avec la marquise de Brosses, mariée à son marquis, inspirèrent à Maucroix maintes poésies qui n'altérèrent pas pour autant sa bonne humeur gaillarde. Cette passion de la belle marquise Henriette-Charlotte, folle d'amour pour son Maucroix, fut irrémédiablement empoisonnée par les scrupules religieux de la belle qui lui faisaient serrer les genoux. Excédé, Maucroix quitta la France pour aller traiter des affaires à Rome, où il fut envoyé par Fouquet. Pour consoler la mignonne, la marquise de Mirepoix emmena sa copine Henriette-Charlotte sanglotante à Paris où sa beauté époustouflante eut tôt séduit les minets de la cour. Elle échangea son chapelet contre un éventail et eut bientôt une foule d'adorateurs et se lança à corps perdu dans une effrénée galanterie. Le malheureux Maucroix fut renversé à son retour devant la hardiesse de celle qu'il aimait. Dégoûté par ce brutal changement de mœurs, il prit du champ et ne voulut sous aucun prétexte accepter les rendez-vous galants que lui donnait la belle, faisant ainsi son deuil de ses licencieux élans. Le ton badin, hardi et bucolique de ses poésies demeure d'une étonnante fraîcheur, qu'il garda jusqu'au bout. Il vécut tout de même quatre-vingt-dix ans en conservant une certaine verdeur, ce qui tendrait à prouver que l'ardeur amoureuse n'est pas incompatible avec l'automne d'un farouche gaillard.

Épigrammes

Vous vous trompez, en bonne foi,
De vous mettre dans la cervelle
De pousser auprès d'Isabelle
Vos conquêtes plus loin que moi

Je n'ai pas dessein d'en médire,
Mais sans faire le fanfaron
Vous n'irez pas plus loin, Beau Sire,
Si vous n'avez le vit plus long

***

Ma cousine Fanchon
A l'amour si rebelle,
Se chagrine, dit-on,
Du métier de Pucelle.
Flon, flon, etc.

Ouvrez un peu les cuisses
Ma cousine Fanchon,
Afin que mon vit puisse
Faire dans votre con
Flon, etc.

Nulle honte ne touche
Ce misérable flon
Qui crie à pleine bouche
Aux femmes vit et con
Flon flon, etc.

***

Coquimbert (au diable soit-il)
Parle bien mal de mon outil ;
Le coquin partout le diffame.
J'ai bien mérité cet affront !
Que ne baisais-je aussi sa femme,
Comme tous mes Confrères font ?

Du pucelage

Philis, me voyant désolé,
M'avoit promis son pucelage,
Mais l'oiseau s'étoit envolé,
Je n'ai plus trouvé que la cage.

Sans mentir, aimable Isabeau,
Il faut que vostre pucelage,
Soit un fier et farouche oiseau ;
L'on n'ose approcher de sa cage.

C'est-à-dire, en autre langage,
Aimable et charmante Nanon,
Que si vous n'estiez pas si sage
On pouroit vous prendre le con.

Gardez-le bien, ce pucelage,
Puisque c'est un si bel oiseau,
Mais pour le moins, jeune Isabeau,
Laissez-moi toucher à sa cage.

Le cas me paraît impossible,
Sans choquer la droite raison,
Ton con sent, belle Louison,
Et pourtant il est insensible.

Levons ta jupe, Louison,
– Arestez-vous, estes-vous sage ?
Monsieur vous perdez la raison...
– Et toi tu perds ton pucelage.

– A quel jeu, Belle Janeton,
As-tu perdu ton pucelage ?
– Au doux jeu du vit et du con.
– Mon Dieu ! Le plaisant assemblage !

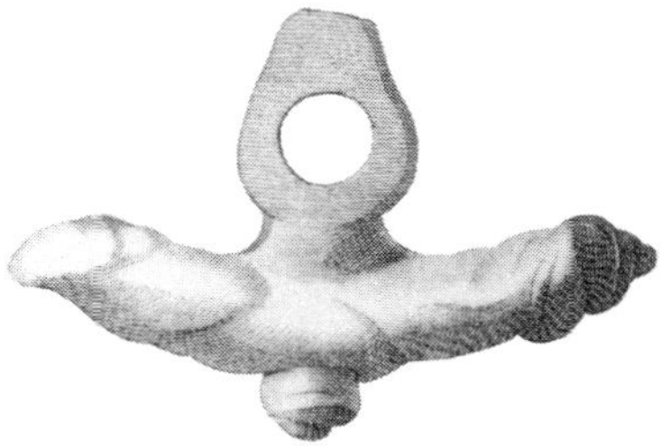

LE SIEUR BERTHELOT

(Début XVIIe siècle)

LA DATE de naissance et celle de la mort de Nicolas-Pierre, nous sont totalement inconnus. Il fut pourtant honorablement placé dans les recueils priapiques entre 1618 et 1622. C'était un teigneux qui se fritait volontiers avec tous ceux qu'il jalousait. Il eut de retentissants démêlés avec Malherbe et se bigorna dans la rue avec Mathurin Régnier. Il fut condamné avec Théophile de Viau dans le procès du Parnasse satyrique, ce qui suffit largement à le réhabiliter à nos yeux. Comme il avait eu la sagesse de prendre du champ, on ne parvint à le pendre qu'en effigie ! Heureuse époque où les jésuites faisaient la loi à la place du roi et où l'hypocrisie était reine. On suppose qu'il mourut de sa belle mort vers 1623.

Du plaisir champêtre

J'aime dedans un bois, à trouver d'aventure
Dessus une bergère, un berger culetant,
Qu'il attaque si bien, et l'escarmouche tant
Qu'ils meurent à la fois du combat de Nature.

J'aime à voir dans les champs, non la belle peinture,
Mais un bélier cornu sa femelle foutant,
Et le bouc échauffé sur la sienne montant
Par un si doux plaisir oublier sa pâture.

J'aime à voir dans un pré, à un pareil effort,
Le taureau qui se joint à la vache, si fort,
Qu'il voudrait, s'il pouvait, la percer d'outre en outre.

Le foutre est à nos yeux un printemps diapré,
Au cœur, un paradis ; mais si je ne vois foutre
Je n'aime point ni champ, ni campagne, ni pré.

Demande d'une courtisane à une maquerelle

Chloris, un jour, demande à sa maîtresse,
Si l'on pavait une chambre de vits
Par où faudrait passer, à son avis,
Sur le plancher, sans que les vits on blesse.

A quoi, elle répond, comme en cela bien sage :
« Il faut lever la cotte et leur montrer le con ;
Car si tous ces vits-là sont d'un naturel bon
Alors ils dresseront pour vous faire passage. »

Sonnet

O beau con rebondi, pour qui je meurs d'envie,
Me remplissant d'ardeur seulement de penser,
Et dont le poil follet sçait un cœur enlasser,
Et retenir d'un Dieu la franchise asservie ;
Beau con dont la beauté tient mon ame ravie,
Qui les plus vieux chastrez pourrait faire dresser,
Et dont le beau rempart si plaisant à forcer
Contraindrait un beau vit à lui rendre la vie :
O puissance d'amour, ô désirable con,
Fructueux, bien gentil, désirable Hélicon,
Où du luth et des vers la science demeure,
Beau con je tiens un cœur lachement abattu,
Qui pour te foutre un coup, se mettra à toute heure
Au hasard de la mort, ou bien d'être foutu !

CLAUDE LE PETIT
(1638-1662)

LA SODOMIE n'était pas une mince affaire au XVIIe siècle. Un dénommé Prégean fut brûlé pour avoir sodomisé une poule. Pauvre poule. Et pauvre Prégean, qui paya si cher son élan impie ! A l'âge de vingt-quatre ans, le malheureux Claude Le Petit fut lui aussi grillé en place de Grève comme une vulgaire poêlée de châtaignes. Non seulement parce qu'il se complaisait dans la débauche au pays de Sodome, mais aussi pour avoir effrontément fait publier cette « abomination » intitulée *Le Bordel des Muses*. Il est vrai que le ton satyrique, vitriolé et cru de ses sonnets ajoutait encore à la hardiesse à laquelle Maucroix ou Théophile de Viau avaient pu accoutumer la cour et le bon peuple toujours craintif quant à la religion. La fulgurance provocante de son sonnet adressé « aux Précieuses » est éloquente : elle suffit pour se rendre compte que les mots qu'il choisissait histoire de les inviter au sabbat « n'étaient pas dans un pot », comme disait Léautaud.

« Ce ton nouveau de la contestation indignée » (Marcel Béalu) valut à cet infortuné Claude la sentence suprême, qu'on atténua toutefois quelque peu. Le bourreau consentit à l'étrangler avant d'enflammer le bûcher.

Sur mon Bordel des Muses
Stances

Tout fout maintenant sur Permesse
Et les pucelles d'Helicon
S'en font donner dedans le con
Aussi bien que dessus la fesse,
Phœbus mesme les fout pour rien,
Par prudence afin que son bien
N'entre point en d'autres familles,
Dieu nous garde d'en juger mal,
Mais lorsqu'on a foutu ses filles,
On peut bien foutre son cheval.

Pégaze est de belle encolure,
Il est bien fait et bien fourny,
Il est de couillons bien muny,
Il a la croupe large et dure.
Je ne prends point dans ce calcul
L'intérêt du con ny du cul,
De la putain ny du bardache,
Mais je croy qu'on fait plus de mal
De foutre neuf sœurs à la tâche
Que de chevaucher un cheval.

Mais que dis-je ? Je ne vois goutte
De censurer un immortel
Qui se fout du péché mortel
Et qui n'en fait point, quoy qu'il foute.
Jupin là-haut comme un pourceau,
Outre sa sœur et son oiseau,
Se fout de tout tant que nous sommes ;
D'autres en seroient chatiés,
Mais dans les sottises des hommes
Les Dieux sont privilégiés.

Fous doncques à perte d'haleine
Phœbus, grand Dieu de Carnaval,
Fous tes Muses et ton cheval,
Fous les poissons de ta fontaine
Diables et Dieux qui m'escoutez,
Branlez, boujaronnez, foutez,
Sans crainte que jamais j'en gronde ;
Foutez tout, mais souffrez aussi,
Si vous foutez dans l'autre monde
Que nous foutions dans celuy-ci.

Sonnet sur mon livre

Courtisans de Priape et du père Bacchus,
Vigoureux officiers des nocturnes patrouilles,
Vénérables fouteurs d'inépuisables couilles,
Experts dépuceleurs, artisans de cocus.

Et vous, garces à chiens, croupions invaincus,
Qui de nos braquemards vous faites des quenouilles,
Dames du Putanisme, agréable gargouilles,
Vous, lâches empaleurs et chaussonneurs * de cus.

Venez tous au bordel de ces Muses lubriques :
L'esprit qui prend plaisir aux discours satyriques
Deschargera sans doute, entendant ces accords.

Ce livre fleurira sans redouter les flammes ;
On souffre icy des lieux pour le plaisir des corps,
On en souffrira bien pour le plaisir des âmes.

---

* Allusion aux imitateurs du sodomiste Chausson brûlé le 29 décembre 1661. Cette allusion prouve que toute cette partie du *Bordel des Muses* a été composée dans le premier semestre de 1662.

Aux Précieuses
Sonnet

Courtisanes d'honneur, putains spirituelles,
De qui tous les péchés sont des péchés d'esprit,
Qui n'avez du plaisir qu'en couchant par escrit,
Et qui n'aimez les lits qu'à cause des ruelles.

Vous chez qui la nature a des fleurs éternelles,
Précieuses du temps, mes chères sœurs en Christ,
Puisque l'occasion si justement vous rit,
Venez dans ce bordel vous divertir, mes belles.

Si l'esprit a son vit aussi bien que le corps,
Vostre âme y sentira des traits et des transports,
A faire descharger la femme la plus froide.

Et si le corps enfin est par l'amour fléchi,
Ce livre en long roulé, bien égal et bien roide,
Vaudra bien un godemichi.

Sonnet foutafif

Foutre du cul, foutre du con,
Foutre du ciel et de la terre,
Foutre du diable et du tonnerre,
Et du Louvre et de Montfaucon.

Foutre du temple et du balcon,
Foutre de la paix et de la guerre,
Foutre du feu, foutre du verre,
Foutre de l'eau et de l'Helicon.

Foutre des valets et des maistres,
Foutre des moines et des prestres,
Foutre du foutre et du fouteur.

Foutre de tout le monde ensemble,
Foutre du Livre et du Lecteur,
Foutre du sonnet, que t'en semble ?

ROBERT ANGOT L'ÉPERONNIÈRE

(XVIIe siècle)

IL EST NÉ à Caen en 1581 et mort entre 1640 et 1650. Tout comme son compatriote Malherbe, la rime ne l'effrayait pas plus que le jupon des demoiselles. Il savait de fort belle façon « trousser » des stances édifiantes, pour sublimer une certaine partie de leur anatomie. Son propos poétique n'était pas dépourvu d'humour. De plus, avocat au Présidial de Caen, il défendit en vers la succession embrouillée dont il hérita à la mort de son père, pour ne pas perdre l'habitude des rimes. La salle d'audience était hilare !

Sonnet sur le cul d'une demoiselle

Beau cul de marbre vif, dont l'amour fait sa gloire,
Cul dont les doux regards sont d'attraits embellis,
Cul qui par sur tout autre obliges mes écrits,
De sacrer vos honneurs au temple de Mémoire;

Cul qui sur tous les culs remportes la victoire,
Cul qui passe en blancheur et la Rose et les Lis,
Cul de qui le mérite obliges mes écrits
De sacrer vos honneurs au temple de Mémoire,

Beau cul, bien que tant d'heur se marque assez en vous,
Ce n'est pas le sujet qui fait qu'aux yeux de tous,
J'étale en ces écrits, vos beautés que j'admire,

Mais surtout, je vous aime ô beau cul tout divin
Pour être le plus proche et l'unique voisin
De ce doux Paradis où l'Amour se retire!

Serment œnigmatique de Marion

Lève la main, tout à cette heure,
Gilet t'a-t'il fait cet enfant ?
Ce fut, Monsieur, je vous assure
Un méchant aveugle en passant.
Lors qu'à son instante requête
Je l'eu mis dedans son chemin,
Ce traître, de cul, et de tête,
Me fît cet enfant un matin.
Hé, comment ce pouvait-il faire,
Qu'un aveugle t'ait fait putain,
Ce lui fut chose aisée à faire,
Puis que je le pris par la main.

Échange d'amour

Monsieur au-dessus de Madame,
Fourbissait la servante un jour,
Elle éprise de même flamme,
Lui rend au double son retour.
L'un va l'amble en cette partie,
L'autre au galop en ce métier,
Comme un courtaut d'académie,
Sous les fesses d'un écuyer
Ce ne sont rien de part et d'autre,
Que cous de bricole et de trou,
Chacun sur le lit se vautre,
Comme un verrat dans une soue
Eh bien, Monsieur, dit la servante,
Que trouvez-vous par votre foi,
Qui de nous est la plus savante
Ou de Madame ou bien de moi ?
Par Dieu je confesse Isabelle,
Que c'est toi, sans t'aller flatant,
Monsieur je vous crois bien, dit-elle,
Un chacun m'en dit tout autant.

MARIA ALCAFORADO
(LA RELIGIEUSE PORTUGAISE)
(XVIIe siècle)

LA DOULOUREUSE COMPLAINTE charnelle de la malheureuse religieuse Maria Alcaforado se situe aux frontières de l'érotisme involontaire le plus pur. Les lettres sublimes qu'elle écrivit à ce gentilhomme français venu guerroyer pour Louis XIV contre les Espagnols au sud du Portugal n'étaient autres – passez-moi la triviale expression – que de la confiture pour un cochon. Saint-Simon décrit l'oiseau : « ... un grand et gros homme, le plus brave et le plus plein d'honneur, mais si bête et si lourd... » et s'étonne : « A le voir et l'entendre, on n'aurait jamais pu se persuader qu'il eût inspiré un amour aussi démesuré. » La passion de Maria, qui atteint les plus hauts sommets, est médiocrement payée de retour par ce soudard devenu maréchal de France. L'aventure galante que cela représentait pour lui était en effet loin de se mesurer à la passion sans bornes que la belle nourrissait à son égard. Comme devait l'écrire plus tard le grand Victor :

> « On voit des biches qui remplacent
> leurs beaux cerfs par des sangliers... »

Je vous propose ici la presque totalité de la troisième lettre de la religieuse à son amant de passage. Elles sont cependant toutes aussi incandescentes et je vous conseille vivement de lire toute cette passionnée et passionnante correspondance si cela n'est déjà fait.

Lettres de la Religieuse portugaise
Extrait de la troisième Lettre

Je vous aime éperdument, et je vous ménage assez pour n'oser, peut-être, souhaiter que vous soyez agité des mêmes transports : je me tuerais, ou je mourrais de douleur sans me tuer, si j'étais assurée que vous n'avez jamais aucun repos, que votre vie n'est que trouble, et qu'agitation, que vous pleurez sans cesse, et que tout vous est odieux ; je ne puis suffire à mes maux, comment pourrais-je supporter la douleur que me donneraient les vôtres, qui me seraient mille fois plus sensibles ? Cependant, je ne puis aussi me résoudre à désirer que vous ne pensiez point à moi ; et à vous parler sincèrement, je suis jalouse avec fureur de tout ce qui vous donne de la joie, et qui touche votre cœur, et votre goût en France. Je ne sais pourquoi je vous écris, je vois bien que vous aurez seulement pitié de moi, et ne veux point de votre pitié ; j'ai bien du dépit contre moi-même, quand je fais réflexion sur tout ce que je vous ai sacrifié : j'ai perdu ma réputation, je me suis exposée à la fureur de mes parents, à la sévérité des lois de ce pays contre les religieuses, et à votre ingratitude, qui me paraît le plus grand de tous les malheurs : cependant, je sens bien que mes remords ne sont pas véritables, que je voudrais du meilleur de mon cœur avoir couru pour l'amour de vous de plus grands dangers, et que j'ai un plaisir funeste d'avoir hasardé ma vie et mon honneur. Tout ce que j'ai de plus précieux, ne devait-il pas être en votre disposition ? Et ne dois-je pas être bien aise de l'avoir employé, comme j'ai fait ? Il me semble même que je ne suis guère contente ni de mes douleurs, ni de l'excès de mon amour, quoique je ne puisse, hélas ! me flatter assez pour être contente de vous. Je vis, infidèle que je suis, et je fais autant de choses pour conserver ma vie, que pour la perdre. Ah ! j'en meurs de honte : mon désespoir n'est donc que dans mes lettres ? Si je vous aimais autant que je vous l'ai dit mille fois, ne serais-je pas morte, il y a longtemps ? Je vous ai trompé, c'est à vous à vous plaindre de moi : hélas ! pourquoi ne vous en plaignez-vous pas ? Je vous ai vu partir, je ne puis espérer de vous voir jamais de retour, et je respire cependant. Je vous ai trahi, je vous en demande pardon : mais ne me l'accordez pas. Traitez-moi sévèrement. Ne trouvez point que mes sentiments soient assez violents. Soyez plus difficile à contenter ! Mandez-moi que vous voulez que je meure d'amour pour vous ! Et je vous conjure de me donner ce secours, afin que je surmonte la faiblesse de mon sexe, et que finissent toutes mes irrésolutions par un véritable désespoir ; une fin tragique vous obligerait sans doute à penser souvent à moi, ma mémoire vous serait chère, et vous seriez, peut-être, sensiblement touché d'une mort extra-

ordinaire ; ne vaut-elle pas mieux que l'état où vous m'avez réduite ?
Adieu, je voudrais bien ne vous avoir jamais vu. Ah ! je sens vivement la fausseté de ce sentiment, et je connais, dans le moment que je vous écris, que j'aime bien mieux être malheureuse en vous aimant que de ne vous avoir jamais vu : je consens donc sans murmure à ma mauvaise destinée puisque vous n'avez pas voulu la rendre meilleure. Adieu, promettez-moi de me regretter tendrement si je meurs de douleur ; et qu'au moins la violence de ma passion vous donne du dégoût et de l'éloignement pour toutes choses : cette consolation me suffira, et s'il faut que je vous abandonne pour toujours, je voudrais bien ne vous laisser pas à une autre. Ne seriez-vous pas bien cruel de vous servir de mon désespoir, pour vous rendre plus aimable, et pour faire voir que vous avez donné la plus grande passion du monde ? Adieu encore une fois, je vous écris ces lettres trop longues, je n'ai pas assez d'égards pour vous, je vous en demande pardon, et j'ose espérer que vous aurez quelque indulgence pour une pauvre insensée, qui ne l'était pas, comme vous savez, avant qu'elle vous aimât. Adieu, il me semble que je vous parle trop souvent de l'état insupportable où je suis ; cependant je vous remercie dans le fond de mon cœur du désespoir que vous me causez ; et je déteste la tranquillité où j'ai vécu avant que je vous connusse. Adieu, ma passion augmente à chaque moment. Ah ! que j'ai de choses à vous dire !

BERNARD DE LA MONNOYE
(1641-1728)

Le ton de ces poésies gaillardes de la fin du XVIIe siècle revêt déjà nettement la couleur libertine de celui qui s'annonce. On y apprend entre autres que la hardiesse des nanas au bal n'avait rien à envier à celle des filles d'aujourd'hui ! Philologue français et poète érudit, Bernard de la Monnoye fut élu à l'unanimité à l'Académie française en 1713. Ce qui tendrait à prouver que cette noble institution accueille aussi parfois des gens de qualité.

Chou pour chou

Lise en un bal, s'étant démis la hanche,
Macé le jeune, aussitôt fut mandé.
Bon r'habilleur. Lise était drue et blanche,
Macé dispos, gaillard et peu vidé.
Il vit l'endroit, l'objet meut la puissance,
D'où l'on peut bien juger en conséquence,
Que travaillant sur un si beau sujet,
Pas ne manqua d'être ému par l'objet.
Or, quand la hanche en état fut remise,
Le gars voulut prendre congé de Lise.
« Que vous faut-il, lui dit-elle, Macé ?
– Rien, chou pour chou, répond le bon apôtre.
Je vous ai, Lise, un membre redressé
Vous avez su m'en redresser un autre. »

Épigramme

Cléon, poussé d'humeur folâtre,
Regardait, à son aise, un jour,
Les jambes plus blanches qu'albâtre,
De Lise, objet de son amour.
Tantôt, il s'attache à la gauche,
Tantôt la droite le débauche.
– Je ne sais plus, dit-il, laquelle regarder :
Une égale beauté fait un combat entre elles.
– Ah, dit Lise, ami, sans tarder,
Mettez-vous entre deux pour finir leurs querelles.

PIERRE CORNEILLE BLESSEBOIS
(1646-1698)

DÉBAUCHÉ dès sa jeunesse, Paul-Alexis, dit Pierre Corneille, devint poète, romancier et auteur d'ouvrages totalement licencieux. Ayant commencé par foutre le feu à sa maison familiale de Verneuil pour y faire disparaître des papiers compromettants, il se retrouve en taule à Alençon. A partir de là, il est toujours à côté de ses pompes. De prison en prison, il échoue aux galères pour une perpète. Ça ne dure que trois ans car il est malade. On finit par le déporter à la Guadeloupe en 1686. Il écrivit ses nouvelles aventures antillaises dans un roman zarbi qu'il appela *Le Zombi*. Il avait malgré tout bien du talent !

Céladon et ses compagnons

Cependant Céladon fit passer adroitement son ami en sa place, et lui facilita l'occasion d'embrasser Dorimène et de la renverser sur le même lit où elle avait perdu la plus belle rose de son parterre.

Dorimène, à ce doux accueil,
Perdit à son tour la parole,
Et pendant que Poquet vertement la bricole,
Pour mieux ouvrir le cu laissa clore son œil.
Poquet avait un vit d'ébène
De la longueur d'un demi-pied,
Dont il avait jadis maint con estropié,
Mais qui fit à ce coup grand bien à Dorimène.
Il avait l'air d'un rouleau de tabac
Tout semblable à celui dont le Diable, au sabbat,
Enconnait autrefois cette magicienne
Que l'on appelait Madeleine,
Et dont le père Esprit traça le noir ébat.
Un poil noir et frisé composait sa moustache,
Son œil était ouvert comme un gros robinet,
Il avait, par respect, décoiffé son bonnet,
Pour donner dans le doux de cette humide cache.

Le con de Dorimène était un petit mont
Qu'appuyaient à plaisir deux colonnes d'ivoire ;
Il était mollement ombragé d'un poil blond
Et distillait un sucre où l'amour allait boire.
Une languette coraline
S'y laissait voir malgré la nuit
Et par ce jour qu'elle produit,
Priape se glissa jusques à sa poitrine.
Ah ! cher lecteur, que ces moments
Furent doux à ces deux amants !
Combien de fois leurs cœurs l'un dans l'autre passèrent !
Que leurs accords furent charmants !
Et que le sort pour lequel ils quittèrent
Leur ravit de contentements !

SAINT-PAVIN
(XVIIe siècle)

CE BON COQUIN de Saint-Pavin n'était autre que l'abbé de Notre-Dame de Grestain. Il était dit-on un poète facile, aimable et fécond. Il échangeait de fréquentes bafouilles avec la marquise de Sévigné elle-même. Si l'on ajoute à cela qu'il empoisonna la vie de Boileau, on peut en déduire que le bougre était plutôt sympathique.

Sonnet

Deux braves, mais différemment,
De taille et de mine peu fière,
A l'envi, pressent fortement
Une place sur la frontière.

Par-devant vigoureusement,
L'un veut enfoncer la barrière ;
L'autre, attaquant plus finement,
La veut surprendre par-derrière.

L'un et l'autre de ces rivaux
Ont si bien poussé leurs travaux
Qu'elle est en état de se rendre.

On dit même qu'elle a traité,
Et qu'elle n'a pu se défendre
D'ouvrir d'un et d'autre côté.

Sonnet

Jeanne, qui fait, comme je crois,
Un autre métier que de coudre,
Voulait à Jean donner sa foi,
Et craignait Jean comme la foudre.

Pour rétrécir vous savez quoi,
Sa mère cherchait de la poudre,
Quand la petite vint chez moi,
Ne sachant à quoi se résoudre.

En homme habile et fort adroit,
Je la pris soudain par l'endroit
Qui peut se resserrer sur l'heure.

Mais Jeanne en soupirant, me dit :
« Jean est moins à craindre, je meure,
Que n'est ce remède maudit ! »

GRÉCOURT
(1683-1743)

GRÉCOURT n'a jamais couru après la gloire ou la fortune. Il accueillait volontiers la médiocrité comme une « Dame de repos ». Aucune de ses œuvres n'a jamais été publiée sous son nom de son vivant, et il est assez probable qu'il le voulut ainsi. Ses écrits passaient tout de même de salons en châteaux en obtenant de gros succès. Il collabora à certains d'entre eux avec la princesse de Conti qui s'accommodait fort de cet homme gai et licencieux s'adonnant pour son seul plaisir à la littérature libertine. Sa métrique ne se peut certes comparer à celle de Malherbe, mais son esprit gaulois et sa façon de peindre les naïves bergères sont tout à fait séduisants.

L'amour apothicaire

Pour fléchir une none austère
Le malin petit amour
Ayant dessein un jour
D'user d'un nouveau détour,
Prit l'habit d'un apothicaire :
En seringue, après cela,
Son carquois qu'il toucha
Se changea.

La none en courant son derrière
Dit : Donnez-moi sagement
Ce bénin lavement,
Par le trou de ce drap blanc.
Dès qu'il entra
D'abord elle s'écria :
Ah !
Prenez-garde, il est bien là.
Mon Dieu, je ne sais où vous êtes
Mais quelle agréable ardeur !
Je sens que la chaleur
Me pénètre au fond du cœur,
Mon enfant quel bien vous me faites !

Je me trouve beaucoup mieux,
L'effet est merveilleux :
J'en veux deux.

Le bon naturel

Un gros brutal faisait froid à sa femme;
Je ne sais quoi, quelle était la raison,
Ce que je sais c'est que la bonne dame
Aimait assez la paix dans la maison.
Vint une nuit où la chaleur extrême
Fit qu'en dormant elle étendit la main
Qui, par hasard, tomba sur l'endroit même
Dont la sevrait son époux inhumain.
Dans ce moment, vous jugez bien, peut-être,
Qu'au seul toucher, le drôle s'éveilla :
« Pauvre animal, s'écria-t-elle, il a
Du naturel beaucoup plus que son maître ! »

Le silence

Dans un couvent de Saragosse,
Une nonnain se trouva grosse.
L'abbesse l'aperçut, la reprit, la tança.
Sur quoi la nonnain s'excusa,
Disant que le péché qui causait la grossesse
Avait été commis sans son consentement.
« Mais cela ne se peut, lui répondit l'abbesse.
Vous pouviez très facilement
Repousser cette violence.
Vous n'aviez qu'à crier de tout votre pouvoir.
– Oui mais, dit la nonnain, c'était dans le dortoir,
Où notre règle veut qu'on garde le silence ! »

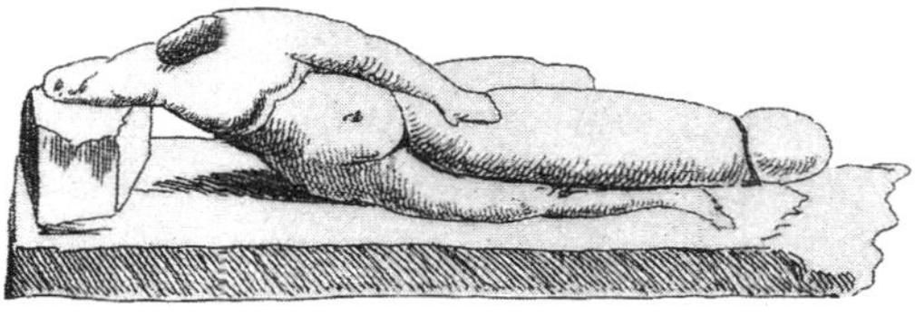

ALEXIS PIRON
(1689-1773)

SON APOTHICAIRE DE PAPA, amoureux des belles-lettres, ne parvint jamais à faire du jeune Alexis l'avocat dont il rêvait. Jusqu'à trente piges, Alex composa des poésies souvent spirituelles, parfois licencieuses, et la plupart du temps érotiques. C'est à Dijon, sa ville natale, qu'il écrivit sa fameuse « Ode à Priape » qui lui causa tant de soucis par la suite. En 1718 à Paris, travaillant comme copiste chez le chevalier de Belle-Isle, il pond en même temps pour se distraire et en deux jours : *Arlequin Deucalion*, un monologue bouffon qu'il parvint à faire accepter de jouer aux comédiens du Français. C'était très habile de sa part, car un règlement interdisait aux théâtres de la Foire de faire parler plus d'un acteur en scène ! Sa carrière débuta donc ainsi. Il écrivit une bonne vingtaine de pièces dont plusieurs furent jouées à la Comédie-Française. Dans cette noble et prestigieuse maison, on lui refusa pourtant *La Métromanie* (1738), une pièce teigneuse (bien que spirituelle) dans laquelle il se payait carrément la tirelire de son copain Voltaire, son ennemi préféré. Il n'eut pas plus de chance avec une tragédie, *Fernand Cortès* (1744), qui fut un bide complet. En 1753, après avoir exhumé la scandaleuse *Ode à Priape*, son excellent petit copain Nivelle de la Chaussée usa de son influence auprès du roi Louis XV pour lui interdire de siéger à l'Académie française, où il venait pourtant d'être élu. Il accepta néanmoins la pension qu'on lui versa et se vengea par ce mot demeuré célèbre à l'Académie : « Ils sont là quarante, qui ont de l'esprit comme quatre » ! Cet épicurien bon vivant qui ne croyait ni à Dieu ni à diable, « coupable » de tant d'œuvres badines, érotiques et... anticléricales, devint lui aussi dévot à la fin de sa vie. Il resta suffisamment lucide pour composer toutefois l'épitaphe qu'il empêcha ses ennemis de pondre à sa place :

« Ci-gît Piron qui ne fut rien
Pas même académicien. »

La puce

Au dortoir,
Sur le soir,
La sœur Luce,
En chemise et sans mouchoir,
Cherchait du blanc au noir,
A surprendre une puce.
A tâton,
Du téton
A la cuisse,
L'animal ne fait qu'un saut,
Ensuite, un peu plus haut
Se glisse
Dans la petite ouverture,
Croyant sa retraite sûre.
De pincer
Sans danger
Il se flatte.
Luce, pour se soulager
Y porte un doigt léger
Et gratte ;
En ce lieu,
Par ce jeu,

Tout s'humecte ;
A force de chatouiller,
Venant à se mouiller,
Elle noya l'insecte.
Mais enfin
Ce lutin
Qui rend l'âme,
Veut faire un dernier effort :
Luce, grattant plus fort
Se pâme.

Le bien vient en dormant
Sonnet

Pour éviter l'ardeur du plus grand jour d'été,
Catin dessus un lit dormait à demi nue,
Dans un état si beau, qu'elle eût même tenté
L'humeur la plus pudique et la plus retenue.

Sa jupe permettait de voir en liberté
Ce petit lieu charmant, qu'elle cache à la vue,
Le centre de l'Amour et de la volupté,
La cause du beau feu qui m'enflamme et me tue.

Mille objets ravissants en cette occasion,
Bannissant mon respect et ma discrétion,
Me fit foutre à l'instant cette belle dormeuse.

Alors, elle s'éveille à cet effort charmant,
Et s'écrie aussitôt : « Ah ! que je suis heureuse !
Les biens, comme l'on dit, me viennent en dormant ! »

FAUCHERAND DE MONTGAILLARD

(Début XVIIe *siècle)*

APRÈS avoir ratissé large dans les œuvres de ce monsieur, je n'ai retenu que cette *Louison* dans les *Gaillardises* préfacées et annotées par Van Bever (publiées chez E. Sansot vers 1905), que cette petite et plaisante chanson. Et pour faire de la demoiselle une vraie chanson, j'ai commis une musique il y a au moins vingt ans de cela. Je l'enregistrerai sans doute bientôt. Chaque chose en son temps. C'est ce que j'ai pu trouver de plus « érotique » chez cet auteur très inégal dans son inspiration.

Louison

Cette petite effrontée,
A qui je faisais l'amour,
M'allait disant, l'autre jour,
La couchant sur la montée !
« Ha, monsieur, la ! la ! la ! la !
Ha ! vous me faites cela !

– J'ai fermé, dis-je, la porte
Nul n'entendra mon discours. »
Mais elle criait toujours !
« Laissez-moi, las ! Je suis morte !
Ha monsieur...

– Etes-vous encore pucelle ?
Ce serait un grand défaut.
– Las, monsieur, le cœur me faut.
Le sentez-vous pas ? dit-elle.
Ha monsieur...

– Ha ! dit-elle, je me pâme !
Monsieur, attendez un peu.
Vous me mettez tout en feu !
Me voulez-vous ôter l'âme ?
Ha monsieur....

Vois, je suis toute souillée...
La, la, la ! Faites tout beau !
Je m'écoule toute en eau
Et ma chemise est mouillée.
Ha monsieur...

Las ! que dira ma maîtresse,
Si elle sait mes malheurs ?
Ma foi, ces degrés sont durs,
Ils m'ont écorché la fesse.
Ha ! monsieur, la, la, la, la !
Ha ! vous me faites cela ! »

GIORGIO BAFFO
(1694-1768)

UN VRAI POÈTE italien. Il écrivit en dialecte vénitien des poésies et des contes pleins de grâce, d'esprit et de gaieté. De goût modeste, il habitait un coin de sa cuisine dans un palais sublime construit par Sansovino et légué par ses riches parents. Poète éclectique aux couleurs souvent lubriques, il fut le tuteur de Casanova qui dans ses *Mémoires* parle de lui comme d'un « sublime génie ». Il dépeignait ses frasques avec beaucoup de verve. Moqueur, ses traits acérés n'épargnaient personne, pas même le pape Clément XIII qui, pour passer sa rage, ordonna qu'on fracasse à coups de marteau le zizi de toutes les statues de Venise ! Est-il utile de préciser que les Inquisiteurs n'aimaient guère ce bienheureux Baffo. Ses amis, sciés par l'élégance de son langage, disaient de lui qu'il « écrivait comme un satyre et parlait comme une vierge » !

Le pèlerin curieux

Je monte, je regarde par un trou et je le vois, lui, le manteau sur la figure ; elle, assise sur le lit, sans masque ni domino, mais un très joli minois. Puis je l'entends dire : « Ma Zannetta, je meurs d'amour, donne-moi ta petite langue ; ô ma douce âme, ne l'ôte pas de la bouche, reste là, attends. »
En vrai vilain, vite il arrive aux prises et de ses mains fourrage sous les jupons : « Je veux tâter cette moniche... »
Toute rouge elle croise les cuisses et dit : « Signor, vous m'en faites de vilaines. Oh ! finissez... Laissez-moi... Que voulez-vous tâter ? Je n'aime pas ces choses-là... Restez tranquille ; holà !... oh !... cessez !... Vous êtes comme la peste !... Je ne me tairai pas si vous m'en faites de pareilles, et à compter de cette fois avec moi pour sûr seront bientôt finies les fêtes... En vérité, cette façon est bien grossière ; je suis venue ici sans me douter de rien. Je veux garder intacte ma virginité, car je suis pucelle. »
« Pas même patiner ! Que voulez-vous donc que je fasse ? Et pourquoi donc faire êtes-vous venue de la Piazza ? Vous voulez pour conclusion, certes, que je me tue de désespoir. J'enrage comme un chien, je ne puis vivre ainsi ! »

Et de sa main il fait sortir un bien gros animal.
« Oh ! pauvrette que je suis ! je n'en ai jamais vu de pareil ; qu'est-ce que ce machin ?... Je puis vous le dire, vous m'en faites voir de dures, vous me faites rougir... Me montrer vos parties honteuses ! Je vous regarde avec stupeur ; voulez-vous m'ôter l'honneur avec ce joujou ? »
« Oh ! pauvre moi ! Vous êtes dure comme un roc. Que faites-vous de ce que vous m'avez promis ? Que devient ce plaisir ? C'est là, pour vous le dire, un amour à la mode ; mon cher cœur, ne restez pas si insensible ; je vous en prie, par pitié, faites-moi la charité de me laisser jouir. »
« Oh ! Dieu, finissez ; si je perdais l'honneur, vous le savez, il faudrait autre chose que des messes ; la tête où j'ai les pieds me flanqueraient mes parents quand ils l'apprendraient. »
Quand le fourbe eut compris qu'elle restait sourde, il changea de ton et attaqua une autre corde :
« Eteins-moi, chère fille, par quelque complaisance le feu qui me dévore, applique-moi un baiser de ta jolie bouche. »
« Prenez-moi le cadet, laissons tranquille la clochette. »
« J'en serai satisfait, je l'aimerai bien plus s'il est bon à mettre à la broche. Je veux le peloter. »
– Oh ! chérie ! oh ! Quel bonheur ! Je te jure les *Sacra dei* que je touche le ciel du doigt si je te le mets. »
Ainsi tout bellement il s'approche à tâtons comme un oiseau qui connaît sa becquée et la tenant pour assez priée :

« Allons, allons, tournez-vous là sans plus d'affaire. »
Elle, pour faire croire qu'elle est novice, se retourne et regarde, faisant la revêche et la prude :
« Croyez-le sur ma foi, je suis si stupéfaite que je ne me connais plus. »
« Oh ! finissons-en, donnons congé aux manières, je ne voudrais pas être venu pour rien. »
« Mais certes, j'ai l'assurance de ne pouvoir le recevoir tant il est gros. »
Tout en parlant de la sorte, les cotillons retroussés elle découvrait un cul d'une blancheur de lait. Il le lui fourra dedans, en donnant de toutes ses forces des poussées monacales. Si tout à l'heure un tantinet elle avait honte, oh ! maintenant, comme elle remuait le derrière ! Moi, pauvre pèlerin, j'ai tant fait que mon cela jeta sa bave. Et je vous dirai même que j'y trouvai plaisir et agrément, puis je me suis sauvé quand ils ont quitté le lit.

VOLTAIRE

(1694-1778)

IL FAUT BIEN avouer qu'ils étaient parfois pompeux, les vers que j'ai pu dénicher dans l'œuvre poétique de notre grand Voltaire. Nous sommes loin ici de *Candide*, *Zadig* ou *Micromégas*. J'ai donc eu grand-peine à trouver un écrit « érotique ». S'il ne l'est pas spécifiquement, *La Pucelle d'Orléans* est toutefois un morceau d'anthologie qui ne déparera point dans cette dernière où l'humour et le libertinage ont grandement acquis leurs lettres de noblesse. Inutile de préciser que *La Pucelle* à sa publication provoqua un scandale monstre qui fit les délices de notre génial bouffeur de curé.

J'ai retenu en passant une délectable *Gaillardise*, où notre jardinier des mots nous démontre comment l'on doit s'y prendre pour arroser le gazon.

Gaillardise

Je cherche un petit bois touffu
Que vous portez, Aminthe,
Qui couvre s'il n'est pas tondu
Un gentil labyrinthe.
Tous les mois on voit quelques fleurs
Colorer le rivage;
Laissez-moi verser quelques pleurs
Dans ce joli bocage.

Allez, Monsieur, porter vos pleurs
Sur un autre rivage;
Vous pourriez bien gâter les fleurs
De mon joli bocage;
Car si vous pleurez tout de bon
Des pleurs comme les vôtres
Pourraient bien, dans une autre saison,
M'en faire verser d'autres.

Quoi, vous craignez l'événement
De l'amoureux mystère ?
Vous ne savez donc pas comment
On agit à Cythère :
L'amant modérant sa raison,
Dans cette aimable guerre,
Sait bien arroser le gazon
Sans imbiber la terre.

Je voudrais bien, mon cher amant,
Hasarder pour vous plaire,
Mais dans ce fortuné moment,
On ne se connaît guère.
L'amour maîtrisant vos désirs,
Vous ne seriez plus maître
De retrancher de nos plaisirs
Ce qui vous donna l'être.

La Pucelle d'Orléans

Jeanne écoutait : que ne peut l'éloquence !
Toujours l'oreille est le chemin du cœur :
L'étonnement est suivi du silence.
Jeanne ébranlée, admire, rêve, pense,
Aimer un âne et lui donner sa fleur !
Souffrirait-elle un pareil déshonneur,
Après avoir sauvé son innocence
Des muletiers et des héros de France ?
Après avoir par la grâce d'en haut
Dans le combat mis Chandos en défaut,
Mais ce bel âne est un amant céleste ;
Il n'est héros si brillant et si leste ;
Nul n'est plus tendre et nul n'a plus d'esprit,
Il eut l'honneur de porter Jésus-Christ ;
Il est venu des plaines éternelles ;
D'un séraphin il a l'air et les ailes ;
Il n'est point là de bestialité ;
C'est bien plutôt de la divinité.

Notre amazone est ainsi tourmentée.
L'âne est pressant : et la belle agitée
Ne peut tenir dans son émotion

Le gouvernail que l'on nomme raison.
D'un tendre feu ses yeux étincelèrent,
Son cœur s'émut : tous ses sens se troublèrent,
Sur son visage un instant de pâleur
Fut remplacé par une vive rougeur.
Du harangueur le redoutable geste
Etait surtout l'écueil le plus funeste.
Elle n'est plus maîtresse de ses sens ;
Ses yeux mouillés deviennent languissants ;
Dessus son lit sa tête s'est penchée ;
De ses beaux yeux la honte s'est cachée ;
Ces yeux pourtant regardaient par en bas :
Elle étalait ses robustes appas ;
De son cu brun les voûtes s'élevèrent
Et ses genoux sous elle se plièrent
Tels on a vu Thibouville et Villars,
Imitateurs du premier des césars,
Tous enflammés du feu qui les possède
Tête baissée attendre un Nicomède,
Et seconder par de fréquents écarts
Les vaillants coups de leurs laquais picards.

L'enfant malin qui tient sous son empire
Le genre humain, les ânes, et les dieux,
Son arc en main, planait au haut des cieux,
Et voyait Jeanne avec son doux sourire,
Serrant la fesse et tortillant le cu,
Brûler des feux dont son amant pétille ;
Hâter l'instant de cesser d'être fille ;

Et du satin de son croupion charnu
De son baudet presser l'inguen à cru.
Déjà trois fois la défunte Pucelle
Avait senti dans son brûlant manoir
Jaillir les eaux du céleste arrosoir :
Et quatre fois la terrible alumelle
Jusqu'au plus vif ayant percé la belle,
Jeanne avait vu, car sentir c'est bien voir,
Du chaud brasier qui couve au dedans d'elle,
Naître et mourir mainte et mainte étincelle :
Quand tout à coup on entend une voix,
« Jeanne, accourez, signalez vos exploits,
Levez-vous donc, Dunois est sous les armes,
On va combattre, et déjà nos gendarmes
Avec le roi commencent à sortir ;
Habillez-vous ! est-il temps de dormir ! »
C'était la belle et jeune Dorothée,
De bonté d'âme envers Jeanne portée,
Qui la croyant dans les bras du sommeil,
Venait la voir et hâter son réveil.

Ainsi parlant à la belle pâmée,
Elle entr'ouvrit la porte mal fermée,
Vit le duo dans le fort des exploits,
Et se signa de honte par trois fois,
Jadis Vénus fut bien moins confondue
Lorsqu'en des rets formés de fil d'airain,
A tous les dieux ce cocu de Vulcain
Sous le dieu Mars la fit voir toute nue.

Jeanne ayant vu que Dorothée est là
Témoin de tout, immobile resta,
Puis dans son lit se remit, s'ajusta,
Puis en ces mots d'un ton ferme parla :
« Vous avez vu, ma fille, un grand mystère,
Suite d'un vœu que j'ai fait pour le roi :
Si l'apparence est un peu contre moi,
J'en suis fâchée, et vous saurez vous taire :
De l'amitié je sais remplir les droits
En cas pareil comptez sur mon silence :
Cachez surtout cette affaire à Dunois,
Vous risqueriez le salut de la France. »
Après ces mots elle sauta du lit,
D'eau de lavande amplement se servit,
Prit sa culotte et changea de chemise,
Son corcelet et son haubert vêtit,
Quand Dorothée, encore toute surprise,
Ainsi lui parle avec pleine franchise :
« En vérité, madame, mon esprit
Ne connaît rien à pareille aventure :
Je vous tiendrai le secret, je vous jure,
Car de l'amour j'éprouvai la blessure,
J'en suis atteinte et mon malheur m'apprit
A pardonner des faiblesses aimables.
Oui, tous les goûts sont pour moi respectables :
Mais j'avouerai que je ne conçois pas,
Lorsque l'on peut serrer entre ses bras
Le beau Dunois, comment on peut descendre
Aux vils devoirs qu'un âne peut vous rendre,

Comment on peut soutenir l'appareil
De l'attitude aptée à cas pareil,
Comment on est d'avance consternée,
Epouvantée, abîmée, étonnée,
De la douleur qu'on ne peut qu'endurer
Pour donner place à la grosseur outrée,
Longueur, roideur, force démesurée
De l'instrument qui doit vous déchirer,
Pour de droit fil en plein vous perforer,
Comment enfin, on peut sans résistance,
Sans nul dégoût, en bonne conscience,
S'aimer si peu, si peu se respecter,
Que d'assouvir le désir si profane
De préférer au beau Dunois un âne,
Et d'espérer quelque plaisir goûter,
Vous en goûtiez pourtant, la belle dame ;
Car je l'ai vu dans vos yeux pleins de flamme.
Certes en moi la nature pâtit :
Je me connais, je serais alarmée
D'un tel galant. » Jeanne alors repartit
En soupirant : « Ah ! s'il t'avait aimée. »

DIDEROT
(1713-1784)

ÇA N'EST qu'après la lecture de *Jacques le Fataliste* et du *Neveu de Rameau* que je découvris avec délices la fameuse *Religieuse* de Diderot, que me conseilla de lire Léautaud. Je vous invite à votre tour à vous délecter de ce savoureux extrait, érotique en diable !

La supérieure et sœur Suzanne

« Ah ! sœur Suzanne, vous ne m'aimez pas !
– Je ne vous aime pas, chère mère !
– Non.
– Et dites-moi ce qu'il faut que je fasse pour vous le prouver.
– Il faudrait que vous le devinassiez.
– Je cherche, je ne devine rien. »

Cependant elle avait levé son linge de cou et avait mis une de mes mains sur sa gorge ; elle se taisait. Je me taisais aussi ; elle paraissait goûter le plus grand plaisir. Elle m'invitait à lui baiser le front, les joues, les yeux et la bouche ; et je lui obéissais ; je ne crois pas qu'il y eût du mal à cela : cependant son plaisir s'accroissait ; et comme je ne demandais pas mieux que d'ajouter à son bonheur d'une manière innocente, je lui baisais encore le front, les joues, les yeux et la bouche. La main qu'elle avait posée sur mon genou se promenait sur tous mes vêtements, depuis l'extrémité de mes pieds jusqu'à ma ceinture, me pressant tantôt dans un endroit, tantôt dans un autre ; elle m'exhortait en bégayant, et d'une voix altérée et basse, à redoubler mes caresses, je les redoublais; enfin, il vint un moment, je ne sais si ce fut de plaisir ou de peine, où elle devint pâle comme la mort; ses yeux se fermèrent, tout son corps se tendit avec violence, ses lèvres se pressèrent d'abord, elles étaient humectées comme une mousse légère; puis sa bouche s'entr'ouvrit et elle me parut mourir en poussant un profond soupir. Je me levai brusquement; je crus qu'elle se trouvait mal; je voulais sortir, appeler. « Innocente ! ce n'est rien; qu'allez-vous faire ? Arrêtez... » Je la regardai avec des yeux hébétés, incertaine si je resterais ou si je sortirais. Elle rouvrit encore les yeux; elle ne pouvait plus parler du tout; elle me fit signe d'approcher et de me replacer sur ses genoux. Je ne sais ce qui se passait en moi; je craignais, je tremblais, le cœur me palpitait, j'avais de la peine à respirer, je me sentais troublée, oppressée, agitée, j'avais peur; il me semblait que les forces m'abandonnaient et que j'allais défaillir; cependant je ne saurais dire que ce fût de la peine que je ressentisse. J'allai près d'elle; elle me fit signe encore de la main de m'asseoir sur ses genoux; je m'assis; elle était comme morte, et moi comme si j'allais mourir. Nous demeurâmes assez longtemps l'une et l'autre dans cet état singulier. Si quelque religieuse fût survenue, en vérité, elle eût été bien effrayée; elle aurait imaginé, ou que nous nous étions trouvées mal, ou que nous nous étions endormies. Cependant, cette bonne supérieure, car il est impossible d'être si sensible et de n'être pas bonne, me parut revenir à elle. Elle était toujours renversée sur sa chaise; ses yeux étaient toujours fermés, mais son visage

s'était animé des plus belles couleurs ; elle prenait une de mes mains qu'elle baisait, et moi, je lui disais : « Ah ! chère mère, vous m'avez bien fait peur... » Elle sourit doucement, sans ouvrir les yeux. « Mais est-ce que vous n'avez pas souffert ? – Non. – Je l'ai cru. – L'innocente ! ah ! la chère innocente ! Qu'elle me plaît ! » En disant ces mots, elle se releva, se remit sur sa chaise, me prit à brasse-corps et me baisa sur les joues avec beaucoup de force ; puis elle me dit :
« Quel âge avez-vous ?
– Je n'ai pas encore vingt ans.
– Cela ne se conçoit pas.
– Chère mère, rien n'est plus vrai.
– Je veux savoir toute votre vie ; vous me la direz ?
– Oui chère mère.
– Toute ?
– Toute. Mais on pourrait venir ; allons nous mettre au clavecin, vous me donnerez une leçon. »

ANONYMES
(XVIIe siècle)

Épigramme

Un compagnon, par charité,
Fourbissait le bas d'une dame,
Et la dame de son côté
Levait le con pour sauver l'âme.

Elle se pâme de plaisir
Quand elle eut fait mainte bricole,
Et s'écrie : « Hélas, mon désir !
Sauvez-moi, mon âme s'envole ! »

Lui qui la voyait aux abois,
Immobile comme une souche,
Pour fermer deux trous à la fois,
Lui mit la langue dans la bouche.

« Beaux yeux, dit-il, remplis d'appas,
Mettez toute crainte en arrière ;
Votre âme ne s'enfuira pas,
Si vous bouchez bien le derrière ! »

De Catin

J'allais près d'une rivière,
Quand Catin me dit tout bas :
« Tu as l'âme casanière
De ne prendre ici mon cas ! »

Aussitôt la soulevant,
Dessus l'herbe, je la jette,
Et lui troussant son devant,
Je défis mon aiguillette.

« Tout doux, tout doux, me dit-elle,
Ah ! ne poussez pas si fort !
Mais choyez une pucelle
Qui meurt d'une douce mort. »

Disant cela, ses genoux
Elle ouvrit d'un grand courage,
Et moi, je doublai mes coups
Pour m'y faire un chemin large.

« Eh bien ! Ai-je le cœur lâche ?
Lui dis-je, quand je fus las.
– Non, dit-elle, si tu tâches
Trois fois d'embourrer mon bas. »

A une malade des pâles couleurs

Jeune et pâle beauté, qu'une foutue envie
De foutre à cu levé tourmente incessamment,
Donnez-nous du bon temps et foutre librement,
De ce plaisir d'amour rendez-vous assouvie.

Tout ce que vous voyez à l'Amour vous convie :
Les poissons vont foutre dans l'humide élément,
Les oiseaux parmi l'air foutent lascivement,
Et tout autre animal par ce plaisir prend vie.

Ainsi l'on fout partout et en haut et en bas
Etant bien assuré que ces foutus ébats
Conservent l'ornement de la Machine ronde.

Et si quand vous foutez par hasard quelque sot
Vous en voulait blâmer, répondez en un mot
Que si l'on n'eut foutu il ne fut point au monde.

Épigramme

Hier, en me promenant, je vis que par hasard
La blonde Catherine ramassait une aiguille ;
Je m'écrie aussitôt : « Belle, je retiens part »,
Elle me souffrit alors d'une grâce gentille,
Et la pressant toujours de partager nous deux,
Témoignant qu'elle était d'un chaud désir épointe,
Elle me dit soudain : « Mon ami, je le veux,
Prenez pour vous le cul, et me donnez la pointe. »

ROBBÉ DE BEAUVESET

(1714-1794)

La poésie si plaisamment anecdotique de ce sacré Robbé m'a séduit d'emblée. Tout emporté qu'il est par ses élans, ce monsieur a un remarquable sens de la chute ! Très tôt, son goût pour la poésie érotique le fit désigner comme « chantre du mal immonde » ! Louis XV, à qui il avait eu le culot de s'attaquer, veut le faire arrêter. L'imprudent Robbé, l'apprenant, substitue des vers apologiques aux vers incriminés par le roi. Ce dernier se fait rouler dans la farine et verse même dorénavant une pension à Robbé, à condition qu'il brûle tous ses vers orduriers. Mais il les savait par cœur...
Vieux et rongé par le repentir, notre sympathique poète fut enfermé dans un asile d'aliénés où il commençait sérieusement à yoyoter.

Épigramme

Un vendredi, que le Bon Dieu mourut,
Une catin de la cité romaine,
Par douze fois, pour apaiser son rut,
Se fit bourrer de la denrée humaine.
Le cavalier, que si rudes exploits,
Tant répétés, avaient mis aux abois,
Pour se ravoir, propose une poularde.
« Au jour où Dieu va délivrer les morts,
Un jour si saint, dit-elle, ah ! Dieu me garde
Qu'il m'entre chair quelconque dans le corps.
– Foutre, répond le héros en bottine :
Pour toi mon vit est-il une sardine ? »

Épigramme

Un Directeur, suppôt des plus zélés,
Pour les autels des deux enfants ailés,
D'un vieux mari, à la gente soubrette,
Voulut planter l'antiphysique aigrette.
« La belle enfant, ça, dit-il, tourne-toi
Que pour varier je m'escrime en levrette.
Y gagneras un bon pouce de roi.
– Je le veux bien, dit la belle Angélique,
Mais n'allez pas à Vénus faire un vol
Et vous trompant par erreur jésuitique,
Ne prenez pas saint Pierre pour saint Paul.
– Ah, double impie ! à l'instant repart l'autre,
Dis-moi, prends-tu ton cul pour un apôtre ? »

JOSEPH VASSELIER
(1735-1798)

C'ÉTAIT un copain de Voltaire. Il allait tous les ans passer l'automne à Ferney en compagnie du vieux philosophe. Il lui lisait ses pièces ou ses poésies et en faisait circuler des copies manuscrites en se moquant bien d'en tirer gloire ou profit. Son manque d'appétence à la renommée n'est sûrement pas étranger au fait qu'il soit si peu connu.

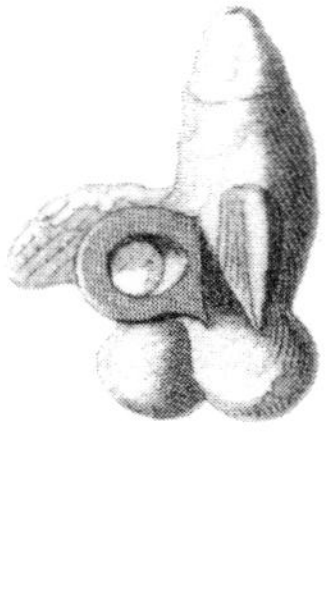

Le sifflet

Après dîner, sur une galerie
Qui dominait sur l'écurie,
La jeune Agnès pissait, mais de telle façon,
Que son cocher Lucas, éveillé par le son,
Dit, en lâchant un mot de sucrerie :
« Ah ! bijou, si je te tenais,
Comme autrement tu sifflerais ! »
Fille à quinze ans est toujours curieuse !
Le cocher fut mandé : « Voyons, dit la pisseuse,
Si vous feriez siffler cela. »
Lucas n'osait ; mais l'humeur s'en mêla.
Agnès était impétueuse.
Elle voulut : il obéit,
Et la renverse sur un lit,
Après avoir fermé la porte.
Là, mon gaillard y va de telle sorte,
Qu'Agnès, expirant de plaisir,
Surprise de ne rien ouïr,
Lui dit, articulant à peine :
« Mais..., mon cher..., il... ne... siffle pas ?
– Parbleu ! je le crois bien, lui répondit Lucas :
Siffleriez-vous, madame, ayant la bouche pleine ? »

SÉNAC DE MEILHAN

(1736-1803)

AYANT un peu hâtivement « enjambé » le libertinage chansonnier, je vous fais grâce, jolie lectrice sensible et néanmoins avertie, des Lucas naïfs « jambes en l'air et tête en bas » dans leurs meules de foin ! Les Nanon, les Colas, les Babet et leurs grivoiseries de cabaret, fort sympathiques au demeurant, n'ont pas grand-chose en commun avec la poésie érotique qui nous occupe ici. Je ne m'attarderai donc guère sur ce XVIIIe siècle plus salonnard, libertin ou grivois que les toniques gaillardises évocatrices de Théophile de Viau ou le pur cristal que nous laissa Louise Labé, deux siècles plus tôt.
Ça n'est certes pas la Révolution qui encouragea l'érotisme en littérature, encore que... L'auteur que je vous propose ici, Sénac de Meilhan, qui tout comme son ami Voltaire avait horreur des « vils cagots », des « fiers ambitieux », ne trempait certainement pas sa plume d'oie dans la camomille lorsqu'il écrivit *La Foutromanie*. Voltaire affectionnait beaucoup Sénac, qui était lui aussi l'ami intime de la grande Catherine de Russie. Il lui avait donné ce conseil, qu'on ne peut faire entendre qu'à un ami : « Moquez-vous de tout et de tous ceux qui vous ennuient » !

La foutromanie

Quand je patine un couple de tetons
Durs, arrondis, rebelles, élastiques ;
Lorsque nanti de mille appas physiques,
Mon vit en rut décharge à gros bouillons,
Des dieux, des rois, je méprise la gloire,
De l'Achéion je brave l'onde noire,
Aux vils cagots aux fiers ambitieux
Laissant le soin de la terre et des cieux
Sots amateurs des biens, de la puissance !
Le vrai bonheur est dans la jouissance.
Pour être heureux, ô lubriques mortels !
Faut-il, hélas ! un trône et des autels ?
Pourquoi briguer un hommage, une offrande ?
A quoi me sert la grandeur, quand je bande ?
Un con touffu, mutin, ingénieux
A deviner cent tours voluptueux,
Des reins d'ivoire et des fesses de marbre,
Une charnière à mobiles ressorts,
Qui, sans quartier, m'attaque corps à corps,
S'unit à moi comme le lierre à l'arbre
Qui, secondant mes amoureux efforts,
Aux coups du cul répond avec adresse,

Serre mon vit, forge les voluptés,
Et me prodigue une adorable ivresse,
Voilà mes lois et mes divinités.

Moi, Foutre-Mane, ingambe et peu sublime,
J'aime à penser, qu'en employant mes jours
A polluer, je ne fais aucun crime :
Que Jupiter, trop bon, trop magnanime,
Trop affairé pour compter avec moi,
Sur mon esprit pour régner par l'effroi,
Me saura gré, qu'en ces frasques aimables,
Mon vit fécond produise mes semblables
Qu'à coups de culs je peuple l'univers,
Que je me livre à d'utiles travers.
Dans tous tes sens l'adorable tendresse
Communiquant ses feux et son ivresse,
Te fait bander pour un objet charmant,
Le Con au Vit présente son aimant...
« Que faites-vous ? disait-il à Fanchon,
A vous gratter, vous usez votre adresse,
Vos doigts, le temps ; vous servez le démon ;
Foutre à grands coups soulage la tendresse,
C'est œuvre pie ; un gros Vit dans le Con
Fait du plaisir, entretient la sagesse ;
Voilà le mien, prenez ce saucisson. »
Au même instant, le béni Foutre-Mane
Lève les yeux, le vit et la soutane,
De sa culotte exhibe un long engin,
Membre de moine, exorbitant boudin,

Un plût à Dieu, d'une grosseur énorme,
Fanchon rougit à l'aspect de la forme ;
A la rougeur succède le désir,
Elle l'empoigne, et, hurlant de plaisir,
Les yeux ardents, l'âme à demi pâmée,
Dans son pertuis, le fourre sans délais.
Tant il est doux de croire d'être aimée !
Tant les couillons d'un pater ont d'attraits !

Plus insolent, plus glorieux qu'un doge,
Qu'un président vêtu de l'épitoge,
Le moine fout trois coups sans débander,
Et de l'étui le ribaud ne déloge,
Qu'après avoir fini par inonder,
Le con foutu d'un déluge de sperme ;
Encore sort-il, aussi roide, aussi ferme,
En déconnant, qu'avant de débrider.
Ah ! parlez-nous de gros vits de la sorte !
Car se servir de froids godemichets,
Ou de prier qu'on décharge à la porte,
C'est ne goûter que plaisirs imparfaits.

Le fait est doux, quand l'amour réciproque
Dans le coït lève toute équivoque ;
Lorsqu'un foutan, dispos, nerveux, ardent,
Attaque un con, alerte, intéressant,
Un con nouveau, sous gentille figure,
En appétit, écumant de luxure.
Dans cet assaut, les coups portent à plomb ;

Le vit chatouille et les bords et le fond.
Du clitoris les deux brûlants ovaires
Sont irrités par cent doux frottements ;
Et des pubis les combats débonnaires
A la décharge excitent tous les sens.
Le Con, pressé par son ardeur natale,
Prête collet aux muscles érecteurs,
Pompe les sucs, la liqueur séminale,
Et fait au Vit verser de tendres pleurs.

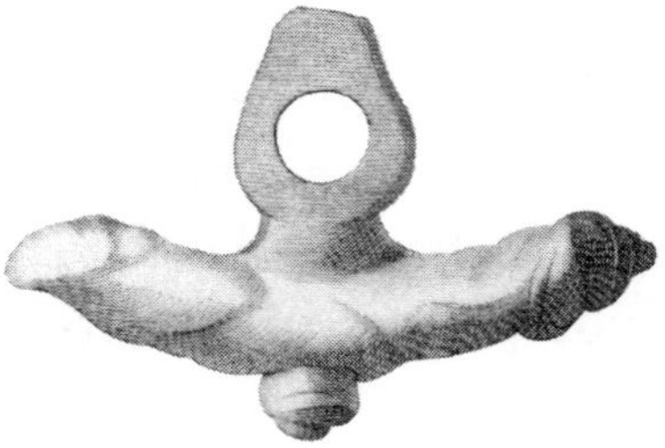

BEAUFORT D'AUBERVAL
(1764-1825)

LUI AUSSI chanta dans les cabarets. Cela n'a rien de déshonorant... à condition d'en sortir. Beaufort n'en sortit pas, hélas ! Cet auteur orgueilleux et doué, fils d'un duc et d'une actrice, eut grand mal à se faire entendre en pleine époque révolutionnaire. Il est mort de misère à l'hôpital. La justesse du ton, la précision du mot pour peindre la satyre, « De tout temps le Français idolâtra ses maîtres », m'ont fait choisir cette savoureuse *Entrée de la Dauphine* qui met en scène avec talent une indéniable et savoureuse situation... « érotique » !

L'entrée de la Dauphine

La Dauphine faisait son entrée à Paris.
Tout le monde s'y porte, et tout est aux fenêtres,
De tout temps le Français idolâtra ses maîtres,
Et montra son amour par des jeux et des ris.

Ce jour, il arriva la plus plaisante histoire,
Que l'on a même assez de peine à croire,
Mais qui pourtant au nez de tout Paris eut lieu :
Amour partout se glisse et montre qu'il est dieu ;
Par la difficulté cet espiègle s'irrite,
Et c'est dans le danger qu'on juge son mérite.

Le col tendu, l'œil fixe et les bras appuyés
Sur un balcon étroit, papa, maman et fille,
En un mot, toute une famille,
Pour mieux voir, s'élevaient sur la pointe des pieds.
Arrive au rendez-vous, l'amant, le futur gendre,
Que l'on gronde beaucoup de s'être fait attendre.
Il est bon d'observer qui tenait le milieu,
C'était la fille, et l'amant, par derrière,

Adroitement placé, prépare ainsi son jeu :
Sur la Dauphine entamant la matière,
Trouvant que sa future est égale en beauté,
Il parle de ses traits et de sa majesté
Et de la dignité de la cérémonie ;
Et des parents, par cent contes en l'air,
Endort la surveillance et sur leur bonhomie
Fonde le bonheur de sa vie.

Assuré de son fait, d'un moment aussi cher,
Il parcourt brusquement la place qu'il a prise,
En amant plein de feu qui brûle de cueillir
Vermeille rose du plaisir,
Rose d'amour à lui promise....

Il la cueille en effet... et dans le beau moment
Où l'âme en doux soupirs semble s'être échalée,
Où la belle se pâme involontairement,
Où la nature fait faire un trémoussement
Précurseur de la joie en nos sens concentrée,
Heureuse du bonheur... que lui doit son amant !
– Ah ! maman ! Ah ! maman ! – Quoi donc ?
– La belle entrée !

ANONYME
(1782-1830)

Extrait du *Petit Neveu de Grécourt* dont nous ignorons le nom de l'auteur, *Le mensonge évident* est une jolie scène libertine typique elle aussi du XVIIIe siècle, dont je ne vois aucune raison de ne pas vous la faire découvrir, elle est supérieure en qualité aux trop nombreuses « œuvrettes » qui illustrent ce siècle.

Le mensonge évident

En bavolet, en simple jupon court,
Sur son balcon dame Alix appuyée
Lorgnoit les passants un beau jour.
Depuis longtemps, aux mystères d'amour
La belle étoit initiée.
Un sien neveu, nommé Valcour,
Garçon alerte et d'assez bonne mise,
Entre en sa chambre ; il la voit, et soudain
Le fripon sent naître en son sein
Un mouvement de paillardise ;
Si bien que derrière elle il se glisse sans bruit,
Soulève le jupon d'une main libertine,
Et puis, ainsi qu'on l'imagine,
S'ajuste, pousse et s'introduit.
« Eh ! mais, voyez l'extravagance ! »
Dit Alix à notre éventé ;
« Valcour... vous me foutez, je pense ?...
– Moi ? non, ma tante, en vérité...
– Comment, non, coquin que vous êtes ?
Ne sens-je pas ce que vous faites ?
Et vous l'osez nier ? C'est par trop fort aussi...
– Vous êtes donc bien mécontente ? »

Dit Lindor d'un ton radouci ;
« Eh bien ! je vais m'ôter, ma tante,
Si vous voulez. – Non, restez-y :
Mais je n'aime pas que l'on mente. »

STENDHAL
(1783-1842)

MES INVESTIGATIONS à la riche et providentielle Bibliothèque nationale me font découvrir que des *Écrits érotiques de Stendhal (1801-1832)* ont été édités à Bruxelles en 1928 à l'usage exclusif des souscripteurs (« Huit exemplaires sur vergé d'Arches numérotés de 1 à 8 et de 9 à 98, tous réservés à la Société stendhalienne »). Je vous cite ici un premier extrait qui me semble relever plutôt d'une gymnastique sexuelle compliquée, que de l'érotisme pur que nous eussions espéré. Le deuxième morceau de bravoure (un conte intitulé *L'Honneur français* !) n'est autre que le récit de soudards qui perpètrent une orgie guère appétissante dans un bordel de bas étage. Jolie lectrice, ne lisez pas cela, vous risqueriez de ne plus pleurer sur *La Chartreuse de Parme*.

Je suis, ainsi que beaucoup d'autres, embarrassé lorsqu'il s'agit d'enfiler pour la première fois une femme honnête. Voici un moyen très simple : lorsqu'elle est couchée, vous la branlez etc. ; elle commence à y prendre goût. Cependant, le costume fait qu'elle se défend toujours. Il faut alors, sans qu'elle s'en aperçoive, lui mettre l'avant-bras gauche sur le cou, dessous le menton, de manière à l'étouffer ; le premier mouvement est d'y porter la main. Pendant ce temps, il faut prendre le vit entre l'index de la main droite et le grand doigt, et le mettre dans la machine. Pour un peu qu'on y mette de sang-froid, cela est immanquable. Il faut cacher le mouvement décisif de l'avant-bras gauche par des giries.
C'est Percheron qui m'a donné ce moyen, et il y est expert.

L'honneur français

De ses pâles flambeaux la lune vagabonde
Eclairait Brescia et le reste du monde
De onze coups égaux les clochers résonnants
Appelaient aux combats les fortunés amants.
Dans le chemin obscur nous marchions en silence,
Nous allions au bordel chercher la jouissance,
Le fils à l'œil hardi le premier s'avançait ;
D'un pas délibéré le père le suivait ;
Le grand Egyptien, Beyle, à la mine noire,
Quesnel, dont les exploits personne ne veut croire,
Formaient le corps d'armée. « Amis, voilà l'auberge ;
je vois les trois épées attachées à leur verge »
S'écrie au loin Cacault qui, par son vit bandant
Sans cesse tourmenté, allait nous précédant.
On s'élance à l'instant sur la rampe tortueuse,
Chacun de nous déjà croit embrasser la gueuse,
Sur le pallier obscur nous allons tâtonnants,
Frappant aux portes de tous les appartements.
Les accents argentins de deux voix féminines
Dans un même moment rebandent nos six pines.
Nous nous précipitons tous sur nos deux putains.
Oh ! qu'alors drôlement on vit errer les mains !

Cons, culs, tétons, fesses, sont inondés de foutre ;
Tout bandant à la fois, tous à la fois veulent foutre.
Ils sont déjà en train, le père a déchargé ;
Quesnel veut bien entrer, mais son vit débandé
Est sec et sans vigueur ; Durieux, Beyle, enculent,
Cacault, le fils se font secouer la férule,
Mais quel étrange bruit interrompt nos plaisirs ?
J'entends dans l'escalier et monter et courir,
Nous voyons apparaître un sbire et sa cohue :
« Messieurs, je viens, dit-il, du fin fond de la rue,
Appelé par le bruit et l'infâme bouzin...
– Qu'appelles-tu bouzin, ruffian de cisalpin ?
Quitte ton uniforme et, regagnant la place,
Reprends ton naturel, va rejoindre ta race,
Sois cisalpin, ou bien je te coupe le vit. »
A ces mots, l'animal, de peur déjà contrit,
Dégringole la rampe...

GUICHARD
(1731-1811)

Il avait le caractère insouciant et écrivait des épigrammes licencieuses un peu à l'image de Piron, auteur précédemment évoqué dans cette anthologie, connu pour son esprit caustique, qu'il admirait et dont il se disait l'élève.

L'éclaircissement

Au juge d'un village une fille naïve
Se plaignait qu'un garçon, à l'écart, dans un bois,
Debout contre une haie, et l'y tenant captive
Fit tant... qu'elle en avait enfin pour ses neuf mois.
« Vraiment, c'est un viol ! Il faut faire un exemple
Je le ferai sans contredit. »
Le garçon était là, tous deux il les contemple,
Puis se grattant le front : « Au fait dont il s'agit
Un point m'embarrasse l'esprit. »
Ce point, la fille le demande.
« C'est que ce drôle est très petit
Et vous, la fille, êtes bien grande ;
Or, pour parvenir au succès...
– Mais, dit-elle, je me baissais !... »

Le désir du viol

Dans une ville, où Mars déployait ses fureurs,
Etait un couvent de nonnettes.
De la guerre et de ses horreurs,
La nouvelle troubla leurs paisibles retraites.
La flamme et le viol, d'un effroi renaissant,
Alarmaient nuit et jour, le troupeau gémissant,
« Dieu, protecteur de l'innocence,
Ah ! de vos ailes couvrez-nous !
Sainte Vierge, Jésus, prenez notre défense !
Préservez vos brebis des loups ! »
Ainsi pendant un mois, on prie, on se désole.
Dans ce commun danger, seule ne craignant rien,
Sœur Monique s'écrie : « Eh bien !
Quand est-ce que l'on viole ? »

ANONYME
(1784)

La jouissance

Excité par un feu naissant,
Priape s'éveille à l'instant,
Sort, et se montre à la lumière ;
Levant en l'air sa tête altière,
Par un bond souvent répété,
Il se balance avec fierté,
S'enfle, se raidit et s'allonge,
Puis s'élance, et d'un coup se plonge
Dans l'antre de la volupté.
Là, se sentant précipité
Dans le brasier d'une fournaise,
Il fouille, il sillonne à son aise
Tous les coins où la volupté
Se fond en liqueur pénétrante...
Souvent, pour son utilité,
Il suspend sa course brûlante,
Et calme le feu du plaisir
Dans la crainte de trop sentir.
Bientôt, il cède à la violence
D'un nectar qu'il captive en vain :
Il lance et verse en abondance
Ce jeu balsamique et divin,

Qui vient l'amortir en silence,
Et le plonge dans l'indolence.
Ami, lecteur, tu veux savoir
Pourquoi j'entre dans le manoir
De la Déesse de Cythère
Par devant et non par derrière ?
Mais quel est le sot, l'ignorant,
Qui n'attaque pas le devant ?
Qui, dans l'amoureuse entrevue,
Consent à s'enlever la vue
De tant de charmes réunis,
Dont il est à la fois épris ?
De ces beaux yeux où la tendresse
Provoque au plaisir, à l'ivresse ?
D'une bouche où tous les désirs
Sont prononcés par des soupirs ?
De ces jolis globes d'ivoire
Par des élans précipités ?
D'un ventre qui de tous côtés
Plus doux, plus poli que la glace,
Sert de tapis par sa surface ?
De ce joli mont de Vénus
Où l'ombre des taillis touffus
Couvre une fente à demi close,
Etroite et de couleur de rose ?
De ces cuisses dont le contour
Semble façonné par l'amour,
Et qui, proches de l'hermitage
Où le plaisir est en otage,

Prennent part au choc amoureux,
Et sont d'un secours merveilleux ?
D'ailleurs, croyez-vous qu'une belle
Qui se prête et n'est pas rebelle,
Mais qui sait combien le devant
Pour le plaisir est important,
Voudra recevoir par derrière
Votre baiser comme un clystère ?
Non, sans doute ; elle voudra voir
Vos yeux, votre nez, votre bouche,
D'un Priape ardent et farouche
L'air et l'appareil menaçant,
Ce vainqueur fier et s'élevant
Du fond d'une forêt épaisse ;
Elle voudra flatter sans cesse
Ce conquérant qui, sans pitié,
Doit la partager par moitié ;
Puis, s'étendant sur une couche,
Vous coller sur son sein la bouche,
Vous serrer, presser dans ses bras ;
Par la chaleur de ses appas
Vous communiquer son ivresse ;
Vous sucer, vous mordre sans cesse,
De ses doigts brûlants vous pincer,
Sur le fessier vous agacer,
Et, vous animant au service,
Hâter l'instant du sacrifice ;
Enfin, en vous abandonnant
A vos efforts, et vous donnant

L'ordre de limer à votre aise
Tous les parois de la fournaise,
Vous secouer, vous agiter,
Vous faire en tous sens pirouetter
Par sa force et par sa souplesse,
Jusqu'à ce qu'une douce ivresse
Fasse enfin jaillir la liqueur
Qui met au comble du bonheur !
C'est ainsi que les courtisanes
Savent, par le jeu des organes,
Prendre et donner la volupté,
Et trouver la félicité.
Je conviendrai que la manière
De s'en servir par derrière
Est du goût de beaucoup de gens,
Pour le visage indifférents,
Et que l'orbiculaire image,
Quoique muette et sans langage,
D'un beau fessier bien arrondi,
Blanc comme lys et rebondi
Charme les yeux : il faut, sans doute,
Le caresser comme un enfant ;
Mais s'il devient autel ou route,
Que ce ne soit que pour l'instant !

JOSÉ DE ESPRONCEDA
(1808-1842)

LA VIE AMOUREUSE de José de Espronceda, auteur et poète espagnol, fut sans cesse traversée d'orages. La vive passion qui le dévorait pour Térésa Mancha n'était pas payée de retour. Elle le quittait et revenait sans cesse et vous conviendrez comme moi qu'il y a là de quoi foutre en pétard un homme passionnément amoureux.
Mort à trente-quatre ans à Madrid, il reste un des plus grands poètes espagnols du siècle dernier.
Il ne trempait pas sa plume d'oie dans le tilleul. Jugez-en plutôt.

S'il t'arrive, Canalès, mon ami,
Une femme de rencontrer ainsi,
Passe-lui ton membre à travers le cul
(de merde et de maux s'il est dépourvu)
Et pour lui montrer que tu te dégages
En cette affaire des mauvais usages,
Quand tu t'apprêtes à la posséder
Récite-lui d'abord avec respect
Ce très beau, ce magnifique sonnet,
La verge tendue, puissante, dressée :

Sonnet, ou ce que l'on voudra

Femme sans pareille, ô pousse divine
De l'Eve première dépucelée,
Idéale, au poil, douce et d'origine,
Les cheveux frisés, le chignon dressé,
Les yeux au ciel et le ventre tanné
Que, bien que mouillé toujours, Nature hisse,
Etendard de flamme ; ton jardinet
Me donne, allonge-toi, ouvre tes cuisses,
Que j'y enfourne mon ardente pine ;
Quand nous aurons un moment gigoté,
Nous y verserons semence bénigne ;
Pour compléter cette félicité,
Tu me présentes ton anus, je bondis
Tu la gardes dans sa gaine, ô bonheur !
Nous jouissons ainsi tels deux petits
Tu finiras du plaisir dans la fièvre,
La têtant, la gardant entre tes lèvres.

ALFRED DE MUSSET
(1810-1857)

Pour les bourgeois, gavés de Victor Hugo et autres auteurs classiques, les *Contes d'Espagne et d'Italie* publiés en 1829 apparaissent certes comme « éblouissants, mais aussi scandaleux ». Au théâtre, c'est encore pire. *La Quittance du diable* ou *La Nuit vénitienne*, jouées en 1830, font un bide retentissant et disparaissent de l'affiche sous les sifflets. *Les Caprices de Marianne* et son *Fantasio* légers, gracieux et pleins d'humour, rachèteront ses « erreurs » passées. C'est le triomphe. La ravageuse George Sand tombe foldingue amoureuse du bel Alfred qui, bien que passionnément captif des griffes de la superbe tigresse, n'en éprouve pas moins le besoin de planter ses banderilles dans d'autres accueillants corsages. Lorsqu'il apprend la liaison de la coquine avec le jeune médecin italien Pagello, il en bave néanmoins comme un damné, malheureux au point d'écrire à la belle George qu'il est prêt à la partager avec son Diafoirus. Elle l'envoie pourtant bel et bien sur les roses. Il se console avec Mme Jaubert, la jolie bourgeoise, avec la mutine servante Louise, mais essuiera un nouveau bide avec Pauline Garcia, la sœur de la célèbre Malibran. Puis, devenu l'amant de l'actrice Rachel, son inconstance naturelle le fait à nouveau tomber amoureux de la princesse Belgiososo qui l'envoie elle aussi au bain. Il aura derechef des liaisons bien compliquées pleines de turbulences avec l'actrice Madame

Allan ainsi qu'avec la poétesse Louise Colet... Sa perpétuelle vie débauchée n'aura guère facilité son éternelle quête de l'amour pur et absolu. Son véritable amour aura sans doute été George Sand avec laquelle il avait renoué après la parution de *On ne badine pas avec l'amour* et de *Lorenzaccio*, deux bijoux qui ont largement assuré la pérennité de son génie. De constantes disputes orageuses mettront fin au bout d'un an à cette tentative de « pansement » sur leur amour.
Sa vraie place d'immense auteur ne lui sera accordée finalement qu'au XXe siècle. Il mourut le 2 mai 1857, trois mois après son élection à l'Académie française. Les vers du poème qui suit donnent un net aperçu de l'état d'esprit du grand jouisseur de la vie qu'il fut.

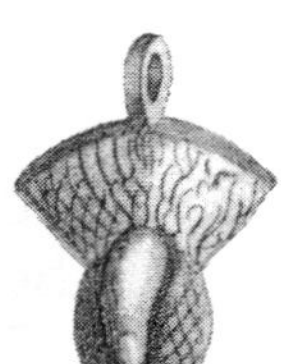

Ce qu'il me faut

Chantez, chantez encor, rêveurs mélancoliques,
Vos doucereux amours, et vos beautés mystiques
Qui baissent les deux yeux ;
Des paroles du cœur vantez-nous la puissance,
Et la virginité des robes d'innocence,
Et les premiers aveux !

Ce qu'il me faut à moi, c'est la brutale orgie,
La brune courtisane à la lèvre rougie,
Qui se pâme et se tord ;
Qui s'enlace à vos bras dans sa fougueuse ivresse,
Qui laisse ses cheveux se dérouler en tresse,
Vous étreint et vous mord !

C'est une femme ardente autant qu'une Espagnole,
Dont les transports d'amour rendent la tête folle
Et font craquer le lit ;
C'est une passion forte comme une fièvre,
Une lèvre de feu qui s'attache à ma lèvre
Pendant toute une nuit !

C'est une cuisse blanche à la mienne enlacée,
Un regard embrasé d'où jaillit la pensée ;
Ce sont surtout deux seins,
Fruits d'amour arrondis par une main divine,
Qui tous deux à la fois vibrent sur la poitrine,
Qu'on prend à pleines mains !

Eh bien ! Venez encor me vanter vos pucelles,
Avec leurs regards froids, avec leurs tailles frêles,
Frêles comme un roseau,
Qui n'osent de leurs doigts vous toucher, ou rien dire,
Qui n'osent regarder et craignent de sourire,
Ne boivent que de l'eau !

Non, vous ne valez pas, ô tendres jeunes filles
Au teint frais et si pur caché sous la mantille
Et dans le blanc satin,
Non, dames du grand ton, en tout tant que vous êtes,
Non, vous ne valez pas, femmes dites honnêtes,
Un amour de catin.

THÉOPHILE GAUTIER
(1811-1872)

Ce cher Théophile, romantique comme un bouquet de pervenches dans la menotte d'une jeune mariée, s'est cru obligé d'assumer des énormités plus truculentes que perverses, afin d'épater les bourgeois dont il faisait d'ailleurs partie lui-même. Cette orgie de mots provocants, très à la mode en ce temps-là dans l'intimité ou dans la littérature de ses amis Baudelaire, Sainte-Beuve ou Théodore de Banville, atteint bien entendu le but recherché : le scandale. Médiocre exutoire pour s'affirmer lorsque l'on possède un tel talent. Ces bravades ordurières étaient-elles vraiment indispensables au bon accomplissement de sa carrière littéraire ? Rien n'est moins sûr, car le bougre, sur le tard, s'avéra frileux, si l'on en croit cette lettre que Théo envoya à son éditeur, Poulet-Malassis, où il formulait un piètre désaveu qui ne l'honorait pas :
« Mon cher Poulet-Malassis,
« Il m'est revenu que vous aviez l'intention de faire imprimer à Bruxelles, sous le titre de *Parnasse satyrique moderne*, un choix de ces poésies qu'on appelait *gayetés* au seizième siècle et *Juvenilia* au dix-septième siècle. On me dit que quelques pièces, qui me sont à tort attribuées, et que je désavoue formellement... »
Faux-cul ! C'étaient pourtant bien les siennes. L'humour du *Bonheur parfait* ou de *La Femme du monde* vous feront pardonner, cher Théophile, ces outrances et attendrissantes provocations que vous eûtes semble-t-il quelque mal à assumer.

Solitude

Je bande trop. De ma culotte
Je sors mon vit qui décalotte
Son champignon.
Etre à midi, seul dans sa chambre,
En tête à tête avec son membre,
C'est du guignon.

Mon jacquemart me bat le ventre :
Dans quelque chose il faut que j'entre,
Cul bouche ou con.
Mais je ne vois pas ma voisine
Lançant son œillade assassine
De son balcon.

En vain Coco dresse sa huppe :
Dans la maison pas une jupe,
Pas un bonnet.
La pine au poing, pose équivoque,
A défaut de con je t'invoque,
Veuve Poignet.

Grande Vénus masturbatrice,
Solitaire consolatrice
Des amoureux,
Puisque je manque de maîtresse
Accorde au moins à ma détresse
Tes plaisirs creux.

Prête-moi cette main adroite
Qui sait, d'une caresse étroite,
Saisir l'engin,
Et fait jouer la pompe à sperme
Entre ses doigts qu'elle referme
Comme un vagin.

Enseigne-moi, j'y suis novice,
Ce que Tissot nomme vice,
Ce jeu caché
Que Cupidon enfant pratique,
Epointant sa flèche érotique
Loin de Psyché.

Les pieds appuyés au chambranle,
Lentement d'abord je me branle,
Et puis, presto :
Je développe mon extase,
Ponçant mon pilier de la base
Au chapiteau.

Mais la Chimère ouvre la porte.
Une femme entre, à gorge forte,
A reins puissants,
Qui retrousse chemise et cotte
Met sous mon nez sa grosse motte
Aux crins frisants ;

Puis souriante se retourne,
Et ne sachant par où j'enfourne
M'offre son cu.
Rubens, il faut que tu confesses
Par la ronde ampleur de ces fesses
Ton art vaincu !

Mais je l'empoigne par les hanches,
Et j'écarte ses cuisses blanches
De mon genou ;
Déjà ma pine triomphante
De l'abricot perçant la fente
Y fait son trou.

Serrant le cul, haussant la croupe,
Les pieds en l'air comme en un groupe
De Clodion,
Elle absorbe toute ma pine
Et retrouve de Messaline
Le tordion.

Un flot de liqueur prostatique,
Du temple mouillant le portique,
Ecume au bord ;
Sous le choc du vit qui la pousse
Elle crie à chaque secousse :
Oh ! va plus fort !

Les yeux noyés, de plaisir pâle,
Jusqu'à la garde elle s'empale,
Comme autrefois
Du dieu Priape au fond d'un antre
Les filles s'enfonçaient au ventre
L'outil de bois.

Je la transperce d'outre en outre.
Le spasme arrive : un jet de foutre,
Un jet brûlant,
Parcourt mon dard comme une lave,
Jaillit, retombe, et de sa bave
Poisse mon gland.

Quand j'ai bien égoutté mon tube,
Je vois s'envoler le succube
Aux beaux seins nus,
Je deviens flasque, je débande,
Et je regrette mon offrande,
Fausse Vénus.

Sur mes doigts en nappes s'épanche,
Déjà froide, la liqueur blanche ;
Tout est fini,
Et j'offre pour ton microscope
Le résultat de ma syncope,
Spallanzani !

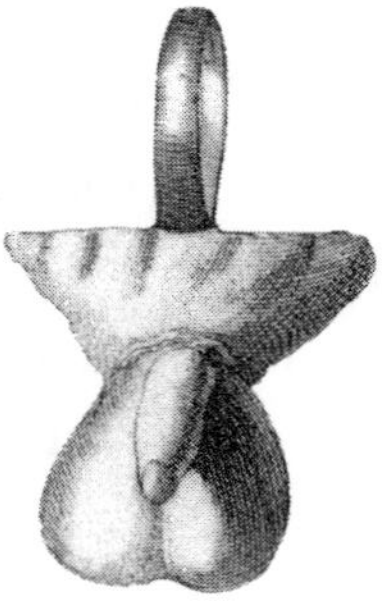

L'épouseur de famille

L'épouseur de famille
Fuit la fille
Qui n'a pour dot qu'un cu
Sans écu.
Aussi, quoique jolie,
Azélie
Se trouve vierge encor
Faute d'or.
Le désir la picote
Sous sa cotte,
Et souvent elle doit
Mettre un doigt
Qui longtemps y repose
Sur sa rose.
Le dard raide et fumant
D'un amant
Ferait mieux son affaire,
Mais que faire
Quand on est seule au lit
Et qu'on lit
Un roman érotique,
Spermatique,

Qui fait rentrer le bras
Sous les draps ?
La main partout lutine,
Libertine,
Agace le bouton
Du téton
Qui, sentant la caresse,
Se redresse,
Passe au ventre poli
Sans un pli,
Tâte les fesse, rondes
Mappemondes,
Entr'ouvre les poils longs,
Bruns ou blonds,
Et glisse triomphante
Dans la fente
Où, sous son capuchon
Folichon,
Le clitoris s'abrite,
Rose ermite.
L'index frotte d'abord
Sur le bord
La coquille rosée,
Arrosée
Du liquide élixir
Du désir ;
Cherche le point sensible
De la cible.
Et trouvant le ressort

Bande fort,
Fait jaillir Aphrodite
Interdite
D'avoir joué ce tour
A l'Amour.
D'autres fois, plus lubrique,
Elle s'applique
En long son traversin
Sur son sein ;
Dans ses cuisses l'enferme,
Fort et ferme,
L'étreint comme un amant
Puissamment,
Lève les reins et frotte
A sa motte
Le molasse phallus
Tant et plus.
Ce sac de plume d'oie
Qui se ploie
Représente assez mal
L'idéal.
Pourtant la pose est digne
Du beau cygne
Qui, chez les Grecs, banda
Pour Léda.
Hélas ! sur la mortelle
Aucune aile
Des cieux en frémissant
Ne descend.

Aucun dieu de l'Olympe
Ne la grimpe !
Les dieux, chauds autrefois,
Sont très froids.
La jouissance arrive
Convulsive,
Tachant d'un jet subtil
Le coutil.
Dans la petite coupe
Une soupe,
Où manque le bouillon
Du couillon,
Par Vénus attrapée
Est trempée ;
Et l'amour autre part
Met son dard !

Moralité :

Ma fille, sois ardente,
Mais prudente,
Et sentant l'oreiller
Se plier
Tout au bas de ton ventre
Où rien n'entre,
Ne va pas pour jouir
Enfouir
Dans ta fleur élargie
Ta bougie.

Bientôt le chandelier
Tout entier
Suivrait, sans la bobèche
Qui l'empêche.
Au fond du temple étroit
Que le doigt
Respecte la membrane
Diaphane,
Dont passera l'hymen
L'examen.

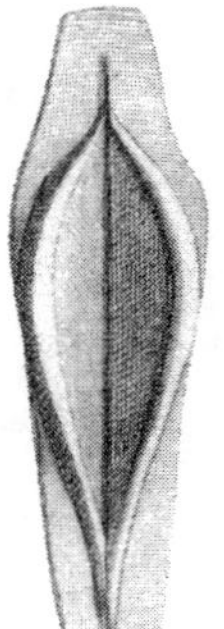

GUSTAVE NADAUD
(1820-1893)

Il était un « chansonnier » dont les chansons hélas ! ne hantent plus guère les mémoires. Cependant la délicatesse de son inspiration est suffisamment convaincante pour vous faire profiter, cher amateur de beaux textes, de la fraîche peinture de cette attendrissante conquête.

M'aimez-vous ?

Vous êtes si jolie !
Laissez-moi
Vous regarder, Julie,
Sans effroi ;
Vos regards, que j'appelle,
Sont si doux !
Je vous aime, cruelle ;
M'aimez-vous ?

Vos cheveux que je presse,
Sont si longs !
Vos bras, que je caresse,
Sont si ronds !
Et vos petits doigts roses,
Entre nous,
Promettent tant de choses...
M'aimez-vous ?

Col blanc, taille mignonne,
Que d'appas !
Vous devez être bonne,
N'est-ce pas ?
Laissez tomber ces voiles
Si jaloux...
Ciel ! je vois les étoiles !
M'aimez-vous ?

Ce beau sein sur ma bouche,
Qu'il est pur !
Ce bouton que je touche,
Qu'il est dur !
Ah ! laissez-moi descendre
Au-dessous ;
Laissez-moi vous surprendre...
M'aimez-vous ?

Richesses inconnues
Je vous vois !
Vos beautés toutes nues
Sont à moi !
Poussons, poussons, ma mie,
Les verrous ;
Je souffle la bougie...
M'aimez-vous ?

Aidez-moi, ma petite...
C'est cela...
Plus doucement... plus vite...
Halte-là !
Au diable soit... courage...
La vertu !...
Ah ! ah ! déjà ! je nage...
M'aimes-tu ?

CHARLES BAUDELAIRE
(1821-1867)

IL N'EST PAS question dans cet ouvrage de prétendre vous faire découvrir, belle lectrice, les poésies de Baudelaire. Cependant, pouvait-on ne pas donner sa place à cet immense auteur dans une anthologie de poèmes érotiques ? Seul le choix en reste subtil et délicat. J'espère seulement que ce dernier sera partagé.

La vie amoureuse de Baudelaire connaîtra elle aussi, à l'instar de ses prédécesseurs poètes, de douloureuses turbulences. Il n'en reste pas moins que l'amour de sa vie fut sans conteste la comédienne Jeanne Duval. Tout comme Musset avec George Sand, il se disputera toute sa vie de façon dramatique avec celle dont il ne pouvait se passer. L'égérie dont il s'inspira toutefois s'appelle Apollonie Sabatier, qui sera sans doute la « muse » et la « madone » du premier chapitre des célèbres *Fleurs du mal* – qui pourraient toutes figurer dans ce bouquin.

La sensualité jaillit ici à grands flots « du parfum, du son et des couleurs » qui hantent les profondeurs de sa « forêt aromatique »... *La Chevelure* ou *Les Bijoux*, teintés d'érotique exotisme moite, font brusquement place aux phantasmes du poète se retrouvant soudain sur le versant nord des genoux énormes de sa *Géante*. Erotisme, folie, humour ne font-ils pas parfois bon ménage ?

Les promesses d'un visage

J'aime, ô pâle beauté, tes sourcils surbaissés,
D'où semblent couler des ténèbres ;
Tes yeux, quoique très noirs, m'inspirent des pensers
Qui ne sont pas du tout funèbres.

Tes yeux, qui sont d'accord avec tes noirs cheveux,
Avec ta crinière élastique,
Tes yeux, languissamment, me disent : « Si tu veux,
Amant de la muse plastique,

Suivre l'espoir qu'en toi nous avons excité,
Et tous les goûts que tu professes,
Tu pourras constater notre véracité
Depuis le nombril jusqu'aux fesses ;

Tu trouveras au bout de deux beaux seins bien lourds,
Deux larges médailles de bronze,
Et sous un ventre uni, doux comme du velours,
Bistré comme la peau d'un bonze,

Une riche toison qui, vraiment, est la sœur
De cette énorme chevelure,
Souple et frisée, et qui t'égale en épaisseur,
Nuit sans étoiles, Nuit obscure ! »

Les bijoux

La très chère était nue, et, connaissant mon cœur,
Elle n'avait gardé que ses bijoux sonores,
Dont le riche attirail lui donnait l'air vainqueur
Qu'ont dans leurs jours heureux les esclaves des Mores.

Quand il jette en dansant son bruit vif et moqueur,
Ce monde rayonnant de métal et de pierre
Me ravit en extase, et j'aime à la fureur
Les choses où le son se mêle à la lumière.

Elle était donc couchée et se laissait aimer,
Et du haut du divan elle souriait d'aise
A mon amour profond et doux comme la mer,
Qui vers elle montait comme vers sa falaise.

Les yeux fixés sur moi, comme un tigre dompté,
D'un air vague et rêveur elle essayait des poses,
Et la candeur unie à la lubricité
Donnait un charme neuf à ses métarmophoses;

Et son bras et sa jambe, et sa cuisse et ses reins,
Polis comme de l'huile, onduleux comme un cygne,
Passaient devant mes yeux clairvoyants et sereins;
Et son ventre et ses seins, ces grappes de ma vigne,

S'avançaient, plus câlins que les Anges du mal,
Pour troubler le repos où mon âme était mise,
Et pour la déranger du rocher de cristal
Où, calme et solitaire, elle s'était assise.

Je croyais voir unis par un nouveau dessin
Les hanches de l'Antiope au buste d'un imberbe,
Tant sa taille faisait ressortir son bassin.
Sur ce teint fauve et brun le fard était superbe !

– Et la lampe s'étant résignée à mourir,
Comme le foyer seul illuminait la chambre,
Chaque fois qu'il poussait un flamboyant soupir,
Il inondait de sang cette peau couleur d'ambre !

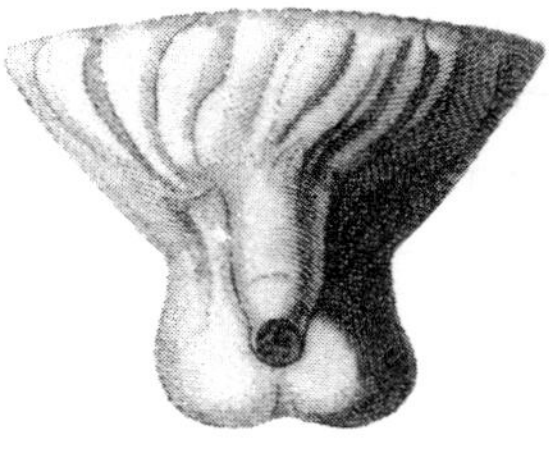

Chanson d'après-midi

Quoique tes sourcils méchants
Te donnent un air étrange
Qui n'est pas celui d'un ange,
Sorcière aux yeux alléchants,

Je t'adore, ô ma frivole,
Ma terrible passion !
Avec la dévotion
Du prêtre pour son idole.

Le désert et la forêt
Embaument tes tresses rudes,
Ta tête a les attitudes
De l'énigme et du secret.

Sur ta chair le parfum rôde
Comme autour d'un encensoir ;
Tu charmes comme le soir,
Nymphe ténébreuse et chaude.

Ah ! les philtres les plus forts
Ne valent pas ta paresse,
Et tu connais la caresse
Qui fait revivre les morts !

Tes hanches sont amoureuses
De ton dos et de tes seins,
Et tu ravis les coussins
Par tes poses langoureuses.

Quelquefois, pour apaiser
Ta rage mystérieuse,
Tu prodigues, sérieuse,
La morsure et le baiser;

Tu me déchires, ma brune,
Avec un rire moqueur,
Et puis tu mets sur mon cœur
Ton œil doux comme la lune.

Sous tes souliers de satin,
Sous tes charmants pieds de soie,
Moi, je mets ma grande joie,
Mon génie et mon destin,

Mon âme par toi guérie,
Par toi, lumière et couleur !
Explosion de chaleur
Dans ma noire Sibérie !

La géante

Du temps que la Nature en sa verve puissante
Concevait chaque jour des enfants monstrueux,
J'eusse aimé vivre auprès d'une jeune géante,
Comme aux pieds d'une reine un chat voluptueux.

J'eusse aimé voir son corps fleurir avec son âme
Et grandir librement dans ses terribles jeux ;
Deviner si son cœur couve une sombre flamme
Aux humides brouillards qui nagent dans ses yeux ;

Parcourir à loisir ses magnifiques formes ;
Ramper sur le versant de ses genoux énormes,
Et parfois en été, quand les soleils malsains,

Lasse, la font s'étendre à travers la campagne,
Dormir nonchalamment à l'ombre de ses seins,
Comme un hameau paisible au pied d'une montagne.

ANONYME
(XIXe siècle)

CET ANONYME, humoriste et provocant poète, m'a irrésistiblement fait penser à ce grand farceur de Théophile Gautier.

Par ailleurs, la ventriloque gourmande et experte qui hante les rêves de cet imaginatif auteur n'est-elle pas aussi un peu la cousine de la *Géante* qui fit si bien fantasmer Baudelaire ? Quoi qu'il en soit, je suis certain que vous serez autant que moi, jolie lectrice, sensible à la saveur de cette chimérique gourmandise.

La ventriloque

Ah ! se faire sucer par une ventriloque !
Et tandis qu'elle aurait ma pine entre les dents
Entendre de son ventre sortir un soliloque
Et des chansons d'amour aux distiques ardents !

Et tandis que sa lèvre humerait mon prépuce
Que sa langue agirait sur mon gland avec art,
Ecouter l'estomac distiller l'hymne russe,
Et croire que je suis pour un instant le Tzar.

Et comme il serait doux pour une âme française,
Au lieu de se pâmer en un coït banal,
D'écouter l'estomac chanter la Marseillaise
Et s'éjouir aux sons du chant national.

Ainsi les raffinés dans Rome et dans Athènes,
Artistes délicats en leurs amusements,
Faisaient l'amour aux sons des musiques lointaines
Et cadençaient leurs coups au son des instruments.

Trop pauvre pour pouvoir me payer des tsiganes,
Ou même pour m'offrir un simple accordéon,
Je vais chercher partout, parmi les courtisanes,
Celles qui dans le ventre ont tout un orphéon.

Mais n'ayant rencontré dans ce monde équivoque
Que des femmes faisant l'amour bourgeoisement,
Et n'ayant point encor trouvé la ventriloque
Qui saura me sucer harmonieusement,

Afin de contenter le désir qui m'affole
Et me donner au moins un peu d'illusion,
Au risque d'attraper une bonne vérole,
Ou d'en sortir couvert d'un tas de morpions,

Depuis le jour de l'An jusqu'à la Saint-Sylvestre,
Je cours obstinément les spectacles forains,
Où triomphalement j'encule l'homme-orchestre,
En battant la mesure avec des coups de reins !

ALFRED DELVAU
(1825-1867)

LES EFFETS du printemps sur ce cher Delvau engendrent de bucoliques images que nous eussions eu bien tort d'ignorer. De plus, le vaillant Alfred a pondu un savoureux *Dictionnaire de la langue verte* (1867), qui n'est jamais bien loin de ma table de chevet.

Effets du printemps

Il est une heure dans l'année,
Où tout ce qui vit, veut jouir,
Où la vierge et la graminée
Ressentent le même désir.

La nature entière se pâme
Sous un baiser mystérieux
Et se mouille, comme une femme
Sous le vit du plus beau des Dieux.

Tout s'ouvre, le bouton de roses
Et celui des femmes aussi,
Et l'on peut se gaver de choses
Charmantes, sans dire merci.

Les chênes des forêts ombreuses
Lancent leurs glands sur les chemins,
Où les rustiques amoureuses
Les ramassent à pleines mains.

Les ramiers et les tourterelles
Se becquètent avec fureur,
Devant les jeunes demoiselles
Qui les suivent d'un œil rêveur.

L'air est plein d'odeurs spermatiques
Qui font bander les plus usés
Et font sortir de leurs boutiques
Les bourgeois les plus empesés.

Les uns vont au bordel, les autres
Grimpent les femmes des voisins
Et de Priape, heureux apôtres,
Vendangent leurs divins raisins.

Le roi fout la reine – ou son page
Le vieillard fout sa bonne – un peu
Darthenay fout Alice Page,
Et le pauvre fout ce qu'il peut !...

Les marbres de nos Tuileries
Eux-mêmes se sentent atteints
Par toutes ces galanteries
Que nous débitons aux putains.

On voit sous les feuilles de vigne
Que leur impose la pudeur,
S'agiter de gros membres dignes
D'admiration – ou d'horreur.

Les capotes mélancoliques
Qui pendent chez Monsieur Millan
S'enflent d'elles-mêmes, lubriques,
Et déchargent en se gonflant.

Ah ! la belle heure, quand j'y pense !
On mettrait une flotte à flot
Avec le foutre qu'on dépense
Tant que résonne son grelot !

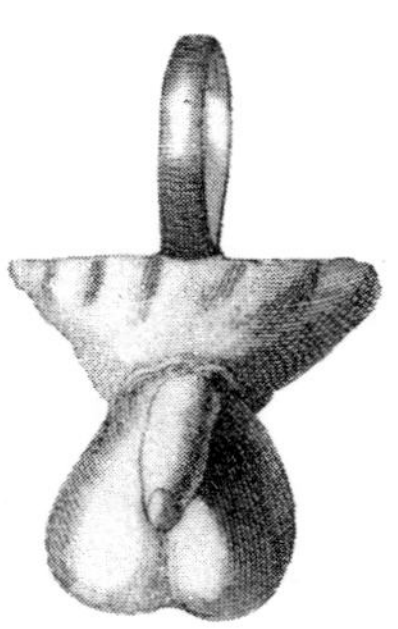

ALBERT GLATIGNY

(1838-1873)

Ce poète authentique, auteur des *Vignes folles* et des *Flèches d'or*, « œuvres d'improvisation légères et brillantes », n'en est pas moins un virtuose de la poésie vigoureuse que nous allons découvrir ici. Sa gaillardise évidente nous fait irrésistiblement penser à celle de ses prédécesseurs confrères du XVIIe siècle. Sa luxurieuse gymnastique et la trivialité de son propos dénotent une robuste santé amoureuse dont l'humour dans la pratique ne saurait échapper au lecteur.

La branleuse

Je suis celle qui branle ! Au détour des sentiers
Où raccrochent les bras aigus des églantiers,
Dans les bois amoureux de Meudon et de Sèvres
Quand la pine et le cœur vont demander aux lèvres
Les baisers, fils du ciel, qui charment nos ennuis,
Moi, j'attends les michés au passage. Je suis
Petite, j'ai douze ans et mes doigts sont alertes.
Je suis celle qui branle ! Entre les plus expertes
De celles dont les doigts vont, des couilles au gland,
Se promener d'un pas rapide ou nonchalant,
On me cite, et les dieux m'ont donné les mains
[douces
Par qui le temps n'est plus de ces rudes secousses
Qui mettaient tant de fiel dans l'âme de Ponsard !
Comme des papillons mes doigts vont au hasard
Des vits enamourés que le soleil relève.
O mystères ! l'un est recourbé comme un glaive ;
L'autre est droit ; un troisième est gros et rond.
Autour de plus d'un, j'ai pu voir toute une
[basse-cour
De morpions grouiller, qui, bêtes innocentes,

Bombaient leur dos velu sous mes mains
[caressantes.
Je suis celle qui branle ! Et cependant, parfois,
Quand je vois, comme au temps où la sève des bois
Monte et bouillonne et perle à la pointe des
[branches,
Jaillir des nœuds pressés le foutre en larmes
[blanches,
Je songe que l'un deux, marqué du sceau fatal,
Pénétrera demain dans mon con virginal.

Le préjugé vaincu

Mignonne, sais-tu qu'on me blâme
De t'aimer comme je le fais ?
On dit que cela sur mon âme
Aura des singuliers effets ;
Que tu n'es pas une duchesse,
Et que ton cul fait ta richesse,
Qu'en ce monde, où rien n'est certain,
On peut affirmer une chose :
C'est que ton con vivant et rose
N'est que le con d'une putain !

Qu'est-ce que cela peut foutre ?
Lorsqu'on tient ces vains propos,
Je les méprise, et je passe outre,
Alerte, gaillard et dispos !
Je sais que près de toi je bande
Vertement, et je n'appréhende
Aucun malheur, sinon de voir,
Entre mes cuisses engourdies
Sur mes deux couilles attiédies
Ma pine flasque et molle choir !

Près de toi comme un matamore
Mon vit se dresse, querelleur,
Petite, et je me remémore
Les exploits d'Hercule en sa fleur ;
Lorsque je te vois, ma culotte,
Même les jours où l'on grelotte,
A la bombonne d'un tonneau
Je sens que ma pine frétille
Avec des mouvements d'anguille
Poursuivant un rêve en pleine eau !

Que n'importe que l'on te baise !
Pourvu que devant toi mon vit
Se tende, rouge comme braise,
Vers ta motte qui le ravit ?
Sur ta poitrine souple et vaste,
Ta gorge s'étale avec faste,
Comme un bloc de marbre insolent,
Et cette gorge ferme, unique,
Glacée et chaude, communique
Sa royale ampleur à mon gland !

Viens, tu me fais bander quand même !
Après cent coups réitérés,
Je trouve encore du saint-chrême
Dans mes roustons désespérés
Et je crois qu'un nouveau pucelage
M'est revenu, tant j'ai de rage,
Et tant je sens, ô Malvina,

De flamme au cœur et dans le ventre,
A cet instant suprême où j'entre
Dans ton con plus chaud que l'Etna !

Telle qu'une maîtresse poutre,
Ton corps est solide, et tes yeux
Ressemblent à deux lacs de foutre
Battus par un vent furieux ;
Ton coup de rein puissant m'enlève
Jusqu'au plafond, et je crève
De mon cul anguleux le ciel
Du lit, qui sur nous deux surplombe,
Et puis, comme un chat je retombe
Dans ton con providentiel !

Je me fous bien qu'une maîtresse
Me soit fidèle, et que jamais
Le nœud d'un autre ne caresse
Le cul ou le con où je mets
Ma langue éprise d'aventure,
Si cette honnête créature
Me laisse indifférent et froid,
Et que ma modeste queue
Ne regarde la voûte bleue
Que sous la pression du doigt !

GUY CHARLES CROS
(1842-1888)

LES TROIS SŒURS, tiré de l'*Album zutique*, fut publié dans le numéro 3 de *La Brèche*, revue surréaliste, en 1962 aux éditions Jean-Jacques Pauvert. Charles Cros, inventeur du phonographe, écrivit aussi une kyrielle de poésies drôles : *Le Hareng Saur* (la plus connue), entre autres, et un *Coin de tableau* savoureux que je livre à votre appétit... de galante peinture.

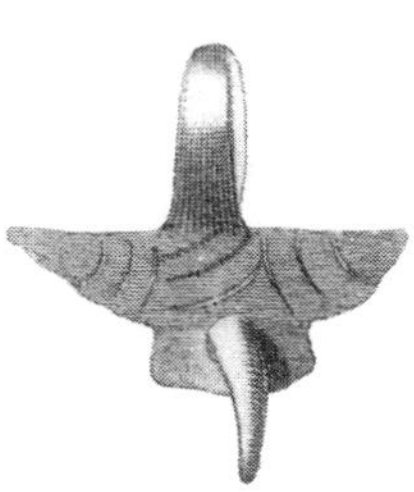

Coin de tableau
Sensation de haschisch

Tiède et blanc était le sein
Toute blanche était la chatte.
Le sein soulevait la chatte.
La chatte griffait le sein.

Les oreilles de la chatte
Faisaient ombre sur le sein.
Rose était le bout du sein,
Comme le nez de la chatte.

Un signe noir sur le sein
Intrigua longtemps la chatte;
Puis, vers d'autres jeux, la chatte
Courut, laissant nu le sein

Ventre de jade blanc, poli,
Veiné de lapis-lazuli,
Comme ces coupes que Desgosffe
Peint sur un fond de lourde étoffe

Ventre de nacre, dont nul pli
Ne ride le cintre assoupli
Je veux, paphique philosophe,
Sur ta blancheur graver ma strophe

Ventre de satin, emperlé
Par le frisson qui t'a frôlé,
Ventre frais, je t'aime et te baise.

Ventre de neige, ton nombril
Rose comme un bouton d'avril
Sourit au désir et l'apaise.

Les trois sœurs
Album zutique

Toutes les trois étaient charmantes
Toutes les trois étaient putains.
Dans le d'Harcourt prenant des menthes
Toutes les trois étaient charmantes.
Toutes les trois mettant leurs mantes
Suivaient des michets incertains.
Toutes les trois étaient charmantes
Toutes les trois étaient putains.

Toutes les trois étaient frisées
Etant juives toutes les trois.
Leurs six yeux lançaient des fusées.
Leurs trois bouches étaient rosées,
Leurs trois vagins étaient étroits.
Toutes les trois étaient frisées
Etant juives toutes les trois.

Orphélie, Augustine, Héloise
Etaient leurs trois noms usuels.
Toutes les trois se cherchaient noise,
Orphélie, Augustine, Héloise.

Leur triple langue était grivoise,
Leurs trois coups de reins sensuels.
Orphélie, Augustine, Héloise
Etaient leurs trois noms usuels.

STÉPHANE MALLARMÉ
(1842-1898)

FRANCIS JAMMES, un connaisseur, dira à propos du vers de Mallarmé « qu'il est avec celui de Racine, le plus sensuel du monde ». Je ne suis pas certain que... « le palais de cette infâme bouche » dans *Les Lèvres roses* soit follement sensuel. Bref !
Mallarmé publia deux sonnets au *Nouveau Parnasse satyrique du XIXe siècle* et nous regrettons néanmoins qu'il n'ait été retrouvé qu'un mince morceau de l'évocateur *Mysticis umbraculis* dont Henri Mondor se félicitait qu'il fût perdu. Ce dernier déplorait sa publication dans le « *Parnasse satyrique*, où sont acceptés tant d'immondes envois, scatologiques ou d'érotisme crasseux » (cité par Jean-Jacques Pauvert). Nous vous laissons librement apprécier ces horreurs.

Les lèvres roses

Une négresse, par le démon secouée,
Veut goûter une triste enfant aux fruits nouveaux
Criminelle innocente en sa robe trouée,
Et la goinfre s'apprête à de rusés travaux.

Sur son ventre elle allonge en bête ses tétines,
Heureuse d'être nue, et s'acharne à saisir
Ses deux pieds écartés en l'air dans ses bottines,
Dont l'indécente vue augmente son plaisir ;

Puis, près de la chair blanche aux maigreurs de
[gazelle
Qui tremble, sur le dos, comme un fol éléphant,
Renversée, elle attend et s'admire avec zèle,
En riant de ses dents naïves à l'enfant.

Et, dans ses jambes quand la victime se couche,
Levant une peau noire ouverte sous le crin,
Avance le palais de cette infâme bouche
Pâle et rose comme un coquillage marin.

Mysticis umbraculis

Elle dormait : son doigt tremblait, sans améthyste
Et nu, sous sa chemise, après un soupir triste
Il s'arrêta, levant au nombril la batiste.

Et son ventre sembla de la neige où serait,
Cependant qu'un rayon redore la forêt,
Tombé le nid moussu d'un gai chardonneret.

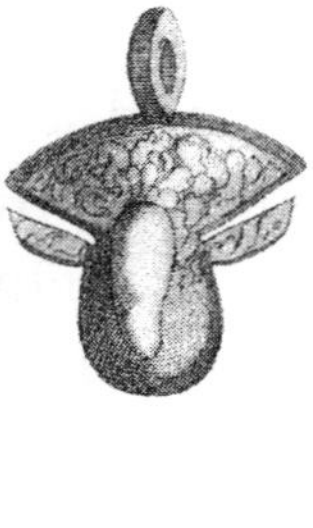

PAUL VERLAINE
(1844-1896)

VERLAINE ne pouvait qu'être le plus représenté dans cette anthologie. Sa liberté de ton et son génie du mot juste, trivial et naïf à la fois, furent ô combien décriés par ceux-là mêmes qu'il rendait fous de jalousie. Car quel est l'auteur capable d'écrire de tels bijoux qui plaisent tant aux belles âmes ?

Ecoutez la chanson bien douce
Qui ne pleure que pour vous plaire
Elle est discrète elle est légère
Un frisson d'eau sur de la mousse

... et de pondre ces « choquantes » merveilles (qui ne gênaient que les tartuffes) :

Et ton con exprime ma pine
Comme un ours téterait un pis,
Ours bien léché, toison rupine,
Que la mienne a pour fier tapis.

Le pauvre Lélian, qui n'en finissait pas d'être un enfant, en avait aussi les roueries si transparentes dans son art. La belle hétérodoxie de ses mœurs, que sa morale bourgeoise tentait si fort de nous faire admettre, s'accommo-

dait pourtant mal de sa nature profonde, qui, le poussant à proclamer tout haut qu'il couchait volontiers avec les femmes, préférait avant tout les hommes.
Verlaine pouvait-il se douter qu'un jour son cher Rimbaud, l'amant de tous les orages, publierait leurs lettres d'amour ? Aurait-il pu imaginer sans frissonner que ces lettres accablantes le désigneraient, lui, comme étant la « femme » du couple, et non « Mlle Rimbaud », comme se plaisaient à le désigner les charitable gazetiers de l'époque ? Durant son séjour en prison (pour le punir de son agression sur Rimbaud), le choc de la demande de divorce de son épouse Mathilde ne le transformera-t-il pas pour un temps en catholique convaincu ? Sa vie entière n'est-elle pas, en fin de compte, celle d'un enfant perdu ? Là aussi, j'ai eu grand-peine à choisir tel ou tel poème, car n'importe lequel d'entre eux prouve sans conteste, si besoin est, que ce petit garçon était un grand monsieur.

Seguidille

Brune encore non eue,
Je te veux presque nue
Sur un canapé noir
Dans un jaune boudoir,
Comme en mil huit cent trente.

Presque nue et non nue
A travers une nue
De dentelles montrant
Ta chair où va courant
Ma bouche délirante.

Je te veux trop rieuse
Et très impérieuse,
Méchante et mauvaise, et
Pire s'il te plaisait,
Mais si luxurieuse !

Ah, ton corps noir et rose
Et clair de lune ! Ah, pose
Ton coude sur mon cœur,
Et tout ton corps vainqueur,
Tout ton corps que j'adore !

Ah ! ton corps qu'il repose
Sur mon âme morose
Et l'étouffe s'il peut,
Si ton caprice veut,
Encore, encore, encore !

Splendides, glorieuses,
Bellement furieuses
Dans leurs jeunes ébats,
Fous mon orgueil en bas
Sous tes fesses joyeuses !

Régals

Croise tes cuisses sur ma tête
De façon à ce que ma langue,
Taisant toute sotte harangue,
Ne puisse plus que faire fête
A ton con ainsi qu'à ton cu
Dont je suis l'à-jamais vaincu
Comme de tout ton corps, du reste,
Et de ton âme mal céleste,
Et de ton esprit carnassier
Qui dévore en moi l'idéal
Et m'a fait le plus putassier
Du plus pur, du plus lilial
Que j'étais avant ta rencontre
Depuis des ans et puis des ans.
Là, dispose-toi bien et montre
Par quelques gestes complaisants
Qu'au fond t'aimes ton vieux bonhomme
Ou du moins le souffres, faisant
Minette (avec boule de gomme)
Et feuille de rose, tout comme
Un plus jeune mieux séduisant
Sans doute mais moins bath en somme

Quant à la science et au faire.
O ton con ! qu'il sent bon ! j'y fouille
Tant de la gueule que du blaire
Et j'y fais le diable et j'y flaire
Et j'y farfouille et j'y bafouille
Et j'y renifle et oh ! j'y bave
Dans ton con à l'odeur cochonne
Que surplombe une motte flave
Et qu'un duvet roux environne
Qui mène au trou miraculeux
Où je farfouille, où je bafouille,
Où je renifle et où je bave
Avec le soin méticuleux
Et l'âpre ferveur d'un esclave
Affranchi de tout préjugé.
La raie adorable que j'ai
Léchée amoroso, depuis
Les reins en passant par le puits
Où je m'attarde en un long stage
Pour les dévotions d'usage,
Me conduit tout droit à la fente
Triomphante de mon infante.
Là, je dis un salamalec
Absolument ésotérique
Au clitoris rien moins que sec,
Si bien que ma tête d'en bas
Qu'exaspèrent tous ces débats
S'épanche en blanche rhétorique
Mais s'apaise dans ces prémisses.

Et je m'endors entre tes cuisses
Qu'à travers tout cet émoi tendre
La fatigue t'a fait détendre.

Hombres

Monte sur moi comme une femme
Que je baiserais en gamin.
Là, c'est cela, t'es à ta main ?
Tandis que mon vit t'entre, lame

Dans du beurre, du moins ainsi,
Je peux te baiser sur la bouche,
Te faire une langue farouche,
Et cochonne, et si douce, aussi !

Je vois tes yeux auxquels je plonge
Les miens, jusqu'au fond de ton cœur ;
D'où mon désir revient vainqueur
Dans une luxure de songe ;

Je caresse le dos nerveux,
Les flancs ardents et frais, la nuque,
La double mignonne perruque
Des aisselles et les cheveux !

Ton cul à cheval sur mes cuisses
Les pénètre de son doux poids,
Pendant que s'ébat mon lourdois
Aux fins que tu te réjouisses.

Et tu te réjouis, petit,
Car voici que ta belle gourde,
Jalouse aussi d'avoir son rôle,
Vite, vite, gonfle, grandit,

Raidit. Ciel ! la goutte, la perle
Avant-courrière, vient briller
Au méat rose : l'avaler,
Mais, je le dois, puisque déferle

Le mien de flux. Or, c'est mon lot
De faire tôt d'avoir aux lèvres
Ton gland chéri, tout lourd de fièvres,
Qu'il décharge en un royal flot.

Lait suprême, divin phosphore
Sentant bon la fleur d'amandier
Où vient l'âpre soif mendier
La soif de toi qui me dévore.

Mais il va, riche et généreux,
Le don de ton adolescence,
Communiant, de ton essence,
Tout mon être ivre d'être heureux.

Même quand tu ne bandes pas,
Ta queue encor fait mes délices
Qui pend, blanc or, entre tes cuisses,
Sur tes roustons, sombres appas.

Couilles de mon amant, sœurs fières
A la riche peau de chagrin
D'un brun et rose et purpurin,
Couilles farceuses et guerrières,

Et dont la gauche balle un peu
Tout petit peu plus bas que l'autre,
D'un air roublard et bon apôtre,
A quelles donc fins, nom de Dieu ?
Elle est dodue ta quéquette,
Et veloutée, du pubis
Au prépuce fermant le pis
Aux trois quarts, d'une rose crête.

Elle se renfle un brin au bout
Et dessine sous la peau douce
Le gland gros comme un demi-pouce
Montrant ses lèvres jusqu'au bout.

Après que je l'aurai baisée
En tout amour reconnaissant,
Laisse ma main la caressant,
La saisir d'une prise osée,

Pour soudain la décalotter ;
En sorte que, violet, tendre,
Le gland joyeux, sans plus attendre,
Splendidement vienne éclater ;

Et puis elle, en bonne bougresse,
Accélère le mouvement
Et Jean-nu-tête en un moment
De se mettre à la redresse.

Tu bandes ! c'est ce que voulaient
Ma bouche et mon cul : choisis, maître,
Une simple douce, peut-être ?
C'est ce que mes dix doigts voulaient.

Cependant le vit, mon idole,
Tend pour le rite et pour le cul-
te à mes mains, ma bouche et mon cul
Sa forme adorable d'idole.

A madame

Quand tu m'enserres de tes cuisses
La tête ou les cuisses, gorgeant
Ma gueule de bathes délices
De ton jeune foutre astringent,

Où mordant d'un con à la taille
Juste de tel passe-partout
Mon vit point, très gros, mais canaille
Depuis les couilles jusqu'au bout.

Dans la pinette et la minette
Tu tords ton cul d'une façon
Qui n'est pas d'une femme honnête :
Et nom de Dieu, t'as bien raison !

Tu me fais des langues fourrées,
Quand nous baisons, d'une longueur,
Et d'une ardeur démesurées
Qui me vont, merde ! au droit du cœur,

Et ton con exprime ma pine
Comme un ours téterait un pis,
Ours bien léché, toison rupine,
Que la mienne a pour fier tapis

Ours bien léché, gourmande et soûle
Ma langue ici peut l'attester
Qui fit à ton clitoris boule-
De-gome à ne plus le compter.

Bien léché, oui, mais âpre en diable,
Ton con joli, taquin, coquin,
Qui rit rouge sur fond de sable :
Telles les lèvres d'Arlequin.

Pensionnaires

L'une avait quinze ans, l'autre en avait seize ;
Toutes deux dormaient dans la même chambre.
C'était par un soir très lourd de septembre :
Frêles, des yeux bleus, des rougeurs de fraise.

Chacune a quitté, pour se mettre à l'aise,
La fine chemise au frais parfum d'ambre.
La plus jeune étend les bras, et se cambre,
Et sa sœur, les mains sur ses seins, la baise,

Puis tombe à genoux, puis devient farouche
Et tumultueuse et folle, et sa bouche
Plonge sous l'or blond, dans les ombres grises,

Et l'enfant, pendant ce temps-là, recense
Sous ses doigts mignons des valses promises,
Et, rose, sourit avec innocence.

Hommage dû

Je suis couché tout de mon long sur son lit frais :
Il fait grand jour ; c'est plus cochon, plus fait exprès,
Par le prolongement dans la lumière crue
De la fête nocturne immensément accrue,
Pour la persévérance et la rage du cu
Et ce soin de se faire soi-même cocu.
Elle est à poils et s'accroupit sur mon visage
Pour se faire gamahucher, car je fus sage
Hier et c'est – bonne, elle, au-delà du penser !
Sa royale façon de me récompenser.
Je dis royale, je devrais dire divine :
Ces fesses, chair sublime, alme peau, pulpe fine,
Galbe puissamment pur, blanc, riche, aux stris d'azur,
Cette raie au parfum bandatif, rose-obscur,
Lente, grasse, et le puits d'amour, que dire sur !
Régal final, dessert du con bouffé, délire
De ma langue harpant les plis comme une lyre !
Et ces fesses encor, telle une lune en deux
Quartiers, mystérieuse et joyeuse, où je veux
Dorénavant nicher mes rêves de poète
Et mon cœur de tendeur et mes rêves d'esthète !
Et, maîtresse, ou mieux, maître en silence obéi,
Elle trône sur moi, caudataire ébloui.

Mille e tre

Mes amants n'appartiennent pas aux classes riches :
Ce sont des ouvriers faubouriens ou ruraux,
Leurs quinze et leurs vingt ans sans apprêts sont mal
[chiches
De force assez brutale et de procédés gros.

Je les goûte en habits de travail, cotte et veste ;
Ils ne sentent pas l'ambre et fleurent de santé
Pure et simple ; leur marche un peu lourde, va, preste
Pourtant, car jeune, et grave en l'élasticité ;

Leurs yeux francs et matois crépitent de malice
Cordiale et des mots naïvement rusés
Partent non sans un gai juron qui les épice
De leur bouche bien fraîche aux solides baisers ;

Leur pine vigoureuse et leurs fesses joyeuses
Réjouissent la nuit et ma queue et mon cu ;
Sous la lampe et le petit jour, leurs chairs joyeuses
Ressuscitent mon désir las, jamais vaincu.

Cuisses, âmes, mains, tout mon être pêle-mêle,
Mémoire, pieds, cœur, dos et l'oreille et le nez
Et la fressure, tout, gueule une ritournelle,
Et trépigne un chahut dans leurs bras forcenés.

Un chahut, une ritournelle, fol et folle,
Et plutôt divins qu'infernals, plus infernals
Que divins, à m'y perdre, et j'y nage et j'y vole,
Dans leur sueur et leur haleine, dans ces bals.

Mes deux Charles : l'un, jeune tigre aux yeux de chatte,
Sorte d'enfant de chœur grandissant en soudard ;
L'autre, fier gaillard, bel effronté que n'épate
Que ma pente vertigineuse vers son dard.

Odilon, un gamin, mais monté comme un homme,
Ses pieds aiment les miens épris de ses orteils
Mieux encor, mais pas plus que de son reste en somme
Adorable drûment, mais ses pieds sans pareils !

Caresseurs, satin frais, délicates phalanges
Sous les plantes, autour des chevilles et sur
La cambrure veineuse et ces baisers étranges
Si doux, de quatre pieds ayant une âme, sûr !

Antoine, encor proverbial quant à la queue,
Lui, mon roi triomphal et mon suprême Dieu,
Taraudant tout mon cœur de sa prunelle bleue,
Et tout mon cul de son épouvantable épieu ;

Paul, un athlète blond aux pectoraux superbes,
Poitrine blanche aux durs boutons sucés ainsi
Que le bon bout ; François, souple comme des gerbes :
Ses jambes de danseur, et beau, son chibre aussi !

Auguste qui se fait de jour en jour plus mâle
(Il était bien joli quand ça nous arriva) ;
Jules, un peu putain avec sa beauté pâle ;
Henri, miraculeux conscrit qui, las ! s'en va ;

Et vous tous, à la file ou confondus, en bande
Ou seuls, vision si nette des jours passés,
Passions du présent, futur qui croît et bande,
Chéris sans nombre qui n'êtes jamais assez !

Balanide

Gland, point suprême de l'être
De mon maître,
De mon amant adoré
Qu'accueille avec joie et crainte,
Ton étreinte
Mon heureux cul, perforé

Tant et tant par ce gros membre
Qui se cambre,
Se gonfle et, tout glorieux
De ses hauts faits et prouesses,
Dans les fesses
Fonce en élans furieux,

Nourricier de ma fressure,
Source sûre
Où ma bouche aussi suça,
Gland, ma grande friandise,
Quoi qu'en dise
Quelque fausse honte, or ça,

Gland, mes délices, viens, dresse
Ta caresse
De chaud satin violet,
Qui dans ma main se harnache
En panache
Soudain d'opale et de lait.

Ce n'est que pour une douce
Sur le pouce
Que je t'invoque aujourd'hui.
Mais quoi ! ton ardeur se fâche...
O moi lâche !
Va, tout à toi, tout à lui,

Ton caprice, règle unique,
Je rapplique
Pour la bouche et pour le cu :
Les voici tout prêts, en selle,
D'humeur telle
Qu'il te faut, maître invaincu.

Puis, gland, nectar et dictame
De mon âme,
Rentre en ton prépuce, lent
Comme un dieu dans son nuage.
Mon hommage
T'y suit, fidèle – et galant.

LOUIS PROTAT

(milieu XIXe siècle)

SACRÉ Louis ! Ça n'est autre que lui qui écrivit (de manière bien plus savoureuse que Stendhal à mon humble avis) cette jolie scène de bordel, extraite de l'une de ses célèbres pièces. Il s'agit de *L'Examen subi par Mlle Flora, à l'effet d'obtenir son diplôme de putain et d'être admise au bordel de Mme Lebrun, 67 bis rue de Richelieu.* Paillardise humoristique, qui ne manque pas de sel.

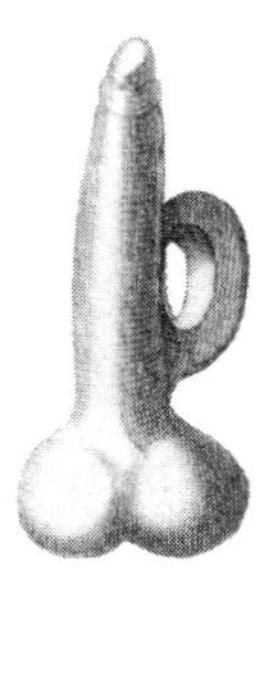

L'examen de Flora

Dix-sept ans, des yeux noirs et fendus en amande,
Avec des cheveux blonds, une bouche un peu grande,
Sans doute exprès et pour laisser voir en riant
Un brillant chapelet de perles d'Orient ;
Un sein rose, arrondi, ferme à ne pas le croire,
Un cul dur comme un marbre et plus blanc que l'ivoire,
Un con si mignonnet qu'il semblait que jamais
Même au vit d'un enfant il pût donner accès !
Tel est en raccourci l'image ravissante
De Flora la putain, qu'on croirait innocente
Et vierge, tant ses yeux rayonnent de candeur,
Tant tout en elle exhale un parfum de pudeur,
Et qui vient cependant, loin d'être encor novice,
Ayant fait dès longtemps ses débuts dans le vice,
Sans avoir peur, sans être émue un seul instant,
Et comme devinant un succès éclatant,
Passer cet examen aux fatales épreuves
Pour lequel la Lebrun demande tant de preuves !
Dont il faut nettement, sans hésitations,
Résoudre *ex abrupto* toutes les questions
Pour acquérir le droit de voir couler sa vie
Dans ce charmant bordel que toute fille envie,

D'y vendre au poids de l'or toutes les voluptés,
Et des charmes, souvent, qu'on n'a pas achetés.
A midi, dans la salle en ce but préparée,
De toutes ses putains la Lebrun entourée,
Assise gravement sur un moelleux sopha,
Tenant sur ses genoux un énorme angora,
Donne l'ordre de faire entrer la néophyte.
La jeune fille fut aussitôt introduite.
Un simple peignoir blanc, à peine retenu,
Laissait entièrement ses épaules à nu,
Et sa gorge charmante, au lieu d'être enfermée
En un affreux corset qui l'aurait déformée,
Montrant à découvert ses deux globes polis,
Se tenait d'elle-même et sans faire aucuns plis.
Elle était ravissante !... Aussi, dans cette salle
Où pas une en beauté ne se croit de rivale,
Chacune, malgré soi, sentant ce qu'elle vaut,
Au lieu de l'admirer lui découvre un défaut :
L'une de ses cheveux critique la nuance
Et prétend hautement qu'ils frisent la garance ;
L'autre dit que sa gorge a l'air d'un mou de veau,
Et toutes sont d'accord que ce n'est qu'un chameau !
Flora, sans s'inquiéter de leurs criailleries,
D'un geste réfuta leurs sottes railleries,
Et jusques au nombril retroussant son peignoir,
Leur montra qu'étant blonde elle avait le poil noir !
Nulle autre ne fit voir une beauté pareille !...
Prises au trébuchet, toutes, baissant l'oreille,
Ne purent rien trouver contre un tel argument

Et gardèrent alors un silence prudent.
La Lebrun, qu'amusait beaucoup cette aventure,
Pour sa nouvelle fille en tira bon augure :
– Petite, lui dit-elle, allons, viens te placer
Sur ce tabouret-là : je m'en vais commencer.
Pour être admise ici, sais-tu bien, ma chérie,
Qu'il faut être très-forte en polissonnerie ?...
Que pour vendre l'amour, il ne nous suffit pas
D'avoir de jolis yeux, d'avoir de frais appas,
Une gorge bien ferme et des fesses bien blanches,
Une croupe soignée, un beau cul et des hanches ?...
Qu'il faut de tous ces dons savoir bien se servir,
Savoir les employer à donner du plaisir
A ceux qui dans nos bras cherchent la jouissance,
Ensemble ou l'un d'eux seul, selon la circonstance,
Surtout selon l'argent donné par le miché ?...
Qu'il faut promettre avant d'enlever son corset
Et jamais ne l'ôter, à moins pourtant que l'homme
Ne se laisse tenter et ne triple la somme ?...
Mais au lieu d'examen je fais une leçon ;
Assez comme cela. Sais-tu d'abord quel nom
Donner à l'instrument par où le mâle pisse
Et par lequel aussi lui vient la chaude-pisse ?

FLORA

L'académicien dit : mon *vit*; le médecin :
Ma *verge*; le curé : mon *membre*; une putain :
La *queue*; il est nommé *pine*, par la lorette ;

Un *chose* ou bien *cela*, par une femme honnête ;
Jacques, par le farceur ; *braqmard* par l'étudiant ;
La *bibite* au *petit*, par la bonne d'enfant ;
Le jeune homme puceau l'appelle son *affaire* ;
L'ouvrier, son *outil* ; la grosse cuisinière,
Une *courte* ; il devient *dard* avec le pioupiou,
Mais si vous entendez : mon *nœud* ! c'est le voyou !

LA LEBRUN

Parfaitement, la chose est très bien expliquée
Et par personne ici ne sera critiquée.

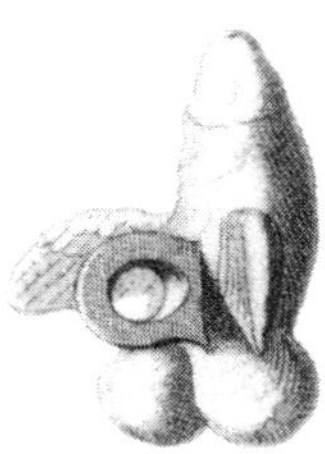

GUY DE MAUPASSANT
(1850-1893)

DEPUIS *Au bord de l'eau* jusqu'à *Mouche*, en passant par *Boule-de-Suif*, la sensualité de Maupassant s'est toujours manifestée à fleur de corsage. Lui non plus ne sut ou ne voulut éviter le scandale. Sa morale n'était guère celle des honnêtes gens. Il le paya très cher. A quarante-trois ans, il héritera de sa vie de débauche, de « la grande vérole, celle dont est mort François Ier », comme il l'écrivit seize ans plus tôt à son ami Pinchon. Une lente dégradation physique douloureuse le mènera prématurément dans la tombe. Je regrette de n'avoir pu vous dénicher rien de plus que ce petit morceau de pure sensualité que je vous donne à savourer.

Je ne l'entendais pas, tant je la regardais.
Par sa robe entr'ouverte, au loin je me perdais,
Devinant les dessous et brûlé d'ardeurs folles ;

Elle se débattait, mais je trouvai ses lèvres !
Ce fut un baiser long comme une éternité
Qui tendit nos deux corps dans l'immobilité.
Elle se renversa, râlant sous ma caresse ;
Sa poitrine oppressée et dure de tendresse
Haletait fortement avec de longs sanglots.
Sa joue était brûlante et ses yeux demi-clos ;
Et nos bouches, et nos sens, nos soupirs se mêlèrent
Puis, dans la nuit tranquille où la campagne dort,
Un cri d'amour monta, si terrible et si fort
Que des oiseaux dans l'ombre effarés s'envolèrent.

Ainsi que deux forçats rivés aux mêmes fers
Un lien nous tenait, l'affinité des chairs.

THÉODORE HANNON
(1851-1915)

SA PERPÉTUELLE QUÊTE de parfums enivrants, d'éclairs de dentelles et de lèvres écarlates affamées de baisers, fait jaillir de ses poésies une sensualité citadine. Son érotisme de salon relègue très loin les franches troussées campagnardes des bergerettes faussement pudibondes, ou les triviales chevauchées ponctuées de détails salaces, de ce vieil impuissant de comte Mirabeau. Les images de Théodore vous séduiront je l'espère autant qu'elles m'ont enchanté.

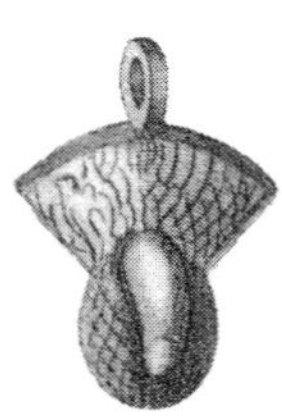

Oppopanax

Oppopanax ! nom très bizarre,
Et parfum plus bizarre encor ?
Oppopanax, le son du cor
Est pâle auprès de ta fanfare !

Le bouquet des roses, fadeur !
Et fadeur l'haleine marine,
Quand tu viens flatter ma narine,
Berceuse étrange, ô forte odeur !

Dans tes syllabes violentes,
Fume l'on ne sait quel encens.
Sa caresse évoque en nos sens
La vision des nuits galantes :

Torses nus et cols en sueur,
Cheveux déchaînés et qu'embaume
Ton abracadabrant arôme,
Chairs de neige aux chaudes lueurs.

Bras près desquels le lis est jaune
Et sans nerfs l'anneau des serpents,
S'enlacent en accords pimpants :
Pleurs de vierge, rictus de faune !

L'ambre, le patchouli, le musc
Ont près de ton haleine rouge
Un terme relent dont la gouge
Fait l'embaumement de ton busc.

*

Tu viens du pays des potiches,
Où d'étourdissants papillons
Constellent les cieux vermillons,
Ciels adorablement postiches !

Tu parfumes ces merveilleux
Edens de faïence et de laque
Où le bec des cigognes claque
Sur des dômes verts, jaunes, bleus.

A ton sang impur, à ta larme
La myrrhe chaste dit : RACA !
Oppopanax pastinaca
Végétal au nom qui vacarme !

Par les blondes plaines de riz
Ton souffle court, ton parfum rôde,
Musquant les lacs mauves que brode
La pourpre des pyrus fleuris.

La Chinoise aux lueurs des bronzes
En allume ses ongles d'or
Et sa gorge citrine où dort
Le désir insensé des bonzes.

La Japonaise en ses rançons
Se sert de tes âcres salives
Pour pimenter ses chairs olives,
Pour ensorceler ses suçons.

*

O MARION, toi Japonaise
Par tes imperceptibles pieds,
Ces parfums sont les familiers
De ton corps en fleurs que je baise.

Corps à l'art païen dérobé,
Marbre en vie, écume de l'onde,
Pulpe de fruit, piment, fleur blonde,
Chair de femme et chair de bébé !

Depuis le crêpelé havane
De ta nuque, rais de soleil
Jusqu'aux neiges de tes orteils,
Ce baume vainqueur se pavane.

Roulant au versant de tes seins,
Il court le long de tes bras, flâne
Par tes lèvres rouges et plane
Sur tes grands baisers assassins

Il hante ce long peignoir rose,
Ce peignoir d'un tissu vivant,
Qu'embrasent mes baisers souvent
Et que parfois mon pleur arrose.

Il niche ses esprits taquins
Dans tes falbalas ô maîtresse,
Depuis le velours de ta tresse
Jusqu'aux nœuds de tes brodequins.

Il nage autour de ta peau nue
Et semble l'encens de ta chair,
Plein de trouble et qui charge l'air
D'une somnolence inconnue.

Et j'ignore en ces nuits de verve
Lorsque me vient meurtrir ta dent,
Si c'est ce poison impudent
Ou ta salive, qui m'énerve.

Qu'importe ! si pour me griser
Quand ton beau corps jonche ta couche
Tu me verses à ronde bouche
L'oppopanax de ton baiser !

Sonnet biblique

Très rousse, aux longs yeux verts damnablement fendus !
Je la suivis chez elle, et bientôt, sans chemise,
Sur son lit de bataille elle se trouva mise,
Offrant à mes ardeurs tous les fruits défendus.

Le chignon inondait de sa fauve avalanche
Le torse aux grands prurits de cette Putiphar ;
Le nombril incrustait sa fleur de nénuphar
Aux lobes de son ventre : un gâteau de chair blanche.

Ses tétins étaient d'ambre effilés de carmin
Et tenaient tout entiers dans le creux de ma main.
Elle entr'ouvrit le centre unique où tout converge...

Son poil roux brasillait de flammes me dardant...
– Moïse, c'est à vous, dans ce buisson ardent,
Que je songeais, frappant le doux roc de ma verge !

GERMAIN NOUVEAU
(1851-1920)

IL VOULAIT devenir curé ! Mais déjà sur la mauvaise pente, il préféra les lettres et les arts. Bien entendu, il devient pote avec Rimbaud et Verlaine, qu'il accompagne en Angleterre afin de partager la bohème. « Drôle de ménage » ! dira Richepin. Germain Nouveau écrit au *Gaulois* et au *Figaro*. Il pond de belles choses, tels ses poèmes *Les Valentines*. Il devient même prof de dessin au lycée Janson de Sailly. Germain n'était pas n'importe qui. Saisi d'une crise de mysticisme délirant, il est enfermé à Bicêtre pendant un an, au bout duquel il devient clodo à sa sortie. Son errance a duré trente ans. Il a rendu l'âme dans la panade la plus totale. Du temps de sa splendeur, il avait formé avec ses copains Théodore de Banville, Verlaine, Rimbaud et quelques autres, le Cercle zutique, qui se réunissait à l'angle des rues de l'Ecole de Médecine et Racine. Les vapeurs de l'absinthe leur inspirèrent un journal de bord qu'ils appelèrent l'*Album zutique*. C'est sous le pseudonyme d'Albert Mérat que Germain écrivit dans ce même album *L'Idole* ou *Sonnet de la langue* pour réparer l'oubli (nous dit Pascal Pia) de ce blason par les auteurs qui jadis avaient célébré celui de la bouche, des dents, des seins, du con etc., comme vous avez pu les déguster dans cet ouvrage. C'est Jean-Jacques Pauvert qui a effectué la publication la plus récente de l'*Album zutique*.

L'idole
Sonnet de la langue

Toute rose, à travers les dents, blanches, que frange
L'épais rideau grenat de ses lèvres, écrin
De baisers sourds, en son caprice vipérin,
Sort, affinée au bout, sa douce langue d'ange.

Elle met à la bouche une saveur étrange,
Comme si l'on sentait se dissoudre ce grain
D'extase, et l'on ignore, en ce coït serein,
Si c'est du jour qu'on boit, ou de l'azur qu'on mange !

– Je voudrais être femme, et désirée, afin
De t'offrir un retrait, le plus intime, ô fin
Et vorace animal doué d'une âpre vie !

Mais que m'importe ! J'ai, plusieurs fois en un jour,
Epuisé ta vigueur, pâle, sans autre envie,
Et grave comme les bêtes qui font l'amour !

A l'église

Elle était à genoux et montrait son derrière
Dans le recueillement profond de la prière.
Pour le mieux contempler j'approchai de son banc :
Sous la jupe levée il me sembla si blanc
Que dans le temple vide où nulle ombre importune
N'apparaissait au loin par le bleu clair de lune,
Sans troubler sa ferveur je me fis son amant.
Elle priait toujours. Je perçus vaguement
Qu'elle bénissait Dieu dans le doux crépuscule.
Et je n'ai pas trouvé cela si ridicule.

L'agonisant

Ce doit être bon de mourir,
D'expirer, oui, de rendre l'âme,
De voir enfin les cieux s'ouvrir ;
Oui, bon de rejeter sa flamme
Hors d'un corps las qui va pourrir ;
Oui, ce doit être bon, Madame
Ce doit être bon de mourir !

Bon comme de faire l'amour,
L'amour avec vous, ma Mignonne,
Oui, la nuit, au lever du jour,
Avec ton âme qui rayonne,
Ton corps royal comme une cour ;
Ce doit être bon, ma Mignonne,
Oui comme de faire l'amour ;

Bon, comme alors que bat mon cœur,
Pareil au tambour qui défile,
Un tambour qui revient vainqueur,
D'arracher le voile inutile
Que retenait ton doigt moqueur,
De t'emporter comme une ville
Sous le feu roulant de mon cœur ;

De faire s'étendre ton corps,
Dont le soupirail s'entrebâille,
Dans de délicieux efforts,
Ainsi qu'une rose défaille
Et va se fondre en parfums forts,
Et doux comme un beau feu de paille ;
De faire s'étendre ton corps ;

De faire ton âme jouir,
Ton âme aussi belle à connaître,
Que tout ton corps à découvrir ;
De regarder par la fenêtre
De tes yeux mon amour fleurir,
Fleurir dans le fond de ton être
De faire ton âme jouir ;

D'être à deux une seule fleur,
Fleur hermaphrodite, homme et femme,
De sentir le pistil en pleur,
Sous l'étamine toute en flamme ;
Oui d'être à deux comme une fleur,
Une grande fleur qui se pâme,
Qui se pâme dans la chaleur.

Oui, bon comme de voir tes yeux
Humides des pleurs de l'ivresse,
Quand le double jeu sérieux
Des langues que la bouche presse,
Fait se révulser jusqu'aux cieux,
Dans l'appétit de la caresse,
Les deux prunelles de tes yeux ;

De jouir des mots que ta voix
Me lance, comme des flammèches,
Qui, me brûlant comme tes doigts
M'entrent au cœur comme des flèches,
Tandis que tu mêles ta voix,
Dans mon oreille que tu lèches,
A ton souffle chaud que je bois ;

Comme de mordre tes cheveux,
Ta toison brune qui ruisselle,
Où s'étalent tes flancs nerveux,
Et d'empoigner les poils de celle
La plus secrète que je veux,
Avec les poils de ton aisselle,
Mordiller comme tes cheveux ;

D'étreindre délicatement
Tes flancs nus comme pour des luttes,
D'entendre ton gémissement
Rieur comme ce chant des flûtes,
Auquel un léger grincement
Des dents se mêle par minutes ;
D'étreindre délicatement,

De presser ta croupe en fureur
Sous le désir qui la cravache
Comme une jument d'empereur,
Tes seins où ma tête se cache
Dans la délicieuse horreur
Des cris que je... que je t'arrache
Du fond de ta gorge en fureur ;

Ce doit être bon de mourir,
Puisque faire ce que l'on nomme
L'amour, impérieux plaisir
De la femme mêlée à l'homme,
C'est doux à l'instant de jouir
C'est bon, dis-tu, c'est bon... oui... comme,
Si l'on allait mourir ?

ARTHUR RIMBAUD

(1854-1891)

RIMBAUD n'a-t-il été, comme l'écrivit Camus, « ... le poète de la révolte, que dans son œuvre » ? et sa vie « qu'un consentement au pire nihilisme qui soit » ? Il est vrai que ce poète si jeune, qui vit publier à quinze ans dans *Le Moniteur de l'enseignement secondaire* trois de ses compositions en vers latins qui lui valurent le premier prix au Concours académique, était un surdoué. Il avait appris l'anglais, l'espagnol, l'arabe, l'allemand, l'italien et le hollandais et avait vécu une vie de bâton de chaise avec Verlaine, qui se délectait de la sauvagerie de son génial amant capricieux. On le soupçonne fort d'avoir vendu des esclaves nègres en Abyssinie et l'on est certain qu'il fut trafiquant d'armes après s'être engagé pour six ans dans l'Armée coloniale hollandaise pour 300 florins. Il finira bouffé par la gangrène après l'amputation d'une jambe. Auparavant, sa sœur le convainc de voir un curé qui dira à celle-ci : « Votre frère a la foi, mon enfant, que nous disiez-vous donc ? Il a la foi, et je n'ai même jamais vu de foi de cette qualité. » Remy de Gourmont, qui déplorait « le caractère de femme » de Rimbaud et « sa sincérité nulle » admit au moins que « c'était quelqu'un malgré tout » !

L'idole
Sonnet du trou du cul

Rimbaud & Verlaine

Obscur et froncé comme un œillet violet
Il respire, humblement tapi parmi la mousse
Humide encor d'amour, qui suit la fuite douce
Des fesses blanches jusqu'au cœur de son ourlet.

Des filaments pareils à des larmes de lait
Ont pleuré, sous le vent cruel qui les repousse,
A travers de petits caillots de marne rousse,
Pour s'aller perdre où la pente les appelait.

Mon rêve s'aboucha souvent à sa ventouse ;
Mon âme, du coït matériel jalouse,
En fit son larmier fauve et son nid de sanglots.

C'est l'olive pâmée et la flûte câline,
C'est le tube où descend la céleste praline,
Chanaan féminin dans les moiteurs enclos !

Les stupra

Les anciens animaux saillissaient, même en course,
Avec des glands bardés de sang et d'excrément.
Nos pères étalaient leur membre fièrement
Par le pli de la gaine et le grain de la bourse.

Au moyen âge pour la femelle, ange ou pource,
Il fallait un gaillard de solide grément ;
Même un Kléber, d'après la culotte qui ment
Peut-être un peu, n'a pas dû manquer de ressource.

D'ailleurs l'homme au plus fier mammifère est égal ;
L'énormité de leur membre à tort nous étonne ;
Mais une heure stérile a sonné : le cheval

Et le bœuf ont bridé leurs ardeurs, et personne
N'osera plus dresser son orgueil génital
Dans les bosquets où grouille une enfance bouffonne.

*

Nos fesses ne sont pas les leurs. Souvent j'ai vu
Des gens déboutonnés derrière quelque haie,
Et, dans ces bains sans gêne où l'enfance s'égaie,
J'observais le plan et l'effet de notre cul.

Plus ferme, blême en bien des cas, il est pourvu
De méplats évidents que tapisse la claie
Des poils ; pour elles, c'est seulement dans la raie
Charmante que fleurit le long satin touffu.

Une ingéniosité touchante et merveilleuse
Comme l'on ne voit qu'aux anges des saints tableaux
Imite la joue où le sourire se creuse.

Oh ! de même être nus, chercher joie et repos.
Le front tourné vers sa portion glorieuse,
Et libres tous les deux murmurer des sanglots

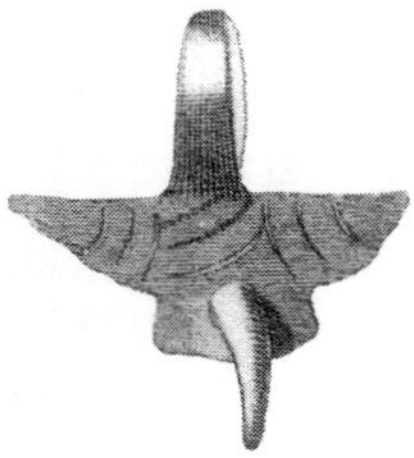

Première soirée

– Elle était fort déshabillée
Et de grands arbres indiscrets
Aux vitres jetaient leur feuillée
Malinement, tout près, tout près.

Assise sur ma grande chaise,
Mi-nue, elle joignait les mains
Sur le plancher frissonnant d'aise
Ses petits pieds si fins, si fins.

– Je regardai, couleur de cire,
Un petit rayon buissonnier
Papillonner dans son sourire
Et sur son sein – mouche au rosier.

– Je baisai ses fines chevilles,
Elle eut un rire doux et brutal
Qui s'égrenait en fines trilles,
Un joli rire de cristal.

Les petits pieds sous la chemise
Sa sauvèrent : « Veux-tu finir » !
– La première audace permise,
Le rire feignait de punir !

– Pauvrets palpitants sous ma lèvre,
Je baisai doucement les yeux ;
– Elle jeta sa tête mièvre
En arrière : « Oh ! c'est encor mieux !...

Monsieur, j'ai deux mots à te dire... »
– Je lui jetai le reste au sein
Dans un baiser, qui la fit rire
D'un bon rire qui voulait bien...

– Elle était fort déshabillée
Et de grands arbres indiscrets
Aux vitres jetaient leur feuillée
Malinement, tout près, tout près.

La serveuse

Verger de la Christine aux relents de cloaque,
Buisson mouillé portant quelques morpions pour baies,
Une motte à feux roux comme la haie
En août d'une femme sans époques.

Mais quelles fesses, voyez-vous !
Fesses magistrales, comtales, princières,
Bonnes à condamner à la dossière
La verge ponceau des récureurs d'égouts.

Mais la langue vive et la bouche
Baveuse et buveuse d'orgeats !
Langue fourrée, langue pineuse d'entrechats
Ou d'entre-fesse ! Et les chibres qu'elle débouche !

Goulot d'amour, sa poitrine fleurie, ô ses seins !
Mammes roussottes ! Son anus rond : mon ergastule.
– Gare, Christine ! si jamais je pars et te décule
Et te brise les colonnades du bassin !

SIRE DE CHAMBLEY
(1856-1941)

NOUS apprenons enfin avec le Sire de Chambley comment cela se passa véritablement la première fois entre Adam et Eve. La fin du poème, hélas ! nous laisse clairement entendre que ces deux satyres sont bien prêts à recommencer. Moi je trouve les vers de ce monsieur très frais et très appétissants. Il habitait le quai aux Fleurs, ce qui ne l'empêcha pas de se démener comme un diable pour sauver l'île de Bréhat, menacée par une industrialisation sauvage. Déjà ! Il fallait que cela fût dit.

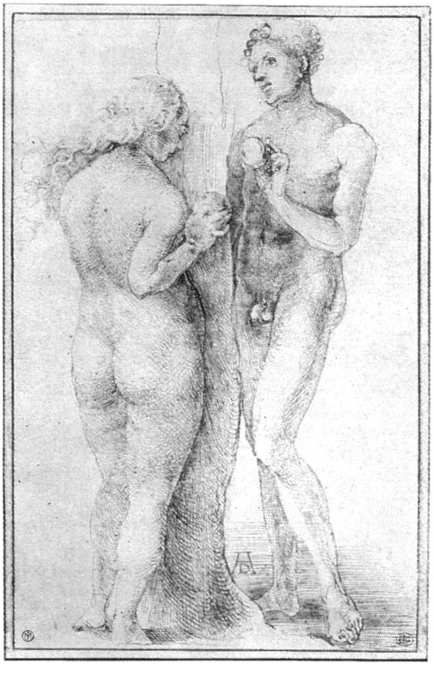

Ouvre

Ouvre les yeux, réveille-toi ;
Ouvre l'oreille, ouvre ta porte :
C'est l'amour qui sonne et c'est moi
Qui te l'apporte.

Ouvre la fenêtre à tes seins ;
Ouvre ton corsage de soie ;
Ouvre ta robe sur tes reins ;
Ouvre qu'on voie !

Ouvre à mon cœur ton cœur trop plein :
J'irai le boire sur ta bouche !
Ouvre ta chemise de lin :
Ouvre qu'on touche !

Ouvre les plis de tes rideaux ;
Ouvre ton lit que je t'y traîne :
Il va s'échauffer sous ton dos.
Ouvre l'arène.

Ouvre tes bras pour m'enlacer ;
Ouvre tes seins que je m'y pose ;
Ouvre aux fureurs de mon baiser
Ta lèvre rose !

Ouvre tes jambes ; prends mes flancs
Dans ces rondeurs blanches et lisses ;
Ouvre tes genoux tremblants...
Ouvre tes cuisses !

Ouvre tout ce qu'on peut ouvrir :
Dans les chauds trésors de ton ventre
J'inonderai sans me tarir
L'abîme où j'entre.

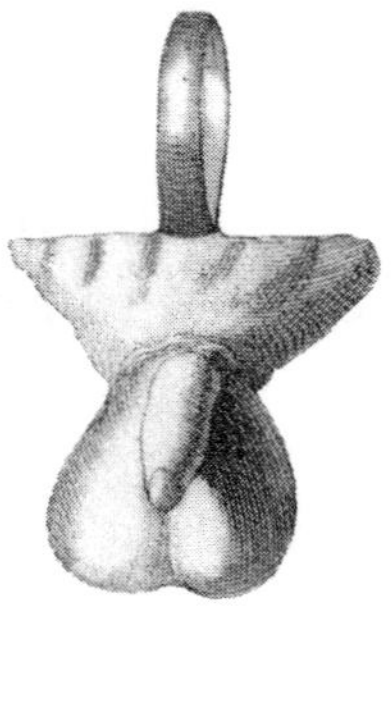

Adam et Ève

Et tous deux s'étonnaient de tant de différence
Dans les formes du corps et les tons de la peau.
Adam la trouvait belle ; Eve le trouvait beau.
Ils se taisaient, mais ils raisonnaient en revanche.

Adam reprit enfin : « Comme vous êtes blanche !
Pourquoi Dieu vous a-t-il mis des cheveux si longs ?
Les miens sont courts et noirs et les vôtres tout blonds
C'est vraiment très joli, ces lourdes tresses blondes...

EVE

Vous trouvez ?

ADAM

Très joli... Mais ces machines rondes,
Là, sur votre poitrine, à quoi cela sert-il ?

EVE

Je n'en sais rien. Mais vous, au-dessous du nombril,
Qu'est-ce que vous portez dans cette touffe noire,
Sur ce double coussin ?

ADAM

Je m'en sers... après boire.

EVE

Seulement ? Cela doit vous gêner pour marcher ?

ADAM

Pas trop... On s'habitue.

EVE

Est-ce qu'on peut toucher ?

ADAM

Si vous le désirez...

EVE

Je suis si curieuse.
Alors, vous permettez ?... »

Eve blanche et rieuse,
Avança doucement ses petits doigts rosés,
Puis, s'arrêtant soudain : « Je n'ose pas !

ADAM

Osez !
Est-ce qu'il vous fait peur ?

EVE

Peur ? Oh ! non : je suis brave.
Tiens ! C'est tout rouge au bout. On dirait une rave.
C'est pour le protéger, sans doute, cette peau ?
Ce n'est pas laid du tout.

ADAM

Oh... Ce n'est pas très beau.

EVE

Mais si : c'est très gentil. »

Et les mignons doigts roses
Allaient, couraient, venaient, faisaient de courtes poses,
Comme des papillons voltigeant sur des fleurs.

« Oh mais, regardez donc. Il a pris des couleurs.
Comme c'est drôle ! Il est plus grand que tout à l'heure.
Il se dresse, il frémit. Ciel ! une larme : il pleure ! »

Eve essuya la larme à ses cheveux dorés.

EVE

« Il pleure, il pleure encore ! Est-ce que vous souffrez ?

ADAM

Au contraire.

EVE

Oh, monsieur Adam ! il est énorme,
Maintenant ! Il n'a plus du tout la même forme.
C'est très raide et très dur... A quoi peut-il servir ? »

Adam lui répondit, dans un profond soupir :
« Est-ce que vous croyez qu'il sert à quelque chose ?

EVE

Je n'en suis pas très sûre : au moins, je le suppose.
Vous m'avez dit tantôt : « Dieu fait bien ce qu'il fait. »
Toute chose a son but si ce monde est parfait.

ADAM

Oui, si Dieu m'avait dit ce qu'il veut que j'en fasse
De ce... Mais vous, comment ?...

EVE

Moi, je n'ai que la place.
C'est peut-être un oubli : Voyez.

ADAM

Je ne vois rien.

EVE

Non, pas là, maladroit ! Ici... Regardez bien.

ADAM

C'est juste ! On vous a même arraché la racine !
La fosse est toute fraîche... Est-ce que la voisine
Communique ?... Pour voir, si j'y mettais le doigt ?

EVE

Mettez ce qu'il faudra.

ADAM

Diable ! C'est bien étroit ! »

Il glissa sous la femme une main caressante...
Eve bondit, l'œil clos, la croupe frémissante,

Les seins tendus, les poings crispés dans ses cheveux
Tout son être frémit d'un long frisson nerveux.
Et le soupir mourut entre ses dents serrées.
« Encore » ! Elle entr'ouvrit ses deux cuisses cambrées,
Et le premier puceau vint tomber dans ses bras !
« Encore ! Cherche encore ! Oui. Tant que tu voudras. »
Comme il croisait ses mains sous deux épaules blanches
Adam sentit deux pieds se croiser sur ses hanches.
Leurs membres innocents s'enlaçaient, s'emmêlaient.
S'ils avaient pu savoir, au moins, ce qu'ils voulaient :
O pucelage ! Alors, presque sans le comprendre,
Tous deux en même temps, d'une voix faible et tendre,
Murmurèrent : « Je t'aime. » Et le premier baiser

Vint, en papillonnant, en riant, se poser
Et chanter doucement sur leurs lèvres unies.
Dieu, pour les ignorants, créa deux bons génies :
L'Instinct et le Hasard. Or, au bout d'un instant,
Eve avait deviné ce qui l'intriguait tant.

Avez-vous jamais vu le serpent que l'on chasse ?
De droite à gauche, errant, affolé, tête basse,
En avant, en arrière, il va sans savoir où.
Il s'élance ; il recule, il cherche ; il veut un trou,
Un asile où cacher sa fureur écumante.
Il cherche : il ne voit rien, et son angoisse augmente.
Mais, lorsqu'il aperçoit l'abri qu'il a rêvé,
Il entre et ne sort plus. Adam avait trouvé !

Un cri, puis des soupirs : l'homme a compris la femme.
Les deux corps enlacés semblaient n'avoir qu'une âme.
Ils se serraient, ils se tordaient, ils bondissaient.
Les chairs en feu frottaient les chairs, s'électrisaient.
Les veines se gonflaient. Les langues acérées
Cherchaient une morsure entre les dents serrées,
Des nerfs tendus et fous, des muscles contractés,
Des élans furieux, des bonds de volupté...
Plus fort ! Plus vite ! Enfin, c'est la suprême étreinte,
Le frisson convulsif...

Eve alanguie, éteinte,
Se pâme en un soupir et fléchit sur ses reins !
Ses yeux cherchent le ciel ; son cœur bat sous ses seins.

Son beau corps souple, frêle, et blanc comme la neige,
S'arrondit, s'abandonne au bras qui la protège.

Adam, heureux et las, se couche à son côté.
Puis, tous deux, lourds, le sein doucement agité
Comme s'ils écoutaient de tendres harmonies,
Rêvent, dans la langueur des voluptés finies.

Mais Eve : « Dieu, vois-tu, ne fait rien sans raisons,
Dieu fait bien ce qu'il fait... Viens là ! Recommençons... »

MARIE NIZET
(1859-1922)

« QUAND sera brisé l'infini servage de la femme, quand elle vivra pour elle et par elle, l'homme – jusqu'ici abominable –, lui ayant donné son renvoi, elle sera poète, elle aussi. » (Rimbaud.)

C'était certes une jolie manière chez Rimbaud de rendre justice à la femme. Mais ne fut-il pas aussi quelque peu « abominable », lui, dont le seul hommage qu'il accordait à cette dernière se bornait à la rhétorique ?

On a pu constater hélas ! dans cette anthologie, que ce long cortège de poèmes érotiques est essentiellement composé de poètes masculins, si l'on excepte la divine Louise Labé, ou la « petite sorcière aux yeux de bruyère paresseuse » Joyce Mansour, ainsi que deux ou trois autres.

La poésie féminine érotique, ou tout au moins sensuelle, n'a osé s'exprimer qu'en balbutiements feutrés, ces cinquante dernières années. Ce n'est véritablement qu'à partir des années soixante-dix (l'après Mai 68 !) que quelques éditeurs héroïques et « fadas », les frères Breton en tête (qui ont créé le cherche midi éditeur) osèrent publier de la poésie érotique. Les poètes d'aujourd'hui sont avant tout solitaires, secrets. Ils ont l'impudicité et la hardiesse de ceux qui doutent. Suffisamment d'humour aussi pour savoir se moquer d'eux-mêmes. Ce dernier trait s'avérant particulièrement perceptible chez les femmes.

Pour tout poète, quel que soit son sexe, la poésie d'aujourd'hui doit avant tout être une seconde peau ; elle sera l'illustration des arcanes de ses pensées abstraites, ainsi que le reflet « codé » des émotions qui vermillent dans son univers sensitif. La vraie poésie, pure, doit être la résultante d'un jaillissement, j'allais presque dire de cette fameuse « écriture automatique » chère à nos surréalistes. La poésie est par essence même surréaliste. La réalité du poète ne ressemble en rien à celle du fade quotidien des hommes en général. La traduction abstraite de l'instant observé est « enfantée » simultanément par son intelligence et sa perpétuelle quête du rêve. La poésie érotique féminine se distingue-t-elle de celle des hommes, et de quelle façon ? Il est une fulgurance des émotions chez les femmes d'aujourd'hui, un « cri », qui n'appartiennent qu'à elles seules. Le sourire aux lèvres et le feu au ventre, elles balaient de leur passion les fausses pudeurs, le poids ancestral des culpabilités et de l'hypocrisie, dispensé par un système institué et géré par l'homme depuis la nuit des temps.

L'enseigne de la gourmandise pavoise souvent au pays de leur corps, dans l'érotisme poétique des femmes. Elles y intègrent volontiers la métaphore. Elles en appellent à la nature, aux arbres écartelés, au vent, à l'écume de mer, à celle de leur sexe, à la terre, à la liberté, à la mort. Une certaine « germination », inconnue de l'homme, s'inscrit parfois en filigrane dans le « vouloir » amoureux de la rhétorique féminine. L'instinct maternel, ce besoin de « bercer », cette tendresse unique, que l'on peut observer chez certaines d'entre elles, attestent ce besoin d'aimer à n'importe quel prix. L'ardoise est souvent douloureuse.

Comme un défi à la vanité de l'homme et à la précarité humaine, la femme habille son cri poétique d'impudicité provocante, voire de mots orduriers qui ne trompent personne. Elle appelle au secours. Un homme ou une femme, peu importe, mais l'étreinte est vitale. La chaleur, l'amour, la trahison, le mensonge : tout, sauf la solitude ! Si la poésie érotique féminine prend désormais ici le pas sur celle des hommes, c'est tout bonnement qu'elle m'a paru plus importante, sinon en quantité, mais surtout en qualité, en regard de celle des auteurs masculins. Grâce, en partie, à Jean Breton, à Jean-Jacques Pauvert, à Robert Sabatier ou au magnifique Pierre Béarn, qui parlent tous si bien des femmes et de la sensibilité ainsi que de la sensualité de leur poésie, j'ai pu effectuer ce florilège éclectique qui me semble marquer un vrai tournant dans l'expression poétique moderne. C'est Sabatier et Béarn qui (involontairement) m'ont fait découvrir Marie Nizet. En 1878, elle avait dix-neuf ans. Elle publia *România*. La fièvre intime qui émane d'un poème intitulé *La Torche* fait dire à Pierre Béarn qu'elle « a vraiment la torche dans le ventre ». C'est une ode pure à l'amour. La lourde densité de sa chaude émotion est suffisamment éloquente pour que je n'en dise pas plus sur la beauté de ce poème qui « exprime charnellement le plaisir de vivre en harmonie avec les besoins de son corps ». Au fait, pourquoi est-elle si peu connue ?

La torche

Je vous aime, mon corps, qui fûtes son désir,
Son champ de jouissance et son jardin d'extase,
Où se retrouve encor le goût de son plaisir,
Comme un rare parfum dans un précieux vase.

Je vous aime, mes bras, qui mettiez à son cou
Le souple enlacement des languides tendresses.
Je vous aime, mes doigts experts, qui saviez où
Prodiguer mieux le lent frôlement des caresses....

Je vous aime, ma chair, qui faisiez à sa chair
Un tabernacle ardent de volupté parfaite,
Et qui preniez de lui le meilleur, le plus cher,
Toujours rassasiée et jamais satisfaite...

Je suis le temple vide où tout culte a cessé
Sur l'inutile autel déserté par l'idole.
Je suis le feu qui danse à l'âtre délaissé
Le brasier qui n'échauffe rien, la torche folle...

Ni sa beauté de jeune dieu qui la première
Me tenta, ni ses yeux – ces deux caresses bleues –,
Ni son cou ni ses bras, ni rien de ce qu'on touche,
Ni rien de ce qu'on voit de lui ne vaut sa bouche,

Où l'on meurt de plaisir et qui s'acharne à mordre.
Sa bouche de fraîcheur, de délices, de flamme,
Fleur de volupté, de luxure et de désordre,
Qui vous vide le cœur et vous boit jusqu'à l'âme.

*

Je sais qu'à ton désir tu t'es abandonnée.
Je sais que ses baisers ont marbré ton cou nu.
Qu'importe ! Je me suis en toi-même incarnée,
Et que t'a-t-il donné qui ne me fût rendu ?

Au sommet de l'amour il ne pouvait atteindre
Sans évoquer l'image absente qu'il gardait.
C'est moi qui lui donnais la force de t'étreindre,
En ta personne, enfin, c'est moi qu'il possédait !

Et c'est là mon triomphe et c'est là le mystère
D'un simulacre vain qui suffit à ton cœur.
Mais tu restes mon ombre et tu n'es que le verre
Où, s'il a soif, il boit l'amour en mon honneur.

*

Nous sommes plus mêlés l'un à l'autre aujourd'hui
Que le mercure et l'or réduits en amalgame.
Et l'on ne peut pas plus me séparer de lui
Que l'arbre de l'écorce et que l'air de la flamme...

Je suis le lin du drap dont on fit son linceul,
Le bois de son cercueil, la dalle de sa tombe
Où j'ai muré mon âme afin qu'il soit moins seul
Dans ce définitif silence où tout retombe.

Son cœur mort et le mien tiennent au même fil.
Il est ma longue nuit, ma ténébreuse aurore,
Mon cerveau défaillant ; même l'oubliât-il,
Que mon sang et ma chair s'en souviendraient encore !

MARIE DAUGUET
(1860-1942)

En cette fin de XIXe siècle, voici encore une de ces hardies poétesses qui pointent leurs plumes d'oie bien affûtées, pour aborder des rivages où la sensualité le dispute à l'érotisme non dissimulé. Marie Dauguet possède une chaude inspiration sylvestre, loin des grivoiseries dont on s'est toujours servi pour peindre l'intimité des amours paysannes. Que de beaux mots elle trouve et elle assemble pour pousser le cri de son désir ! Elle ne manquait pas d'air la belle Marie pour oser publier des poèmes de ce tonneau aux alentours des années vingt ! L'éclosion de la poésie féminine teintée d'érotisme, voire totalement torride, ne se fera qu'après la guerre, vers les années soixante. Comme le souligne le gentil poète et ami Pierre Béarn, dans son dernier bouquin si bien ficelé sur *L'Erotisme dans la poésie féminine*, « les années 1950-1959 ne sont guère fertiles en exubérance chez les poétesses ». Elles ne sont qu'une poignée à s'être délivrées de la rigoureuse hypocrisie de la bonne éducation, alors qu'elles sont déjà des milliers à s'exprimer par des poèmes. C'est-à-dire à se libérer de leur esclavage domestique. Marie Dauguet fit partie de cette poignée.

Ode à l'amant

Tu es la vigueur du soleil
Et ta sève embaume.
Elle est un ruisseau de mai sous l'aubépine,
Plus douce que la fleur du sureau.
Tu te dresses et tu es la force de la forêt !

Tes reins blessent mes mains nouées,
Tu es rude comme un chêne.
Je t'ai baisé comme un rouge-gorge dans ma main,
J'aime la tiédeur de ton corps dans ma main.

Je me rassasie de ton odeur sauvage ;
Tu sens les bois et les marécages
Tu es beau comme un loup,
Tu jaillis comme un hêtre
Dont l'énergie gonfle l'écorce.
... Le nœud de tes épaules est dur sous les mains ;
L'axe du monde est dans ta chair.
... Mais je louerai ton cri sauvage,
Mais je louerai ton corps qui embaume,
C'est un bois sauvage aux rudes fleurs.

Je louerai ta brutalité,
Le sanglot rauque de ta chair ;

Je louerai ta sève immense
Où l'univers est en puissance.
Je louerai tes poings et comment ils se dénouent
Tout à coup quand tu retombes
Au creux d'une épaule,
Plus doux qu'un petit enfant
Et plus innocent qu'un ange.

PIERRE LOUŸS
(1870-1925)

TOUT comme son aîné, Théophile Gautier, il est trivial, grossier, libidineux dans ses poèmes à l'image des chansons de corps de garde. Il en est pourtant de fort drôles et bien troussées. *Pybrac* est un exemple de tous ces défauts et qualités réunis. Ici, point d'érotisme comme il atteint parfois dans son fameux *Trois Filles et leur mère*, *La Danseuse* et... *Je vous écris dans le désert* qui sont en revanche loin d'en être dépourvus. Il ne vous appartient que de juger sur pièces.

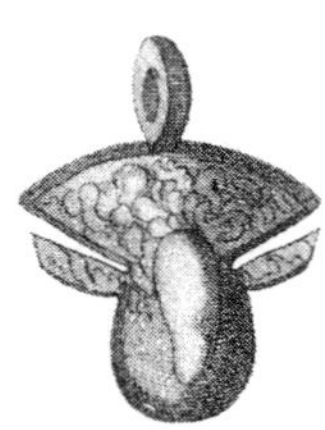

La danseuse

Elle tourne, elle est nue, elle est grave ; ses flancs
Ondulent d'ombre bleue et de sueur farouche.
Dans les cheveux mouillés s'ouvre rouge la bouche
Et le regard se meurt entre les cils tremblants.

Ses doigts caressent vers des lèvres ignorées
La peau douce, la chaleur molle de ses seins.
Ses coudes étendus comme sur des coussins
Ouvrent le baiser creux des aisselles dorées.

Mais la taille, ployée à la renverse, tend
Le pur ventre, gonflé d'un souffle intermittent,
Et sous l'arachnéen tissu noir de sa robe

Ses bras tendres, avec des gestes assoupis,
Ses pieds froids sur les arabesques des tapis,
Cherchent l'imaginaire amant qui se dérobe...

⁂

Je vous écris dans le désert
Sur un chameau, sous une palme
Je déjeune. Un singe me sert.
Mon burnous a de longs plis calmes

Vous souvenez-vous ? – Plus du tout –
Il fut un temps où, sans attendre,
Vous m'épousiez à Tombouctou
Dans les charades les plus tendres.

Nous sommes passés autrefois
Dans ces mers de ciel et de sable
C'est pourquoi ce soir je vous vois,
Chère petite insaisissable.

A l'ombre de haut dattier
Une esclave vous déshabille.
Voici nu, voici tout entier
Votre corps de très jeune fille.

L'ombre nette et le soleil cru
Se partagent votre peau brune.
Le jour lentement disparu
Vous laisse bleue au clair de lune.

Vos petits seins toujours dressés
Vous ornent comme deux opales,
Vos cheveux flottent plus foncés
Sur vos bras devenus plus pâles.

Et même devant votre amant...
Est-ce décence ou bien parure ?
Vous portez naturellement
Un petit pagne de fourrure.

Mon amour je veux prendre ici
Sur un tapis de couleur turque
Votre bouche et le point précis
Où votre svelte corps bifurque.

Pybrac

Je n'aime pas à voir qu'une vierge sans tache
Peigne ses poils du cul devant son cousin Jean
Les frise en éventail, puis en double moustache
Et dise avec un œil railleur : « T'as pas d'argent ? »

Je n'aime pas à voir qu'en l'église Saint-Lupe
Une pucelle ardente aux yeux évanouis
Confessant des horreurs, se branle sous sa jupe
Et murmure : « Oh ! pardon... mon Père... je jouis. »

Je n'aime pas à voir la gosse qu'on enferme
Dans un cabinet noir parce qu'elle a tété
Son frère, et que, la bouche encore pleine de sperme
On l'a vue au salon cracher ça dans le thé.

Je n'aime pas qu'au bal la jeune fille en tulle
Qui m'avoue, en buvant sagement du sirop :
« Quand j'ai beaucoup dansé j'aime bien qu'on m'encule »
Puis s'excuse : « Oh ! pardon ! j'ai dit un mot de trop. »

Je n'aime pas qu'au bar celle avec qui je soupe
Foute à cheval sur moi, devant un autre amant
Qui lui fait le plaisir de l'enculer en croupe,
Ce partage d'un cul ne me plaît nullement.

Je n'aime pas au lit la petite Lucile
Qui prend son pauvre con douillet et cramoisi,
Dit : « J'aime mieux sucer, maman, c'est plus facile »
Et qu'on gifle d'un mot : « Tu baiseras aussi. »

Je n'aime pas qu'Iris en mousseline bleue
Caresse au bal ma verge et dise en la baisant :
« Je commence toujours les romans par la queue. »
Le mot est vif, ma chère, encor qu'il soit plaisant.

Je n'aime pas à voir qu'Alice aux longues tresses
Lèche à la pension tous les cons du dortoir
Sous les yeux indulgents des jeunes sous-maîtresses
Qui donnent des conseils et tiennent le bougeoir.

Je n'aime pas à voir la gosse qui murmure :
« Je marche par la fente et par le petit trou »
Quand la putain d'enfant n'est pas encor mûre
Et n'a pas un seul poil... je n'ose vous dire où.

Je n'aime pas à voir au fond d'une guinguette
La tonnelle où Fifi déjeune avec Julot
Suce le vit pendant tiré de la braguette
Et crie : « Ah ! qu'il est bon ! quel foutre de salop ! »

Je n'aime pas à voir l'époux à la mairie
Qui, dès que son désir reçoit la sceau légal
Flanque sa pine au con de sa femme chérie
Pour remplir en public le devoir conjugal.

Je n'aime pas à voir la bouche obscène et large
D'Iris qui suce au parc le vit d'un bourricot
« Pour savoir si c'est bon quand un âne décharge »
Et qui trouve à son foutre un parfum d'abricot.

MARGUERITE BURNAT-PROVINS

(1872-1952)

PIERRE BÉARN la découvrit-il dans la superbe *Histoire de la poésie française* de Robert Sabatier ? En tout cas, il cite le commentaire de ce dernier à propos de Marguerite : « ... avec elle, le sexe entre en poésie, un sexe sans honte dans la splendeur des caresses de l'amour partagé ».
Eh oui, ils ont raison mes copains. La chair est « lumineuse »... pour la môme Marguerite, elle n'en est point rassasiée, et elle n'a pas honte de le crier. Ce sera d'ailleurs ce cri avant tout qui jaillira dorénavant chez les nanas qui en ont ras le chignon de l'oppression masculine. Ce cri-là, dans les pages qui suivent, vous n'avez pas fini de l'entendre.

Laisse-moi crier Encore ! Encore !
Je ne suis pas la sœur de ces femmes aux yeux glacés
Qui se taisent.
Je tends mes mains impérieuses pour tordre et pour broyer
La bouche vorace,
Pour goûter aux essences enivrantes...

Je darde mes prunelles volontaires sur la vie, sur l'amour et
Sur toi, je jette mon désir comme le pêcheur dans la rivière
Lance le circulaire épervier.
Jamais je ne serai rassasiée de ta chair lumineuse.
Ne dis rien. Etends le bras.
Laisse-moi crier.

Je dirai l'emprise de tes mains longues
Qui font à ma taille une ceinture frémissante,
Je dirai ton regard volontaire
Qui anéantit ma pensée,
Ta poitrine battante soudée à ma poitrine
Et tes jambes aussi fermes que le tronc de l'érable
Où les miennes s'enroulent,
Comme les jeux onduleux des houblons...

PAUL LÉAUTAUD
(1872-1956)

JE DOIS un merci en passant à l'ami Jean-Claude Simoën, qui m'a offert une jolie édition de cette lettre de Léautaud que je ne connaissais pas.
Paul Léautaud fut un écrivain avant tout mais guère un poète. Il écrivit très jeune un recueil de poèmes pompiers, qui ne le rendirent pas fier par la suite. Cette lettre incandescente, il l'a écrite en 1953 à son ardente maîtresse. Il avait alors quatre-vingt-un ans et trouvait fort désagréable de bander un peu « mou » devant une amante qui n'avait même pas la moitié de son âge. L'amour et les grands sentiments le faisaient ricaner. Seul l'amour physique intéressa inlassablement au plus haut point cet incorrigible amoureux des femmes, qui paradoxalement les détestait dans le même temps ! Cette lettre, je vous l'accorde, n'est pas, loin s'en faut, un exemple de poésie érotique. L'imagerie et la force des mots sont pourtant si puissamment évocateurs que je n'ai pu résister au plaisir de vous laisser vous émoustiller par sa lecture.

Tu es un ange de putasserie de m'écrire de si agréables choses. Je n'ai aucun mérite de te bouffer le con comme je fais et de le lécher quand tu décharges. J'y ai grand plaisir. Quel dommage que je ne bande pas mieux. Je t'aurais mis quelque chose : 18 centimètres de longueur, 13 de grosseur. Représente-toi cela. Je bande en t'écrivant.
Ne te branle pas de trop. Pelote-toi le con, mets-toi un doigt dans le cul, ce te sera très agréable, en attendant que je le fasse moi-même. Je me tiens la queue en t'écrivant.
A bientôt le plaisir de te voir sans voile et le con tout trempé dès le premier baiser.

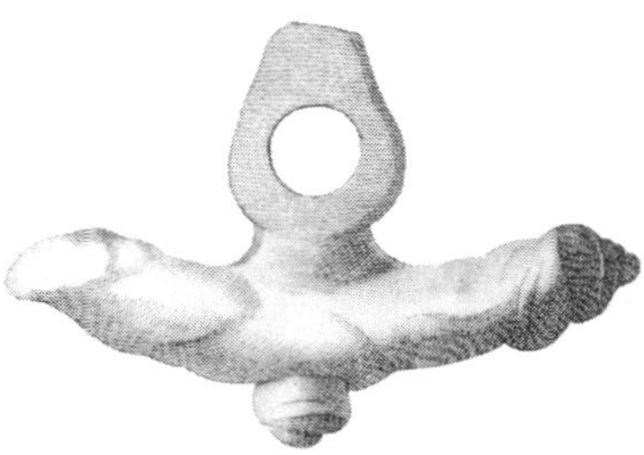

RENÉE VIVIEN
(1877-1909)

GONFLÉE, la môme Renée. A vingt-cinq ans (en 1902 !), célébrer la femme au pays de Lesbos n'était sans doute pas courant. On perçoit tout de même dans ses vers un érotisme un chouïa coloré de désabusement.
Colette la peignait ainsi : « Dans son jeune visage, tout y disait l'enfance, la malice, la propension au rire. Où chercher, entre la chevelure blonde et la tendre fossette du menton effacé et faible, un pli qui ne fût point riant, l'indice, le gîte de la tragique tristesse de ses vers ? »
« Les chants désespérés... » comme disait Victor !
Elle est morte à trente-deux ans.

Je possède, en mes doigts subtils, le sens du monde
Car le toucher pénètre ainsi que fait la voix ;
L'harmonie et le songe et la douleur profonde
Frémissent longuement sur le bout de mes doigts...

Et pareils à ceux-là qui viennent des voyages,
Mes doigts ont parcouru d'infinis horizons.
Ils ont éclairé, mieux que mes yeux, des visages,
Et m'ont prophétisé d'obscures trahisons.

Ils ont connu la peau subtile de la femme
Et ses frissons cruels et ses parfums sournois.
Chair des choses ! J'ai cru parfois étreindre une âme
Avec le frôlement prolongé de mes doigts...

Le givre et le brouillard des pâles broderies
Où les tisseuses ont tramé leurs rêveries...
Parèrent savamment ta savante impudeur
Et ton corps où le rut a laissé sa tiédeur.

***

Tendre à qui te lapide et mortelle à qui t'aime,
Faisant de l'attitude un frisson de poème,
O femme, dont la grâce enfantine et suprême
Triomphe dans la fange et les pleurs et le sang.

Tu n'aimes que la main qui meurtrit ta faiblesse,
La parole qui trompe et le baiser qui blesse,
L'antique préjugé qui ment avec noblesse
Et le désir d'un jour qui sourit en passant.

Férocité passive, âme légère et douce
Pour t'attirer, il faut que le geste repousse ;
Ta chair inerte appelle, en râlant, la secousse
Et l'effort sans beauté du mâle triomphant.

GUILLAUME APOLLINAIRE
(1880-1918)

IL ÉTAIT un incontestable magicien des mots qui chantent les parfums des fleurs ou ceux des aisselles de la femme, ou encore qui subliment la pointe rose des petits seins de Lou. Mystificateur prétendront d'aucuns ? Mais les poètes ne le sont-ils pas tous un peu ? L'humour affleure et la densité sensuelle de ses vers évoque immanquablement pour moi la légèreté de ceux de Verlaine, s'ils n'en possèdent pas toujours la richesse. J'ai choisi dans l'immense trésor du brûlant Guillaume de petits morceaux poétiques pleins d'humour, colorés d'érotisme, ou les pures odes sensuelles débordantes de passion qu'il écrivit par centaines. Il les expédia du front durant la guerre 14-18 à Louise de Coligny-Châtillon, qu'il appelait tendrement son « petit Lou ».

Le jupon

Bonjour Germaine Vous avez un beau jupon
Un beau jupon de reine et de reine cruelle
Que j'en tâte la soie une soie du Japon
Qu'orne un large volant d'ancienne dentelle

Cette cloche de soie où le double battant
De vos jambes tinta le glas de mes caprices
J'en sonne ma Germaine le sein haletant
Et les mains appuyées sur vos hanches complices

Votre chambre ma cloche est un charmant clocher
Où mes mains sur la soie déchirent mes oreilles
Les patères gibet des jupons accrochés
Balancent des pendus soyeux qui m'émerveillent

Immobile comme un hibou la lampe veille

Lou ma rose

Lou tu es ma rose
Ton derrière merveilleux n'est-ce pas la plus belle rose
Tes seins tes seins chéris ne sont-ce pas des roses
Et les roses ne sont-ce pas de jolis ptits Lous
Que l'on fouette comme la brise
Fustige les fesses des roses dans le jardin
              Abandonné
Lou ma rose ou plutôt mes roses
Tu m'as envoyé des feuilles de rose
              Ô petite déesse
        Tu crées les roses
    Et tu fais les feuilles de roses
                      Roses
Petites femmes à poil qui se baladent
                      Gentiment
Elles se balancent en robe de satin
              Sur des escarpolettes
Elles chantent le plus beau parfum le plus fort le plus doux
Lou ma rose ô ma perfection je t'aime
Et c'est avec joie que je risque de me piquer
                En faveur de ta beauté
Je t'aime je t'adore je mordille tes feuilles de rose

Rose reine des fleurs Lou reine des femmes
Je te porte au bout des doigts ô Lou ô rose
Au bout des doigts en te faisant menotte
Jusqu'à ce que tu t'évanouisses
Comme s'évanouit le parfum
Des roses
Je t'embrasse ô Lou et je t'adore

Gui.

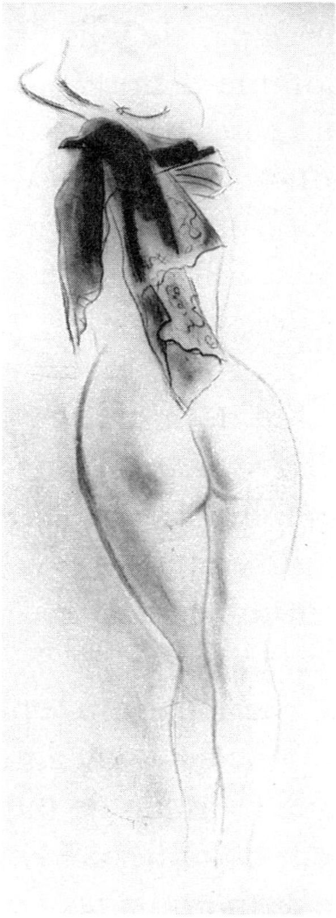

Jolie bizarre enfant chérie

Jolie bizarre enfant chérie
Je vois tes doux yeux langoureux
Mourir peu à peu comme un train qui entre en gare
Je vois tes seins tes petits seins au bout rose
Comme ces perles de Formose
Que j'ai vendues à Nice avant de partir pour Nîmes
Je vois ta démarche rythmée de Salomé plus capricieuse
Que celle de la ballerine qui fit couper la tête au Baptiste
Ta démarche rythmée comme un acte d'amour
Et qui à l'hôpital auxiliaire où à Nice
Tu soignais les blessés
T'avait fait surnommer assez justement la chaloupeuse
Je vois tes sauts de carpe aussi la croupe en l'air
Quand sous la schlague tu dansais une sorte de kolo
Cette danse nationale de la Serbie

*

Jolie bizarre enfant chérie
Je sens ta pâle et douce odeur de violette
Je sens la presqu'imperceptible odeur de muguet de tes aisselles

Je sens l'odeur de fleur de marronnier que le mystère de
 tes jambes
Répand au moment de la volupté
Parfum presque nul et que l'odorat d'un amant
Peut seul et à peine percevoir
Je sens le parfum de rose rose très douce et lointaine
Qui te précède et te suit ma rose

*

Jolie bizarre enfant chérie
Je touche la courbe singulière de tes reins
Je suis des doigts ces courbes qui te font faite
Comme une statue grecque d'avant Praxitèle
Et presque comme une Eve des cathédrales
Je touche aussi la toute petite éminence si sensible
Qui est ta vie même au suprême degré
Elle annihile en agissant ta volonté tout entière
Elle est comme le feu dans la forêt
Elle te rend comme un troupeau qui a le tournis
Elle te rend comme un hospice de folles
Où le directeur et le médecin-chef deviendraient
Déments eux-mêmes
Elle te rend comme un canal calme changé brusquement
En une mer furieuse et écumeuse
Elle te rend comme un savon satiné et parfumé
Qui mousse soudain dans les mains de qui se lave

*

Jolie bizarre enfant chérie
Je goûte ta bouche ta bouche sorbet à la rose
Je la goûte doucement
Comme un khalife attendant avec mépris les Croisés
Je goûte ta langue comme un tronçon de poulpe
Qui s'attache à vous de toutes les forces de ses ventouses
Je goûte ton haleine plus exquise que la fumée
Tendre et bleue de l'écorce du bouleau
Ou d'une cigarette de Nestor Gianaklis
Ou cette fumée sacrée si bleue
Et qu'on ne nomme pas

*

Jolie bizarre enfant chérie
J'entends ta voix qui me rappelle
Un concert de bois musette hautbois flûtes
Clarinettes cors anglais
Lointain concert varié à l'infini
Tu te moques parfois et il faut qu'on rie
O ma chérie
Et si tu parles gentiment
C'est le concert des anges
Et si tu parles tristement c'est une satane triste
Qui se plaint
D'aimer en vain un jeune saint si joli
Devant son nimbe vermeil

Et qui baisse doucement les yeux
Les mains jointes
Et qui tient comme une verge cruelle
La palme du martyre

*

Jolie bizarre enfant chérie
Ainsi les cinq sens concourent à te créer de nouveau
Devant moi
Bien que tu sois absente et si lointaine
Ô prestigieuse,
Ô ma chérie miraculeuse
Mes cinq sens te photographient en couleurs
Et tu es là tout entière
Belle
Câline
Et si voluptueuse
Colombe jolie gracieuse colombe
Ciel changeant ô Lou ô Lou
Mon adorée
Chère chère bien-aimée
Tu es là
Et je te prends toute
Bouche à bouche
Comme jadis
Jolie bizarre enfant chérie

Gui.

Mon très cher petit Lou je t'aime

Mon très cher petit Lou je t'aime
Ma chère petite étoile palpitante je t'aime
Corps délicieusement élastique je t'aime
Vulve qui serre comme un casse-noisette je t'aime
Sein gauche si rose et si insolent je t'aime
Sein droit si tendrement rosé je t'aime,
Mamelon droit couleur de champagne non champagnisé
je t'aime
Mamelon gauche semblable à une bosse du front d'un
petit veau qui vient de naître je t'aime
Nymphes hypertrophiées par tes attouchements fréquents
je vous aime
Fesses exquisement agiles qui se rejettent bien en arrière
je vous aime
Nombril semblable à une lune creuse et sombre je t'aime
Toison claire comme une forêt en hiver je t'aime
Aisselles duvetées comme un cygne naissant je vous aime
Chute des épaules adorablement pure je t'aime
Cuisse au galbe aussi esthétique qu'une colonne de temple
antique je t'aime

Oreilles ourlées comme de petits bijoux mexicains je vous aime
Chevelure trempée dans le sang des amours je t'aime
Pieds savants pieds qui se raidissent je vous aime
Reins chevaucheurs reins puissants je vous aime
Taille qui n'a jamais connu le corset taille souple je t'aime
Dos merveilleusement fait et qui s'est courbé pour moi je t'aime
Bouche ô mes délices ô mon nectar je t'aime
Regard unique regard-étoile je t'aime
Mains dont j'adore les mouvements je vous aime
Nez singulièrement aristocratique je t'aime
Démarche onduleuse et dansante je t'aime
O petit Lou je t'aime je t'aime je t'aime

VALERY LARBAUD
(1881-1957)

LE PASSAGE brillant qu'il fit dans un collège de Fontenay-aux-Roses (où vécut Léautaud), où il fréquenta de nombreux étudiants venus d'Amérique du Sud, le marqua d'un exotisme qui laisse une empreinte évidente dans ses poésies.
Grand voyageur et parlant couramment plusieurs langues, il se passionna pour des auteurs étrangers que les Français ignoraient encore complètement. Il révéla ainsi de géantes pointures, telles que James Joyce, Samuel Butler, Conrad, Chesterton... ou Gomez de la Serna, etc. La pirouette finale un chouïa macho de ce brûlant poème un tantinet suranné me ravit.

Dialogue

LE POETE

Non pas moi,
Mais les poètes cubains pourraient te bien chanter
O charmante Concha,
Toi mon rameau de fleurs et ma Vega Real !
Puissé-je te regarder longuement comme on regarde les
[flammes,
Comme, au cœur de l'hiver, on regarde le feu :
J'aime à baiser une femme de flammes,
Je veux baiser une femme de feu !
Que je vous porte donc dans mes deux mains, mains
[brunes ;
Que je sois donc ébloui par vous, grands yeux ;
Que je sente ton parfum dans l'ombre, rose dorée des
[Andes ;
Que je te contemple dans la rue ou au théâtre,
Sérieuse, belle et haute, et souriante,
Grande jeune femme impressionnante – chiquilla !
Ma femme devant Dieu ! ma bourgeoise ! ma squaw !
Mon noir petit souillon ! mon bel oiseau des îles !
Avec mon tomahawck et ma hache de guerre,
Mon quipocamayo et ma coricoya,

Ne suis-je pas le chef indien que tu désirais,
Le maître et l'époux qu'il te fallait, princesse indienne ?
Etends-toi, ma beauté, sur cette peau d'ours blanc,
Et laisse ma main toucher ton visage dans l'ombre ;
Tu es plus belle que la Perricholi, si célèbre,
Et je suis plus généreux que tous les Vice-Rois ;
Voici des diamants et des perles, –
Mon amour, que voulez-vous encore de moi ?

SA DAME

D'autres diamants et d'autres perles. (...)

LOUIS PERCEAU (dit VÉRINEAU)
(1883-1942)

IL SIGNA avec Fernand Fleuret et Apollinaire la publication au Mercure de France de *L'Enfer de la Bibliothèque nationale*. Il publia une *Bibliographie du roman érotique* (1932) ainsi que *Les Priapées* (1920), *Douze sonnets lascifs pour les délassements d'Eros* et *Au bord du lit*, recueil de stances, comprenant *La Vicieuse*, que je me fais un devoir de vous offrir toute chaude.
Dire qu'il était un spécialiste du genre serait un euphémisme. Les mots qu'il emploie ne laissent aucune place à l'équivoque. Nous sommes cependant bien loin des vers de Malherbe qui, paraît-il, lui firent découvrir la poésie.

La vicieuse

Viens t'asseoir sur mon dard enduit de vaseline
Car je connais tes goûts, ma vicieuse Line,
Et qu'il te faut sentir
Un gros membre enfoncé dans tes chairs élastiques,
Cependant que d'un doigt prompt à te divertir
Par-devant tu t'astiques.

Sur ce clou palpitant assise sans bouger,
Tu n'attends le plaisir que de ton doigt léger,
Mais sitôt qu'il s'amène,
Lancinant et rapide, infernal et profond,
Ton corps comme en fureur sur mon dard se démène
Pour l'entrer jusqu'au fond !

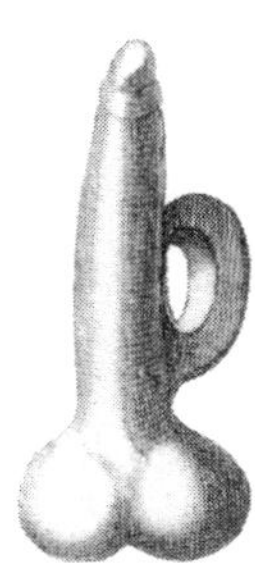

DAVID HERBERT LAWRENCE
(1885-1930)

CONSIDÉRÉ comme un « prophète du sexe » par ses contemporains écrivains, l'immortel auteur de *L'Amant de Lady Chatterley* (entre autres romans) était aussi un poète. Il eut une vie amoureuse très compliquée qui le conduisit aux quatre coins du monde. Il fut pourtant bien obligé de reconnaître un jour que les kilomètres ne résolvaient pas ses problèmes affectifs, pas plus que ses inhibitions sexuelles. Il mourut en France, à Vence, d'une tuberculose inguérissable à l'époque.

L'Amant de Lady Chatterley

(...) « Oh ! pas maintenant, pas maintenant », cria-t-elle, essayant de le repousser...
Il la tenait ferme, et elle sentait l'urgence de son désir. L'antique instinct la poussait à lutter pour sa liberté. Mais il y avait aussi en elle, quelque chose d'inerte et de lourd. Le corps de l'homme, serré contre elle, la pressait, la voulait ; et elle ne sentait pas le courage de combattre.
... Mais, toujours prévoyant, il la fit s'étendre commodément, avec soin. Pourtant, il brisa la ceinture de ses dessous, car elle ne l'aidait pas, demeurait inerte.
Lui aussi avait dénudé le devant de son corps, et elle sentit le contact de sa peau nue quand il entra en elle. Pendant un moment il demeura immobile en elle, turgide et palpitant. Alors, comme il commençait à bouger, dans l'orgasme soudain où elle s'abandonnait, de nouveaux frissons s'éveillèrent en elle, qui couraient en elle en frémissant... C'était comme un son de cloche montant de vague en vague jusqu'à un point suprême. Elle restait là, inconsciente des petits cris sauvages qu'elle poussait, qu'elle poussa jusqu'à la fin. Mais la fin vint trop vite ; et elle ne pouvait plus, par ses propres forces, s'obliger elle-même à conclure... Elle ne pouvait qu'at-

tendre, attendre et gémir en pensée, tandis qu'elle le sentait se retirer, s'éloigner, se contracter, tout près du moment terrible où il glisserait hors d'elle pour toujours. ... Elle s'attachait à lui, perdue dans une passion inconsciente, et il ne glissa pas tout à fait hors d'elle, et elle sentit le mâle bourgeon de chair frémir doucement en elle, et d'étranges rythmes monter en un étrange mouvement rythmique, s'étendre et se gonfler jusqu'à remplir tout le vide béant de sa conscience et alors recommença l'ineffable mouvement qui n'était pas vraiment un mouvement mais de purs, de profonds tourbillons de sensations, qui tournoyaient et s'enfonçaient toujours plus avant à travers sa chair et sa conscience, jusqu'à ce qu'elle ne fût plus qu'un flot concentrique de sensations, étendue là, poussant des cris inarticulés... l'homme l'entendit sous lui avec une sorte de terreur. Tandis que sa semence jaillissait en elle... Et ils restaient là, et ne savaient plus rien, même rien l'un de l'autre, perdus tous les deux.

PHOEBUS DE SAINTRAC

CE MARSEILLAIS lettré, nous dit Jean-Jacques Pauvert dans son *Anthologie des lectures érotiques* (éditée par J.-C. Simoën), publia lui-même *La Tribade* à compte d'auteur dans « l'imprimerie spéciale de l'auteur, rue Moustier, 12 » à Marseille. Le ton en est plaisamment irrévérencieux et faussement naïf. Plus lestes qu'érotiques, ses vers évoquent le XVIIe siècle et l'on sent le gaillard imprégné des sonnets de Théophile de Viau ou... de *La Pucelle* de Voltaire.

La tribade
(1887)

– Une femme !... ô ma fille !... Ah ! que viens-je d'entendre !
Ah ! d'une sainte horreur je ne puis me défendre !
Mais ne savez-vous pas que c'est péché mortel ?
Un péché qui vous ferme à tout jamais le ciel...
A moins d'y renoncer en faisant pénitence.
– Mon père, alors, j'ai dû pécher par ignorance,
Et bien d'autres, sans doute, ont fait tout comme moi.
Car c'est depuis les jours, presque de mon enfance,
Que de ce tendre amour j'ai dû subir la loi.
J'avais quinze ans à peine, au couvent, sœur Ursule,
Par un beau soir m'apprit, au fond de sa cellule,
Qu'entre filles on peut ardemment se chérir,
Et se donner à deux un mutuel plaisir ;
Plaisir qui ne saurait au ciel faire une offense,
Puisqu'il doit préserver ainsi notre innocence,
Des pièges que lui tend cette odieuse engeance,
Que l'on appelle l'homme, et qu'on nous fait haïr.
– Ma fille, tout cela peut être très habile ;
Mais ce n'est pas pour moi, parole d'évangile ;
Et les femmes, je sais, hélas ! ont trop souvent
Le feu du... diable, au lieu de Dieu, dans leur couvent.
– Mon père, citez-moi tel canon de l'église

Qui d'ainsi nous aimer clairement interdise.
– Tel canon ! tel canon !.. Qui, diable ! peut savoir ?
Car en fait de canons, moi, je n'ai, de ma vie,
Connu que les canons de notre artillerie,
Et ceux qu'à la buvette on sert sur le comptoir.
Mais ne discutons pas ; la cause est entendue !
Pour moi, le gougnotisme est chose défendue ;
C'est un péché mortel ! c'est un plaisir malsain ;
C'est bête comme chou ; c'est du pain sur du pain !
– Mon père, je m'incline en toute repentance.
– Ma fille, c'est fort bien ! quittez ce prie-Dieu,
Et venez sur ce lit, dressé même en ce lieu,
Pour y faire subir la douce pénitence,
Réservée aux péchés, commis par ignorance...
Veuillez d'abord vous mettre en toute nudité,
Pour racheter l'erreur par quelque vérité.
– Mon père, je ne sais...
– Ne soyez pas rebelle !
– A nu vous ne serez peut-être que plus belle.
Et puis, il fait vraiment une telle chaleur,
Que cette pénitence est presque une douceur...
Je la partagerai moi-même avec bonheur.
– Mon père, vous savez que je n'aime pas l'homme.
– Et c'est là votre tort !.. Je vais vous montrer comme
La femme, en certain cas, ne peut que l'estimer.
– Mon cher père, estimer n'est, certes, pas aimer.
– Les deux, feront pour vous, bientôt la même chose,
Car ils seront produits par une même cause.

Allons ! dépouillez-moi tout ce vain attirail
De robes, de jupons... Corbleu ! quel beau poitrail,
Ma fille, vous avez ! Sur ma foi, je le jure,
Je n'ai vu son pareil chez nulle créature !...
Là !... fort bien ! couchez-vous et n'ayez d'autre soin ;
La pénitence ici n'a que Dieu pour témoin...
Et, maintenant, en selle !... Ah ! la belle cavale !
Je n'ai jamais monté, sacrebleu ! son égale..

Ayant ainsi parlé, le père capucin,
Les yeux illuminés d'un rayon tout divin,
Enfourche le grabat, qui gémit et qui craque,
Sous un tressaut que suit presque aussitôt l'attaque.

Arsinoé s'étonne à voir pareil joûteur,
Dans lequel elle sent déjà presque un vainqueur.
Aussi, bien faiblement alors se défend-t-elle
De l'assaut qui la presse, ardent et vigoureux,
La faisant tressaillir par des élans nerveux,
En une émotion vive autant que nouvelle.

Mais cette émotion devient presque cruelle,
Quand, soudain, à l'endroit, au plaisir entr'ouvert,
Elle sent s'enfoncer comme un barreau de fer.
– Ah ! que faites-vous donc ! mon père ! exclame-t-elle.
– Ma fille je vous fais une faveur bien belle,
En faisant pénétrer en vous le créateur.
S'il vous plaît de crier, criez donc de bonheur !

Et le père, en son œuvre, avide, inexorable,
Est plus qu'un capucin ; c'est un satyre, un diable,
Qui dans le jeu des reins, en arrière, en avant,
Rendrait ma foi des points au sonneur du couvent.

A ce jeu, qui passionne et qui sans cesse excite,
La douleur au plaisir doit le céder bien vite.

Arsinoé l'éprouve, et bientôt tout son corps,
Loin de leur résister, seconde les efforts
De ce fier cavalier dont l'aiguillon, sans trêve,
S'acharne entre ses flancs, qu'il abaisse et soulève
Avec d'ardents transports, quand l'organe irrité
Se tord dans le désir, puis fond en volupté.

Ah ! c'est un beau combat, qui, pour être chanté,
Mériterait, au lieu d'un rimailleur vulgaire,
Un poète lyrique, aussi puissant qu'Homère !...

Ce poète n'étant, et nous, nous trouvant là,
Avons tant bien que mal enfourché le dada.
L'œil brillant, le front pourpre et la lèvre écumante,
Arsinoé ressemble à la folle bacchante
Qui s'enivre en pressant la grappe au jus divin,
Et qui, plus elle boit, plus voudrait boire encore,
Car la coupe lui verse une soif qui dévore,
Et qu'elle n'éteindra qu'en tombant de sa main.

Mais la bacchante tient encor ferme la coupe,
Et son satyre tient encor ferme sa croupe.

Cependant on s'accorde un moment de répit,
Qui, rallumant bientôt une flamme nouvelle,
Réveille le combat qu'à peine il assoupit.
Le père le désire ; Arsinoé l'appelle.
Presque aussitôt se fait le choc impétueux,
Et leurs corps enlacés, ne font plus qu'un de deux...

Quels élans ! quels transports ! dans la nouvelle lutte !
Le grabat éreinté crie et penche à sa chute.
Mais le couvent lui-même alors s'affaisserait,
Que, des deux combattants, aucun ne cesserait.

Et ce sont des baisers, affamés de répliques,
Des tressauts haletants, des spasmes frénétiques.
C'est l'extase muette, immobile, aux yeux clos,
Où le plaisir expire en coulant à longs flots.

Or, en ce même instant et dans chaque cellule,
Se fait un bruit étrange et qui bientôt circule
Au fond des corridors, répété par l'écho.
Faible et vague d'abord, on en cherche le mot.
Mais grandissant ensuite, il devient moins étrange ;
Car en lui se démêle un aimable mélange
De tous les sons charmants qu'enfante le plaisir ;
Les éclats du baiser, les langueurs du soupir
Et puis ces petits cris, que la volupté pousse,

Quand elle est agacée à force d'être douce,
Formant dans leur ensemble, ardent, mélodieux,
Comme un concert d'amour, qui monte vers les cieux.
Pour l'entendre, là-haut, sous les divins portiques,
Les anges et les saints suspendent leurs cantiques,
Et le Père éternel, à son goût le trouvant,
Dans sa barbe sourit, puis bénit le couvent.

Finalement l'extase amène la défaite.
Arsinoé la sent ; elle est douce et complète.
Aussi, sous son satyre, excitant ses ardeurs,
Murmure-t-elle : – Assez ! assez donc ! je me meurs !...

La Tribade, en effet, à cette heure est bien morte,
Expirant de la sorte
Sous le glaive vengeur des naturelles lois.
Si de sa cendre impure, à jamais refroidie,
Doit renaître une femme, à l'homme convertie,
Que grâce en soit rendue aux fils de Saint-François !

JEAN COCTEAU
(1889-1963)

UN BEAU POÈME de Jeannot. Clair-obscur, léger, à l'image de tout ce qu'il créa. Avec toutefois ces impalpables stratus de torture morale, de cette morale bourgeoise précisément qui le hantait et dont il ne pouvait se débarrasser complètement. « A l'envers, à l'endroit, Narcisse, ton hymen / Inhumain, est-ce un crime après tout ? » A trente-quatre ans, cet écorché vif, qui vivait déjà si mal sa marginalité, sombra corps et âme dans la dépression, l'opium et... le catholicisme, à la mort de Radiguet qui l'avait rendu fou d'amour et de désespoir.
Les mille pointes du kaléidoscope de son génie se posaient telles des baguettes magiques sur le cœur et l'esprit de ceux qui l'approchaient. Plus artiste que lui, tu meurs.

Les oiseaux sont en neige

Les oiseaux sont en neige et ils changent de sexe.
Une robe de chambre a trompé nos parents
Et le frivole amour dont Elise se vexe.
Rébus des papillons, vous m'êtes transparents.

Je te connais, beau masque, et saute sur ta croupe
D'épouvantail naïf qu'une flûte charmait.
On voit dans les romans lus par l'enfant de troupe
Les cerisiers en fleur, drapeaux du mois de mai.

Lit, folle bergerie, écume Louis Seize,
Notre épitaphe est faite en graines de pavot ;
Son souvenir, images debout sur la braise,
D'un tendre madrigal compose un deuil nouveau.

Comme le traîneau russe illumine les louves,
A l'envers, à l'endroit, Narcisse, ton hymen
Inhumain, est-ce un crime après tout ? se retrouve,
Trésor de l'onde froide où se lave ta main.

Plain-chant, II
Extraits

Je veux tout oublier, et cet ange cornu
Comme le vieux Moïse,
Qui de moi se sachant le visage inconnu
A coups de front me brise.

Mêlons dans notre lit nos jambes et nos bras,
D'un si tendre mélange,
Que ne puisse, voulant m'arracher de mes draps,
S'y reconnaître l'ange.

Formons étroitement, en haut de ce tortil,
D'un baiser, une rose ;
Et l'ange, à ce baiser parfumé, puisse-t-il,
Avoir l'âme déclose.

Le cœur indifférent à ce que je serai,
Aux gloires du poème,
Je vivrai, libre enfin, par toi seule serré,
Et te serrant de même,

Alors profondément devenus à nous deux
Une seule machine
A maints têtes et bras, ainsi que sont les dieux
Dans les temples de Chine.

*

Je n'aime pas dormir quand ta figure habite,
La nuit, contre mon cou ;
Car je pense à la mort laquelle vient si vite
Nous endormir beaucoup.

Je mourrai, tu vivras et c'est ce qui m'éveille !
Est-il une autre peur ?
Un jour ne plus entendre auprès de mon oreille
Ton haleine et ton cœur.

Quoi, ce timide oiseau, replié par le songe
Déserterait son nid,
Son nid d'où notre corps à deux têtes s'allonge
Par quatre pieds fini.

Puisse durer toujours une si grande joie
Qui cesse le matin,
Et dont l'ange chargé de construire ma voie
Allège mon destin.

Léger, je suis léger sous cette tête lourde
Qui semble de mon bloc,

Et reste en mon abri, muette, aveugle, sourde,
Malgré le chant du coq.

Cette tête coupée, allée en d'autres mondes,
Où règne une autre loi,
Plongeant dans le sommeil des racines profondes
Loin de moi, près de moi.

Ah ! je voudrais, gardant ton profil sur ma gorge,
Par ta bouche qui dort
Entendre de tes seins la délicate forge
Souffler jusqu'à ma mort.

*

Lit d'amour, faites halte. Et, sous cette ombre haute,
Reposons-nous : parlons ; laissons là-bas au bout,
Nos pieds sages, chevaux endormis côte à côte,
Et quelquefois mettant l'un sur l'autre le cou.

*

Notre entrelacs d'amour à des lettres ressemble,
Sur un arbre se mélangeant ;
Et, sur ce lit, nos corps s'entortillent ensemble,
Comme à ton nom le nom de Jean.

Croiriez-vous point, ô mer, reconnaître votre œuvre,
Et les monstres de vos haras,

Si vous sentiez bouger cette amoureuse pieuvre
Faite de jambes et de bras.
Mais le nœud dénoué ne laisse que du vide ;
Et tu prends le cheval aux crins,
Le cheval du sommeil, qui, d'un sabot rapide,
Te dépose aux bords que je crains.

*

Tes rires retroussés comme à son bord la rose,
Effacent mon dépit de ta métamorphose ;
Tu t'éveilles, alors le rêve est oublié.
De nouveau je me trouve à ton arbre lié,
Tu me serres le corps de ta petite force.
Que ne sommes-nous plante, et d'une seule écorce,
D'une seule chaleur, d'une seule couleur,
Et dont notre baiser serait l'unique fleur.

*

A l'amour je retourne et contre je me vautre ;
Ton lit sans fond écarte un glorieux sommet,
Chasse de mon esprit la chicane des autres,
Puisque souffrir d'amour, l'ange me le permet.

Tiens ton bel œil ouvert. Veille. Car je redoute
Ce sommeil machiné qui te transporte ailleurs.
Tu sais combien le mal à croire cher me coûte,
Mais quand tu dors je pense à des mondes meilleurs

Où tu vogues sans corps, sans air, sans paysage,
Et faisant de si loin tes lèvres remuer,
Et de si loin aussi sourire ton visage,
Que sur ces signes-là, je pourrais te tuer.

*

Je ne veux plus souffrir du songe qui me trouble,
Et vaincrai mon souci,
Car aimes-tu quelqu'un en existence double,
Tu le trompes ici.

Trompons ce bienheureux pour qui tu te contractes
Dans ton sommeil profond ;
Au contraire, il m'est doux de me livrer aux actes
Que tes chimères font.

L'autre te croit à lui. Mon baiser te réveille.
Et il te cherche en vain,
En ces lieux, où par quelque infernale merveille,
Ta présence lui vint.

GABRIEL MONTOYA ou ARIEL MYGBANOTO
(Entre 1850 et 1900)

JE VOUS LIVRE ici une petite poésie qui pourrait fort bien faire une chanson. Gabriel Montoya, qui est d'ailleurs l'auteur des fameuses *Chansons naïves et perverses* (1896), nous régale de ce texte en forme de supplique épicée. Sans être vraiment torrides, puisqu'il s'agit ici d'un decrescendo amoureux, ses vers sont suffisamment évocateurs et gais pour que vos jolies lèvres, douce lectrice, arborent le sourire gourmand que j'attends de vous.

Qui veut voyager loin...

Quelle épice as-tu donc mangée
Pour être folle de ton corps
A ce point, méchante enragée
Que je me trouve à bout d'accords ?

Fi la vilaine qui demande
Encore, encore et sans répit,
Comme fait une enfant gourmande
Avec des larmes de dépit...

D'où crois-tu que viennent ma force
Et ma vigueur pour ces combats ?
J'ai brûlé ma dernière amorce
A toujours donner branle-bas...

Mais toi de plus en plus sereine,
Par l'escarmouche mise en goût,
M'offrant ta croupe de sirène
Tu sembles dire « Eh quoi, c'est tout ?

Déjà fatigué !.. Je commence...
En route, en rut pour le recors...
Allons, verse-moi ta semence
A flots pressés, j'en veux encor... !

Zut, pour le coup, je me récuse,
Je ne puis après dix assauts,
Comme on verse du Syracuse
Répandre mon Foutre à pleins seaux...

Songe à chaque goutte qui tombe,
Que de cadavres innocents
Je précipite dans la tombe...
Vois mes remords, chère et consens
Que j'interrompe la Harangue
Où je succombe terrassé...
Vaut-il pas mieux avec ma langue
Finir ce que j'ai commencé ?

PAUL ÉLUARD
(1895-1953)

SON ÉTERNELLE QUÊTE vers la transparence, son besoin irrépressible d'ouvrir toutes les portes de l'amour ont fait de Paul Eluard le chantre de la liberté d'expression poétique. Son expérience du surréalisme aux côtés de Breton, Soupault, Aragon, Tzara, Max Ernst, Magritte et autres Miró ou Man Ray le libère des entraves qui limitaient la poésie à sa forme conventionnelle. Il n'est guère de cri d'amour plus puissant que le sien. Les images de sa folie sont lumineuses et sensuelles, toutes de soie légère. *L'Amour*, qu'il écrivit avec son ami Breton, bien qu'inspiré de l'« union sexuelle » des *Kāma sūtra*, est un succulent morceau d'anthologie inégalé à ce jour. Epanouissement total du culte de la femme, l'« amour réciproque » ne connaîtra jamais de plus pure définition.

Le baiser

Toute tiède encore du linge annulé
Tu fermes les yeux et tu bouges
Comme bouge un chant qui naît
Vaguement mais de partout

Odorante et savoureuse
Tu dépasses sans te perdre
Les frontières de ton corps

Tu as enjambé le temps
Te voici femme nouvelle
Révélée à l'infini.

Portrait en trois tableaux

Tes mains pourraient cacher ton corps
Car tes mains sont d'abord pour toi
Cacher ton corps tu fermerais les yeux
Et si tu les ouvrais on n'y verrait plus rien

Et sur ton corps tes mains font un très court chemin
De ton rêve à toi-même elles sont tes maîtresses
Au double de la paume est un miroir profond
Qui sait ce que les doigts composent et défont.

*

Si tes mains sont pour toi tes seins sont pour les autres
Comme ta bouche où tout revient prendre du goût
La voile de tes seins se gonfle avec la vague
De ta bouche qui s'ouvre et joint tous les rivages

Limite de tous les voyages tu résonnes
Comme un voyage sans nuages tu frissonnes
Comme une pierre dénudée aux feux d'eau folle
Et ta soif d'être nue éteint toutes les nuits.

Bonté d'être ivre de fatigue quand rougit
Ton visage rigide et que tes mains se vident
O mon agile et la plus lente et la plus vive
Tes jambes et tes bras passent la chair compacte

*

Et tu te fends comme un fruit mûr ô savoureuse
Mouvement bien en vue spectacle humide et lisse
Gouffre franchi très bas en volant lourdement
Je suis partout en toi partout où bat ton sang

D'aplomb et renversée tu partages tes forces
A tous tu donnes de la joie comme une aurore
Qui se répand au fond du cœur d'un jour d'été
Tu oublies ta naissance et brûles d'exister.

L'amour

Eluard & Breton

L'amour réciproque, le seul qui saurait nous occuper ici, est celui qui met en jeu l'inhabitude dans la pratique, l'imagination dans le poncif, la foi dans le doute, la perception de l'objet intérieur dans l'objet extérieur.
Il implique le baiser, l'étreinte, le problème et l'issue indéfiniment problématique du problème.
L'amour a toujours le temps. Il a devant lui le front d'où semble venir la pensée, les yeux qu'il s'agira tout à l'heure de distraire de leur regard, la gorge dans laquelle se cailleront les sons, il a les seins et le fond de la bouche. Il a devant lui les plis inguinaux, les jambes qui couraient, la vapeur qui descend de leurs voiles, il a le plaisir de la neige qui tombe devant la fenêtre. La langue dessine les lèvres, joint les yeux, dresse les seins, creuse les aisselles, ouvre la fenêtre ; la bouche attire la chair de toutes ses forces, elle sombre dans un baiser errant, elle remplace la bouche qu'elle a prise, c'est le mélange du jour et de la nuit. Les bras et les cuisses de l'homme sont liés aux bras et aux cuisses de la femme, le vent se mêle à la fumée, les mains prennent l'empreinte des désirs.
On distingue les problèmes en problèmes du premier,

du second et du troisième degré. Dans le problème du premier degré, la femme s'inspirant des sculptures Tlinkit de Nord-Amérique, recherchera l'étreinte la plus parfaite avec l'homme ; il s'agira de ne faire à deux qu'un seul bloc. Dans celui du second degré, la femme, prenant modèle sur les sculptures Haïda d'origine à peine différente, fuira le plus possible cette étreinte ; il s'agira de ne se toucher qu'à peine, de ne se plaire à rien tant qu'au délié. Dans celui du troisième degré, la femme adoptera tour à tour toutes les positions naturelles.
La fenêtre sera ouverte, entr'ouverte, fermée, elle donnera sur l'étoile, l'étoile montera vers elle, l'étoile devra l'atteindre ou passer de l'autre côté de la maison.

1. Lorsque la femme est sur le dos et que l'homme est couché sur elle, c'est la *cédille*.

2. Lorsque l'homme est sur le dos et que sa maîtresse est couchée sur lui, c'est le *c*.

3. Lorsque l'homme et sa maîtresse sont couchés sur le flanc et s'observent, c'est le *pare-brise*.

4. Lorsque l'homme et la femme sont couchés sur le flanc, seul le dos de la femme se laissant observer, c'est la *Mare-au-Diable*.

5. Lorsque l'homme et sa maîtresse sont couchés sur le flanc, s'observant, et qu'elle enlace de ses jambes les jambes de l'homme, la fenêtre grande ouverte, c'est l'*oasis*.

6. Lorsque l'homme et la femme sont couchés sur le dos et qu'une jambe de la femme est en travers du ventre de l'homme, c'est le *miroir brisé*.

7. Lorsque l'homme est couché sur sa maîtresse qui l'enlace de ses jambes, c'est la *vigne-vierge.*

8. Lorsque l'homme et la femme sont sur le dos, la femme sur l'homme et tête-bêche, les jambes de la femme glissées sous les bras de l'homme, c'est le *sifflet du train.*

9. Lorsque la femme est assise, les jambes étendues sur l'homme couché lui faisant face, et qu'elle prend appui sur les mains, c'est la *lecture.*

10. Lorsque la femme est assise, les genoux pliés, sur l'homme couché, lui faisant face, le buste renversé ou non, c'est l'*éventail.*

11. Lorque la femme est assise de dos, les genoux pliés, sur l'homme couché, c'est le *tremplin.*

12. Lorsque la femme, reposant sur le dos, lève les cuisses verticalement, c'est l'*oiseau-lyre.*

13. Lorsque la femme, vue de face, place ses jambes sur les épaules de l'homme, c'est le *lynx.*

14. Lorsque les jambes de la femme sont contractées et maintenues ainsi par l'homme contre sa poitrine, c'est le *bouclier.*

15. Lorsque les jambes de la femme sont contractées, les genoux pliés à hauteur des seins, c'est l'*orchidée.*

16. Lorsqu'une des jambes seulement est étendue, c'est *minuit passé.*

17. Lorsque la femme place une de ses jambes sur l'épaule de l'homme et étend l'autre jambe, puis met celle-ci à son tour sur l'épaule et étend la première, et ainsi de suite alternativement, c'est la *machine à coudre.*

18. Lorsqu'une des jambes de la femme est placée sur la tête de l'homme, l'autre jambe étant étendue, c'est le *premier pas.*

19. Lorsque les cuisses de la femme sont élevées et placées l'une sur l'autre, c'est la *spirale.*

20. Lorsque l'homme, pendant le problème, tourne en rond et jouit de sa maîtresse sans la quitter, celle-ci ne cessant de lui tenir les reins embrassés, c'est le *calendrier perpétuel.*

21. Lorsque l'homme et sa maîtresse prennent appui sur le corps l'un de l'autre, ou sur un mur et, se tenant ainsi debout engagent le problème, c'est *à la santé du bûcheron.*

22. Lorsque l'homme prend appui sur un mur et que la femme, assise sur les mains de l'homme réunies sous elle, passe ses bras autour de son cou et, collant ses cuisses le long de sa ceinture, se remue au moyen de ses pieds dont elle touche le mur contre lequel l'homme s'appuie, c'est l'*enlèvement en barque.*

23. Lorsque la femme se tient à la fois sur ses mains et sur ses pieds, comme un quadrupède, et que l'homme reste debout, c'est la *boucle d'oreille.*

24. Lorsque la femme se tient sur ses mains et ses genoux et que l'homme est agenouillé, c'est la *Sainte-table.*

25. Lorsque la femme se tient sur ses mains et l'homme debout la tient soulevée par les cuisses, celles-ci lui enserrant les flancs, c'est la *bouée de sauvetage.*

26. Lorsque l'homme est assis sur une chaise et que

sa maîtresse, lui faisant face, est assise à califourchon sur lui, c'est le *jardin public.*

27. Lorsque l'homme est assis sur une chaise et que sa maîtresse, lui tournant le dos est assise à califourchon sur lui, c'est le *piège.*

28. Lorsque l'homme est debout et que la femme repose le haut de son corps sur le lit, ses cuisses enserrant la taille de l'homme, c'est la *tête de Vercingétorix.*

29. Lorsque la femme est accroupie sur le lit devant l'homme debout contre le lit, c'est le *jeu de la puce.*

30. Lorsque la femme est à genoux sur le lit, face à l'homme debout contre le lit, c'est le *vétiver.*

31. Lorsque la femme est à genoux sur le lit, tournant le dos à l'homme debout contre le lit, c'est le *baptême des cloches.*

32. Lorsque la vierge est renversée en arrière, le corps puissamment arqué et reposant sur le sol par les pieds et les mains, ou mieux par les pieds et la tête, l'homme étant à genoux, c'est l'*aurore boréale.*

L'amour multiplie les problèmes. La liberté furieuse s'empare des amants plus dévoués l'un à l'autre que l'espace à la poitrine de l'air. La femme garde toujours dans sa fenêtre la lumière de l'étoile, dans sa main la ligne de vie de son amant. L'étoile, dans la fenêtre, tourne lentement, y entre et en sort sans arrêt, le problème s'accomplit, la silhouette pâle de l'étoile dans la fenêtre a brûlé le rideau du jour.

ANDRÉ BRETON
(1896-1966)

André Breton fonde avec Aragon et Soupault la *Revue littéraire* et y publie son premier texte surréaliste, *Les Champs magnétiques*. De 1919 à 1921, il fait partie du mouvement dada. Il devient la figure de proue du surréalisme, qu'il définit lui-même ainsi : « Automatisme psychique pur par lequel on se propose d'exprimer, soit verbalement, soit de toute autre manière, le fonctionnement réel de la pensée. »
Breton est avant tout un poète passionné, fougueux, dont l'indépendance ne saurait être effleurée par la moindre contrainte bien qu'il devînt marxiste, ainsi que le lui reprocha Antonin Artaud.
Je vous accorde que c'est bien peu dire de cet auteur exceptionnel, inclassable, dont il est aisé de reconnaître le ton inimitable dès le premier vers. J'ai en vain tenté de vous dénicher dans l'œuvre de Breton un poème surpassant en beauté *L'Union libre*. Je ne doute pas une seconde que sa relecture vous rendra définitivement amoureux de sa femme. Si cela n'est déjà fait !

L'union libre

Ma femme à la chevelure de feu de bois
Aux pensées d'éclairs de chaleur
A la taille de sablier
Ma femme à la taille de loutre entre les dents du tigre
Ma femme à la bouche de cocarde et de bouquet
d'étoiles de dernière grandeur
Aux dents d'empreintes de souris blanche sur la terre
blanche
A la langue d'ambre et de verre frottés
Ma femme à la langue d'hostie poignardée
A la langue de poupée qui ouvre et ferme les yeux
A la langue de pierre incroyable
Ma femme aux cils de bâtons d'écriture d'enfant
Aux sourcils de bord de nid d'hirondelle
Ma femme aux tempes d'ardoise de toit de serre
Et de buée aux vitres
Ma femme aux épaules de champagne
Et de fontaine à têtes de dauphins sous la glace
Ma femme aux poignets d'allumettes
Ma femme aux doigts de hasard et d'as de cœur
Aux doigts de foin coupé
Ma femme aux aisselles de martre et de fênes

De nuit de la Saint-Jean
De troène et de nid de scalares
Aux bras d'écume de mer et d'écluse
Et de mélange du blé et du moulin
Ma femme aux jambes de fusée
Aux mouvements d'horlogerie et de désespoir
Ma femme aux mollets de moelle de sureau
Ma femme aux pieds d'initiales
Aux pieds de trousseaux de clés aux pieds de calfats qui boivent
Ma femme au cou d'orge imperlé
Ma femme à la gorge de Val d'or
De rendez-vous dans le lit même du torrent
Aux seins de nuit
Ma femme aux seins de taupinière marine
Ma femme aux seins de creuset du rubis
Aux seins de spectre de la rose sous la rosée
Ma femme au ventre de dépliement d'éventail des jours
Au ventre de griffe géante
Ma femme au dos d'oiseau qui fuit vertical
Au dos de vif-argent
Au dos de lumière
A la nuque de pierre roulée et de craie mouillée
Et de chute d'un verre dans lequel on vient de boire
Ma femme aux hanches de nacelle
Aux hanches de lustre et de pennes de flèche
Et de tiges de plumes de paon blanc
De balance insensible
Ma femme aux fesses de grès et d'amiante

Ma femme aux fesses de dos de cygne
Ma femme aux fesses de printemps
Au sexe de glaïeul
Ma femme au sexe de placer et d'ornithorynque
Ma femme au sexe d'algue et de bonbons anciens
Ma femme au sexe de miroir
Ma femme aux yeux pleins de larmes
Aux yeux de panoplie violette et d'aiguille aimantée
Ma femme aux yeux de savane
Ma femme aux yeux d'eau pour boire en prison
Ma femme aux yeux de bois toujours sous la hache
Aux yeux de niveau d'eau de niveau d'air de terre et
de feu

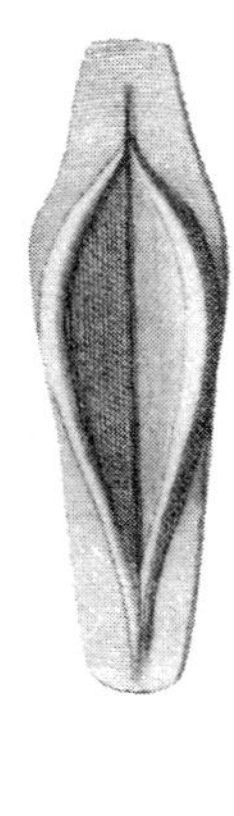

GEORGES BATAILLE
(1897-1962)

FRANCHIR les limites au-delà d'une violence érotique désespérée, tel apparaît le chemin de croix tracé dans la débauche, l'« exercice du mal », l'« infini des possibles » de Bataille. « L'homme (nous dit Antoine Berman dans une biographie) va jusqu'au bout de lui-même selon des catégories que Bataille a cherché à élaborer : Rire, excès, fêlure, jouissance, érotisme, inconnu, mort, transgression, négativité, angoisse, ouverture. »
Il eut, après sa mort, une réelle influence sur de jeunes écrivains tels que Michel Foucault ou Philippe Sollers. Quelque chose me touche dans le pathétique de son propos que je n'arrive pas à transposer chez Sade, par exemple, qui apparaît, lui, comme un vrai et pathétique malade.

Le pas s'était arrêté, nous ne pouvions pas voir qui s'approchait, nous ne respirions plus. Le cul de Simone ainsi dressé me semblait, il est vrai, une puissante supplication. Il était parfait, les fesses étroites et délicates, profondément fendues. Je ne doutai pas que l'inconnu ou l'inconnue ne succombât bientôt et ne fût obligé de se dénuder à son tour. Le pas reprit, presque une course, et je vis paraître une ravissante jeune fille, Marcelle, la plus pure et la plus touchante de nos amies. Nous étions contractés dans nos attitudes au point de ne pouvoir bouger même un doigt, et ce fut soudain notre malheureuse amie qui s'effondra dans l'herbe en sanglotant. Alors seulement, nous étant dégagés, nous nous jetâmes sur ce corps abandonné. Simone troussa la jupe, arracha la culotte et me montra avec ivresse un nouveau cul aussi joli que le sien. Je l'embrassai avec rage, branlant celui de Simone dont les jambes s'étaient refermées sur les reins de l'étrange Marcelle qui déjà ne cachait que ses sanglots... Une frénésie brutale animait nos trois corps. Deux bouches juvéniles se disputaient mon cul, mes couilles et ma verge et je ne cessai pas d'écarter des jambes humides de salive et de foutre... La pluie chaude tombait à torrents et nous ruisselait par tout le corps. De grands coups de tonnerre nous ébranlaient et accroissaient notre rage, nous arrachant des cris redoublés à chaque éclair par la vue de nos parties sexuelles. Simone avait trouvé une flaque de boue et s'en barbouillait ; elle se branlait avec la terre et jouissait, fouettée par l'averse, ma tête serrée entre ses jambes souillées de terre, le visage vautré dans la flaque où elle agitait le cul de Marcelle enlacée d'un bras derrière les reins, la main tirant la cuisse et l'ouvrant avec force.

ARAGON
(1897-1982)

VOICI le délicat et si joli *Con d'Irène*. Durant des années, le talentueux mais peu courageux Aragon nia l'avoir écrit, tout en en revendiquant paradoxalement la propriété pour en interdire la circulation. Ce qui irrita beaucoup Jean-Jacques Pauvert qui, plus tard, voulut le publier sans risque de procès. Ces manuscrits d'Irène, Aragon les avait envoyés à son protecteur Jacques Doucet, qui les a conservés dans sa « Bibliothèque littéraire ». Selon Edouard Ruiz, qui écrivit l'introduction d'un ouvrage d'Aragon récemment paru chez Gallimard (*La Défense de l'infini*, *Le Con d'Irène* et *Les Aventures de Jean-foutre-la-bite*), Aragon aurait vraiment connu celle qu'il baptisa Irène. Il s'agirait d'une jeune Américaine nommée Clotilde Vail qu'il rencontra à Giverny. Il lui dédia la pièce *Au pied du mur*, qui fait partie de son livre intitulé *Libertinage*.

Les superbes et édifiantes illustrations qui accompagnèrent la première édition du *Con d'Irène* en 1928 sont d'André Masson. On les retrouve dans la réédition 1986 de Gallimard, ayant perdu hélas ! un peu de leur netteté. Il n'en est heureusement rien en ce qui concerne le récit d'« Albert de Routisie », pseudonyme derrière lequel Aragon dissimula sa véritable identité lorsqu'il s'agit de publier de son vivant le *Con d'Irène* !

Le con d'Irène

O délicat con d'Irène !
Si petit et si grand ! C'est ici que tu es à ton aise, homme enfin digne de ton nom, c'est ici que tu te retrouves à l'échelle de tes désirs. Ce lieu, ne crains pas d'en approcher ta figure, et déjà ta langue, la bavarde, ne tient plus en place, ce lieu de délice et d'ombre, ce patio d'ardeur, dans ses limites nacrées, la belle image du pessimisme. O fente, fente humide et douce, cher abîme vertigineux. C'est dans ce sillage humain que les navires enfin perdus, leur machinerie à jamais inutilisable, revenant à l'enfance des voyages, dressent à un mât de fortune la voilure du désespoir. Entre les poils frisés comme la chair est belle : sous cette broderie bien partagée par la hache amoureuse, amoureusement la peau apparaît pure, écumeuse, lactée. Et les plis joints d'abord des grandes lèvres bayent. Charmantes lèvres, votre bouche est pareille à celle d'un visage qui se penche sur un dormeur, non pas transverse et parallèle à toutes les bouches du monde, mais fine et longue, et cruciale aux lèvres parleuses qui la tentent dans leur silence, prête à un long baiser ponctuel, lèvres adorables qui avez su donner aux baisers un sens nouveau et terrible, un sens à jamais perverti.

Que j'aime voir un con rebondir.
Comme il se tend vers nos yeux, comme il bombe, attirant et gonflé, avec sa chevelure d'où sort, pareil aux trois déesses nues au-dessus des arbres du Mont Ida, l'éclat incomparable du ventre et des deux cuisses. Touchez mais touchez donc : vous ne sauriez faire un meilleur emploi de vos mains. Touchez ce sourire voluptueux, dessinez de vos doigts l'hiatus ravissant. Là : que vos deux paumes immobiles, vos phalanges éprises à cette courbe avancée se joignent vers le point le plus dur, le meilleur, qui soulève l'ogive sainte à son sommet, ô mon église. Ne bougez plus, restez, et maintenant avec deux pouces caresseurs, profitez de la bonne volonté de cette enfant lassée, enfoncez, avec vos deux pouces caresseurs écartez doucement, plus doucement, les belles lèvres avec vos deux pouces caresseurs, vos deux pouces. Et maintenant, salut à toi, palais rose, écrin pâle, alcôve un peu défaite par joie grave de l'amour, vulve dans son ampleur un instant apparue. Sous le satin griffé de l'aurore, la couleur de l'été quand on ferme les yeux.
Ce n'est pas pour rien, ni hasard, ni préméditation, mais par ce bonheur d'expression qui est pareil à la jouissance, à la chute, à l'abolition de l'être au milieu de foutre lâché, que ces petites sœurs des grandes lèvres ont reçu comme une bénédiction céleste le nom de nymphes qui leur va comme un gant. Nymphes au bord des vasques, au cœur des eaux jaillissantes, nymphes dont l'incarnat se joue à la margelle d'ombre, plus variable que le vent, à peine une ondulation gracieuse, chez Irène, et chez

mille autres mille effets découpés, déchirés, dentelles de l'amour, nymphes qui vous joignez sur un nœud de plaisir, et c'est le bouton adorable qui frémit du regard qui se pose sur lui, le bouton que j'effleure à peine que tout change. Et le ciel devient pur, et le corps est plus blanc. Manions-le, cet avertisseur d'incendie. Déjà une fine sueur perle la chair à l'horizon de mes désirs. Déjà les caravanes du spasme apparaissent dans le lointain des sables. Ils ont marché, ces voyageurs, portant la poudre en poire et les pacotilles dans les caisses aux clous rouillés, depuis les villes des terrasses et les longs chemins d'eau qu'endiguent les docks noirs. Ils ont dépassé les montagnes. Les voici dans leurs manteaux rayés. Voyageurs, voyageurs, votre douce fatigue est pareille à la nuit. Les chameaux les suivent, porteurs de denrées. Le guide agite son bâton, et le simoun se lève de terre, Irène se souvient soudain de l'ouragan. Le mirage apparaît, et de belles fontaines... Le mirage est assis tout nu dans le vent pur. Beau mirage membré comme un marteau-pilon. Beau mirage de l'homme entrant dans la moniche. Beau mirage de source et de fruits lourds fondant. Voici les voyageurs fous à frotter leurs lèvres. Irène est comme une arche au-dessus de la mer. Je n'ai pas bu depuis cent jours, et les soupirs me désaltèrent. Han, han. Irène agonise et se tord. Il bande comme un dieu au-dessus de l'abîme. Elle bouge, il la fuit, elle bouge et se tend. Han. L'oasis se penche avec ses hautes palmes. Voyageurs vos burnous tournent dans les sablons. Irène

à se briser halète. Il la contemple. Le con est embué par l'attente du vit. Sur le chott illusoire, une ombre de gazelle...
Enfer, que tes damnés se branlent, Irène a déchargé.

BENJAMIN PÉRET
(1899-1959)

LA SAGA du surréalisme ne serait pas complète sans évoquer Benjamin Péret. Le seul qui resta fidèle jusqu'au bout à l'esprit du mouvement initial, ce fut lui. « Son œuvre entière, exprime un refus violent de toutes les structures admises ou imposées qui régissent notre société : la bourgeoisie, l'armée, le clergé, les religions, l'idolâtrie sous toutes ses formes, le patriotisme, tout ceci symbolisant pour cet anarchiste pur jus, *le déshonneur des poètes**. »
Ce refus systématique et vociféré serait lassant, s'il ne s'appuyait sur une imagination anarchique, sur une extraordinaire richesse verbale, sur un humour noir singulièrement cinglant. J'avoue avoir été scié en lisant pour la première fois les fameuses *Rouilles encagées*. Non que cela m'eût choqué (je vous sens rassurés là-dessus), mais abasourdi par tant d'outrancière provocation rabelaisienne ! Ce souci constant de faire hurler le bourgeois chrétien pratiquant et patriote, ce déferlement de blasphèmes calculés, bref, cet anticléricalisme et autre non-conformisme balancés si naïvement en pleine poire du brave monde, m'avaient rendu un tantinet admiratif pour le bonhomme. Entre les années trente et cinquante, fallait le faire ! J'ai rajouté pour finir une courte prière originale qui, sans avoir un gros impact sensuel, ni mythique, risque tout simplement de secouer... vos zygomatiques !

* Ouvrage de B. Péret publié en 1945.

L'Auberge du Cul volant
Extrait

Notre pine qui êtes au con
Que notre cul soit défoncé
Que votre foutre coule
Que vos couilles se vident
dans les bouches et autres lieux
Donnez-nous notre pompier quotidien
Pelotez-nous les fesses
Comme nous fessons ceux qui nous ont pelotés
Et enfoncez-nous le pal
Ainsi doit pine

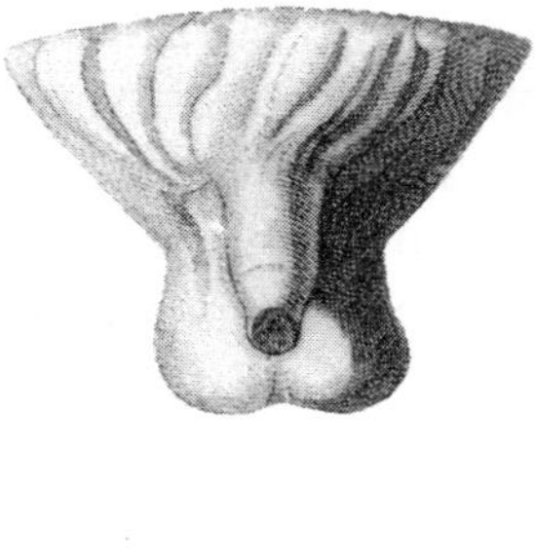

Ce qui monte le long de tes cuisses
n'est pas l'air des montagnes
ni une coccinelle
mais on le trouve sur les montagnes
et les portes cochères le cachent le soir dans l'ombre
Il ne dit rien mais comprend tout
Le cheval blanc de Henri IV l'a montré à Ravaillac
Devine et tu verras
si ma queue est un bon nougat

Quand ta mère se frotte le bouton
toute la maison gémit
et les voisins mettent leur pine sur le balcon
les hirondelles la caressent de leurs ailes
et la maison s'envole
à la barbe du curé qui n'a pas de couilles
Elle frotte frotte
comme s'il s'agissait de polir le mont Blanc
Mais malheureuse tu vas l'user ce bouton
Elle frotte et voilà qu'elle jouit
on dirait un raz de marée
Le curé est balayé
et sa tête s'enfonce dans le cul de Dieu

Les voisins n'ont plus qu'à rentrer leur pine
C'est fini de pleuvoir pour aujourd'hui

Qu'est-ce que les canards viennent faire ici
Il ne s'agit pas de canards
mais de faire l'amour
aussi bien sur les tours de Notre-Dame
que dans le métro
Il s'agit de jouir comme un piston
Comme un manège de chevaux de bois
Les oiseaux jouissent en plein vol
mais les canards ne peuvent pas le faire en nageant
Mange tes canards
et sodomise ta concierge ou sa fille
Elles se branlent du matin au soir
Ça les changera.
Ma queue dans le sucre fait un fameux biscuit
Lèche le sucre ma fille le foutre sera meilleur
et ne te donnera pas le diabète
Le diabète niche chez les vieillards
dont la bite aplatie cale les vieilles serrures
Celle de ton père ne tente même plus les chiens
parce qu'on y lit adieu
et lorsque sa langue ne pourra plus atteindre ton bouton
et que ses mains tremblantes ne pourront plus serrer tes fesses
coupe cette vieille pine momifiée
et enterre-la dans un pot de géranium
où tu écriras ci-gît.

Ah ! les petites filles qui relèvent leur robe
pour se branler dans les buissons
ou dans les musées
derrière les Apollons en plâtre
pendant que leur mère compare la queue de la statue
à celle de son mari
et soupire
Ah ! si mon mari lui ressemblait
Un jour la mère reviendra seule au musée
mais sa fille s'enfuira de l'autre côté
la queue à la main
et la mère désolée
volera une poignée de porte
en cristal

Si tu nages ta queue sera ton gouvernail
et te mènera tout droit au bout du monde
d'où tu reviendras lorsqu'elle sera devenue un cigare allumé
fumant et chaud
Que chacune voudra fumer
Ne les laisse pas faire
Le foutre qui s'en va ne revient jamais
Et celle qui l'avale demain te rongera les couilles
Bande vieux chenapan bande à tour de bras
et mets ta queue où tu veux

Les cons les plus roses ne sont pas ceux qui chantent le mieux
Quand on y fourre une pine
Choisis-en un frais et doux comme un puits sous les pins
Et prononce pin avec l'accent anglais.

FRANCIS PONGE ou L'ÉROTISME DE LA POMME DE TERRE

(1899-1988)

FAUT-IL le présenter ? Dans sa superbe et étonnante *Anthologie de la poésie du XXe siècle*, Robert Sabatier dit de lui que « son art subtil, trop peut-être, demande une extrême attention, un regard neuf, innocent, voire naïf et un soupçon d'humour... », et, plus loin, « (...) les fervents d'une poésie plus "poétique" pourront bouder, trouver ce langage contourné ou alambiqué, Francis Ponge n'en a cure. Il ne se connaît de devoirs qu'à l'égard de l'objet. » Ponge, quant à lui, disait : « Je me sens moins poète que savant. » L'« objet » qui l'incite ici à devenir une sorte d'« entomologiste » de la pomme de terre a fait les délices de votre serviteur à la lecture de ce poème publié chez « les poètes de la revue *Confluences* ». L'érotisme, ici, n'a rien de charnel, à l'image des poèmes précédents, et pourtant... ce « strip-tease » est tellement évocateur !...
Je n'ai pas résisté au plaisir de vous le faire découvrir, si cela n'est déjà fait.

La pomme de terre

Peler une pomme de terre bouillie de bonne qualité est un plaisir de choix.
Entre le gras du pouce et la pointe du couteau tenu par les autres doigts de la même main, l'on saisit – après l'avoir incisé – par l'une de ses lèvres ce rêche et fin papier que l'on tire à soi pour le détacher de la chair appétissante du tubercule.
L'opération facile laisse, quand on a réussi à la parfaire sans s'y reprendre à trop de fois, une impression de satisfaction indicible.
Le léger bruit que font les tissus en se décollant est doux à l'oreille, et la découverte de la pulpe comestible réjouissante.
Il semble, à reconnaître la perfection du fruit nu, sa différence, sa ressemblance, sa surprise – et la facilité de l'opération – que l'on ait accompli là quelque chose de juste, dès longtemps prévu et souhaité par la nature, que l'on a eu toutefois le mérite d'exaucer.
C'est pourquoi je n'en dirai pas plus, au risque de sembler me satisfaire d'un ouvrage trop simple. Il ne me fallait – en quelques phrases sans effort – que déshabiller mon sujet, en en contournant strictement la forme : la

laissant intacte mais polie ; brillante et toute prête à subir comme à procurer les délices de sa consommation.

... Cet apprivoisement de la pomme de terre par son traitement à l'eau bouillante durant vingt minutes, c'est assez curieux (mais justement tandis que j'écris des pommes de terre cuisent – il est une heure du matin – sur le fourneau devant moi).
Il vaut mieux, m'a-t-on dit, que l'eau soit salée, sévère : pas obligatoire mais c'est mieux.
Une sorte de vacarme se fait entendre, celui des bouillons de l'eau. Elle est en colère, au moins au comble de l'inquiétude. Elle se déperd furieusement en vapeurs, bave, grille aussitôt, pfutte, tsitte : enfin, très agitée sur ces charbons ardents.
Mes pommes de terre, plongées là-dedans, sont secouées de soubresauts, bousculées, injuriées, imprégnées jusqu'à la moelle.
Sans doute la colère de l'eau n'est-elle pas à leur propos, mais elles en supportent l'effet – et ne pouvant se déprendre de ce milieu, elles s'en trouvent profondément modifiées (j'allais écrire s'entrouvrent...)
Finalement, elles y sont laissées pour mortes, ou du moins très fatiguées. Si leur forme en réchappe (ce qui n'est pas toujours), elles sont devenues molles, dociles. Toute acidité a disparu de leur pulpe : on leur trouve bon goût. (...)

ROBERT DESNOS
(1900-1945)

IL EST mort en déportation à Terezin en Tchécoslovaquie le 8 juin 1945. Nino Frank, qui a écrit sa bio, nous dit que son dernier poème, adressé à sa femme, a été recueilli par un infirmier tchèque qui le retrouva mourant au moment de l'avance victorieuse des armées soviétiques.
« Il me reste d'être ombre parmi les ombres... »
Bien sûr, il joua un rôle non négligeable au sein du mouvement surréaliste. Il avait pondu un petit bouquin très intéressant sur l'érotisme à la demande de Jacques Doucet. Il écrivit aussi *La Liberté ou l'Amour* en 1927, qui fut mutilé par les tribunaux pour « cause d'érotisme ».
La Fourmi que chante Gréco, c'est de lui.
Il adorait jouer avec les mots qui avaient tout l'air d'aimer ça : « Notre paire quiète aux yeux... »
Juste un petit poème en passant, qui n'a rien de spécifiquement érotique, mais c'est pur et beau comme une bafouille de Maria Alcaforado, la « Religieuse portugaise ».

Coucher avec elle
Pour le sommeil côte à côte
Pour les rêves parallèles
Pour la double respiration

Coucher avec elle
Pour l'amour absolu
Pour le vice pour le vice
Pour les baisers de toute espèce

Coucher avec elle
Pour un naufrage ineffable
Pour se prostituer l'un à l'autre
Pour se confondre

Coucher avec elle
Pour se prouver et prouver vraiment
Que jamais n'a pesé sur l'âme
Et le corps des amants
Le mensonge d'une tache originelle

PASCAL PIA

ET VOICI Pascal Pia, infatigable chercheur de talents dans la poésie et la littérature originales. Allaité au non-conformisme des surréalistes dont il fit partie lui aussi, il fut un remarquable critique. De Breton à Desnos en passant par Isidore Ducasse, il est peu d'auteurs « marginaux » de ce type qui ne lui doivent quelque chose. Voici deux courts poèmes retrouvés par l'inlassable fouineur Jean-Jacques Pauvert, dans une « librairie particulière » de Bruxelles. Les lueurs érotiques jaillies des beaux yeux de sa « muse en rut » illuminent bien joliment ce charmant tableau évocateur.

La muse en rut

Ondine encor toute trempée
Puissé-je te montrer un jour
Les coquilles de mon épée
Rompue aux fentes de l'amour.

Amour, ô dangereuse escrime
Où Priape est passé prévôt,
Je me consacre à tes travaux
Sous l'enseigne *Aux Amis du crime...*

Les filles étaient sans-culottes
Aux sombres jours de la terreur ;
Je veux qu'ouvrant la bouche en cœur
Ce soit toi qui me décalottes !

*

Toi que consume un feu nocturne,
Ne penses-tu pas que l'amour
Puisse éclairer au point du jour
Ton doux visage taciturne ?

Une attendrissante gougnotte
Rêve au dortoir, à la chienlit
Où deux fillettes dans un lit
Jouaient au garçon, motte à motte...

Voici l'image libertine
Que renvoie un miroir terni :
Mademoiselle Gamiani
Suçant la fraise de ma pine !

ANAÏS NIN
(1903-1977)

SON STYLE est imagé, rempli de métaphores, ses descriptions sont minutieuses et hardies. Elle écrivit de nombreux ouvrages, et la préface de *Tropique du Cancer* (1934) d'Henri Miller, dont elle fut la maîtresse. Elle déclarait à Los Angeles en 1976 peu avant sa mort : « J'ai utilisé le langage d'une femme décrivant les rapports sexuels comme les vit une femme. J'ai finalement décidé de publier ces textes érotiques, parce qu'ils représentent les efforts premiers d'une femme pour parler d'un domaine qui avait été jusqu'alors réservé aux hommes. Si la version non expurgée de mon *Journal* est publiée un jour, ce point de vue féminin sera exprimé encore plus clairement. Cela montrera que les femmes (et moi-même, dans le *Journal*) n'ont jamais séparé l'acte sexuel du sentiment, et de l'amour de l'homme tout entier. »
Voici deux extraits de son roman *Vénus Erotica* (traduit de l'américain par Béatrice Commengé) qui ne démentent pas les propos de cette grande et talentueuse amoureuse.

Sa robe était sans bretelle et sa poitrine généreuse, comprimée dans son corselet très serré, s'offrait presque tout entière aux regards.
Dans cette tenue, tandis que le spectacle continuait, elle faisait le tour des loges. Si on le lui demandait, elle s'agenouillait devant un homme, déboutonnait son pantalon, sortait délicatement son pénis de ses mains couvertes de bijoux, et avec une précision dans le geste, une habileté, une subtilité rares, le suçait jusqu'à la satisfaction. Ses deux mains étaient aussi actives que sa bouche.
Ses caresses faisaient perdre aux hommes tous leurs sens; la souplesse agile de ses mains; les changements de rythme; tantôt caressant le membre tout entier, tantôt en touchant légèrement l'extrémité, le massant avec fermeté ou bien s'amusant doucement avec les poils – gestes accomplis par une femme voluptueuse d'une exceptionnelle beauté, tandis que le public continuait de regarder le spectacle qui se déroulait sur scène.

Mathilde voulut savoir à quoi elle ressemblait quand Martinez lui disait de se retourner. Elle s'allongea sur le côté gauche et présenta ses fesses au miroir. Elle pouvait ainsi voir son sexe par-derrière. Elle remua, comme elle le faisait pour Martinez. Elle vit sa propre main apparaître au-dessus de la petite colline que formaient ses fesses qu'elle commença à caresser. Son autre main glissait entre ses jambes et elle la voyait par-derrière dans le miroir. De cette main, elle se caressait le sexe d'avant en arrière. Son majeur pénétra en elle et elle le fit aller et venir. Elle eut soudain envie d'être prise des deux côtés à la fois et fit glisser son autre majeur entre ses fesses. En remuant d'avant en arrière, elle sentait tour à tour les deux doigts, comme cela lui arrivait parfois lorsque Martinez et un ami la caressaient en même temps. L'approche de l'orgasme l'excita, elle se mit à faire des gestes convulsifs, comme pour attraper le dernier fruit d'une branche, tirant, tirant sur la branche pour faire éclater le tout en un orgasme sauvage, qui l'envahit alors qu'elle se regardait dans la glace, et voyait ses mains actives, et le miel briller, mouillant tout son sexe et ses fesses, entre les jambes.

RAYMOND RADIGUET
(1903-1923)

A L'ÂGE de quinze ans, il voit son premier poème publié par le *Canard enchaîné*. Il vit en même temps son premier amour et ce sera *Le Diable au corps* qui, lancé à grands frais par Grasset, fait un tabac monstre ! Surdoué, il écrit des pièces (à scandale), un recueil de poèmes (sans cesse réédité depuis) et enfin *Le Bal du comte d'Orgel*. Il a à peine dix-neuf piges, le prodige. Il a brûlé la chandelle par les deux bouts. Cocteau, inconsolable à sa mort, a écrit de fort beaux poèmes sur lui dans son recueil *Plain-Chant*. On l'a comparé à Rimbaud. Ça n'est déjà pas si mal de s'appeler Radiguet.

Le rendez-vous solitaire

Je nomme la Marne gardienne,
O peu chaste de tes appas.
La Marne fera les cent pas
Si son eau douce va semblant
Plus douce et plus chaste que d'autres,
Ses désirs pourtant sont les nôtres :
Voir bouillir à l'heure du thé
Que l'on prend en pantalon blanc
Au soleil, ta virginité.

Chat perché

Au ciel des plages, Virginie,
Ombres d'où je t'ai vu sortir,
Le zéphir, la brise d'été
Apportaient l'odeur de peau nue
Que fleurait ta virginité.

Hymen, par Paul jamais troué
(Ce sont les tickets de l'amour
Comme d'autres, pour le métro)
J'enfonçais ma dague rougie

Dans un rêve où tu figurais
Entre une ruche d'écolières
Aux cheveux en nattes tressées.
La châtaine ainsi que la brune

Non contentes d'une bougie
Cherchaient à prendre en leurs filets
Un lycéen couleur de lune
Qui enseignerait à chacune

L'art d'agacer le chat perché
Dans la niche où il est caché.
Envole-toi comme mésange
Ombrelle qui cachait nos yeux
Peu à peu se perd l'innocence.

De Vénus complice l'été
Dépouillant toute chasteté
Fait s'égarer les pucelages,
Tels des colliers ou des bijoux.

Qu'une enfant repeigne ses joues !
Après l'amour qu'on lui enseigne,
Entre ses jeunes jambes saigne
La grenade à jamais fendue.

Elle s'habituera bientôt
A mieux supporter les mélanges
Et déjà, du bout de la langue,
Dans l'ombre ou à colin-maillard

Elle reconnaît le coupable.
L'ombrelle ouverte sur le sable
Parmi les algues et le sang
Cachera nos jeux innocents.

GILBERT LELY

(1904-1985)

IL EST difficile d'aller plus loin dans son imagerie érotique évoquant le « fracas muet du printemps ». Les envolées poétiques de Lely, qui font parfois penser à Lorca, « Sur une jument alezane / Trente courses jusqu'au matin », croisent volontiers les chemins de la gourmandise charnelle de Pierre Louÿs dans *Trois Filles et leur mère*. Lely passa paraît-il une partie de sa vie de poète à polir ses vers minutieusement, sans souci du temps qui passe, ni du succès que du reste il ne connut jamais.
C'est peut-être cela, les prémices de la sagesse.

*Lady K****

Trois libertins, dotés de verges scandaleuses,
Crachent leur foutre chaud dans tes fesses houleuses.
Ta bouche les ravive ; elle aiguise leurs dards,
Et les fait se dresser comme des étendards.
Alors sur un divan Sisyphe te bascule ;
Il te perce la motte ; Anachasis t'encule ;
Enfin, non moins heureux où l'amour l'a placé,
Te titillant les seins, Tiridate est sucé.

Je ne suis point jaloux : baise, fille adorée !
Que par trente pénis ta vulve perforée
Dispense à mon plaisir un étui large et fou ;
Que soit d'un nègre en feu chaque vit qui te fout ;
Que ton cul nonpareil, admirable Christine,
Passe dans ses exploits le cul de Messaline !
Je te ferai déesse, et tiendrai hautement
Qu'au prix du noir trésor qui s'ouvre dans ton flanc,
Les plus purs diamants arrachés à la terre
Ne sont qu'azur stérile et splendeur mensongère.

L'épouse infidèle

Gentille dame, que je meure,
Si depuis la Saint-Jean d'été,
Tu ne soupires dix fois l'heure ;
Je fais de même, en vérité.

Tu rougis ? Amour nous rassemble.
N'approuves-tu pas son dessein ?
Comme tu t'effrayes et trembles !
Laisse-moi dénuder tes seins.

Ebloui, je vois et je touche.
Pandora ! torse idolâtré,
O seins comme un Eden farouche,
Ostensoirs du sang délivré !

Maintenant, plus bas, dans ta louve ;
Elle s'avive sous mes doigts.
Toi-même, nymphe, tu me trouves,
Tu t'agenouilles devant moi.

O Dieux ! sa bouche fellatrice,
Etui de mon ravissement !
Langue, traceuse d'une hélice...
Ah ! je jouis, astres déments !

De noble écume constellée,
Ivre d'un rubis aussi gros,
Ta noire gerbe dévoilée,
Tu te renverses sur le dos.

Un tournoi d'archanges s'annonce !
Je frémis, mon glaive se tend.
Dans la toison où je m'enfonce,
Le fracas muet du printemps.

Je suis le prince de ta fente !
C'est beau de t'entendre gémir.
Mets ta main, il faut que tu sentes
Cette force entrer et sortir.

Je t'aiguillonne, je te fouille,
Tes jambes ceinturent mes flancs,
Tu jouis sans répit, tu mouilles,
Tu me proclames ton ruffian.

Sur une jument alezane,
Trente courses jusqu'au matin !
Je te déprave, tu me damnes !
Je t'adore, belle catin !

Soit que je pâme entre tes cuisses,
Soit que j'inonde tes seins nus,
J'éprouve toutes les délices
D'Anchise au giron de Vénus.

L'ivresse où ton ardeur m'invite
Chez les mortels n'a point de nom :
Si tu baises comme Aphrodite,
Ah ! tu suces comme Junon !

Je veux goûter leur ambroisie :
Fais que je boive à ton delta,
Comme Troïlus de Phrygie
Au sexe en fleur de Cressida.

Ruisselante, tu me renverses,
Tu chevauches sur mon épieu ;
Jusqu'au diaphragme il te transperce !
J'en vois le tison dans tes yeux.

Lucifer, exalte mon rêve !
Vase ultime de mes exploits,
Que cette croupe se soulève
Et m'offre un chemin plus étroit !

Tu te retournes, ma sirène.
Je me déchaîne sur tes reins ;
Ton dos est comme une carène
Que presse un nageur sous-marin.

– Du désir fameuse pirate,
Sodomie, orgueil des Enfers,
Sur mon front ta main écarlate
Pose une couronne de fer.

Souveraine de ce cantique,
Ton cri parachève l'amour
De ma maîtresse archimagique,
Azur et glèbe tour à tour.

PABLO NERUDA

(1904-1973)

NERUDA était Chilien. Certainement le poète le plus connu, et reconnu, de notre monde contemporain. Il voyagea partout tout au long de sa vie avec une vitalité qui crevait tout le monde. Son œuvre est colossale et très éclectique. Il est le poète par excellence de la terre, de la mer, des femmes, de l'amour, des mythes et des réalités douloureuses. Si vous lisez *J'avoue que j'ai vécu*, où il raconte sa vie, vous verrez qu'il eut aussi de l'humour. J'ai choisi ce trop petit poème. Il est court, mais beau. Vous l'avez compris, Neruda est incontournable.

Corps de femme, blanches collines, cuisses blanches,
l'attitude du don te rend pareil au monde.
Mon corps de laboureur sauvage, de son soc
a fait jaillir le fils du profond de la terre.

Mais passe l'heure de la vengeance, et je t'aime.
Corps de peau et de mousse, de lait avide et ferme.
Ah, le vase des seins ! Ah, les yeux de l'absence !
Ah, roses du pubis ! Ah, ta voix lente et triste !

Corps de femme, je persisterai dans ta grâce.
O soif, désir illimité, chemin sans but !
Courants obscurs où coule une soif éternelle
et la fatigue y coule, et l'infinie douleur.

MARCEL BÉALU
(1908-1993)

Rendons hommage ici au cher Marcel Béalu, qui publia voici quelques années une fort bien faite *Anthologie de la poésie érotique* à laquelle je me suis parfois référé dans cet ouvrage, tout comme d'ailleurs à de nombreuses autres. Marcel Béalu publia, lui, des romans, essais, contes, pièces de théâtre ou poésies parfois joliment teintées d'érotisme, telle celle-ci.

Une femme

Une femme avec un sexe entre les jambes
Et de longs cheveux de noyée
Une femme aux yeux couleur de lierre
Aux seins tendres comme la rosée

Ses mains sont la forêt obscure
Où je me perds et qui me déchire
Sa nuque est la clairière ailée
Tous les chemins mènent au port

Sa chevelure est la tempête et le navire
Ses jambes sont la *prairie* sous-marine
(Prairie je veux dire où poussent les praires)

Une palourde noire y dort
Qui ne s'entrouvre que pour moi.

JEAN GENET
(1910-1986)

VOICI ce que Sartre écrivait à propos des écrits de Genet : « Les ouvrages de Genet ne sont pas ennuyeux et pourtant, loin de vouloir plaire à une clientèle spécialisée, c'est à tous qu'ils s'adressent et ils veulent déplaire à tous. » Et il poursuit un peu plus loin : « Beaux et déplaisants, pourchassés par la police et célébrés par la critique, ils n'appartiennent ni à la "littérature spéciale", ni à la littérature officielle : clandestins au grand jour, ces paradoxes sont inclassables et c'est par leur singularité qu'ils inquiètent. » Genet, de son côté, avouait qu'il « chercha le trouble » et que ses « descriptions se voulaient érotiques ». Il précise même dans le *Journal d'un voleur* : « Mes mots en appellent à la somptuosité charnelle. » L'époque d'« ordre moral » dans laquelle vécut Genet n'était sans doute pas du mille-feuille à vivre pour ce « poète maudit ». Entre deux séjours en prison, il vit pourtant la vie d'un bourgeois aisé. Il se plaît à choquer les snobs et ne déteste pas être admiré des uns, ni épouvanter les autres. De bistrots en salons, il fréquente les petits casseurs et les tantouzes de tout acabit, à qui sa littérature ne fera pas toujours plaisir. Sartre souligne quelque part : « C'est parmi les pédérastes qu'on trouve les pires ennemis de Genet. » Voilà l'oiseau. Un ange de vice qui malgré lui exsude la pureté.

Le condamné à mort

Ne chante pas ce soir les *Costauds de la Lune.*
Gamin d'or sois plutôt princesse d'une tour
Rêvant mélancolique à notre pauvre amour ;
Ou sois le mousse blond qui veille à la grand'hune.

Il descend vers le soir pour chanter sur le pont
Parmi les matelots à genoux et nu-tête
L'*Ave Marie stella.* Chaque marin tient prête
Sa verge qui bondit dans sa main de fripon.

Et c'est pour t'emmancher, beau mousse d'aventure,
Qu'ils bandent sous leur froc les matelots musclés.
Mon amour, mon amour, voleras-tu les clés
Qui m'ouvriront le ciel où tremble la mâture ?

D'où tu sèmes, royal, les blancs enchantements,
Ces neiges sur mon page, en ma prison muette :
L'épouvante, les morts dans les fleurs de violette,
La mort avec ses coqs ! Ses fantômes d'amants !

Sur ses pieds de velours passe un garde qui rôde.
Repose en mes yeux creux le souvenir de toi.
Il se peut qu'on s'évade en passant par le toit.
On dit que la Guyane est une terre chaude.

O la douceur du bagne impossible et lointain !
O le ciel de la Belle, ô la mer et les palmes,
Les matins transparents, les soirs fous, les nuits calmes,
O les cheveux tondus et les Peaux-de-Satin.

Rêvons ensemble, Amour, à quelque dur amant
Grand comme l'Univers mais le corps taché d'ombres.
Il nous bouclera nus dans ces auberges sombres,
Entre ses cuisses d'or, sur son ventre fumant.

Un mac éblouissant taillé dans un archange
Bandant sur les bouquets d'œillets et de jasmins
Que porteront tremblants tes lumineuses mains
Sur son auguste flanc que ton baiser dérange.

Tristesse dans ma bouche ! Amertume gonflant
Gonflant mon pauvre cœur ! Mes amours parfumées
Adieu vont s'en aller ! Adieu couilles aimées !
O sur ma voix coupée adieu chibre insolent !

Gamin, ne chantez pas, posez votre air d'apache !
Soyez la jeune fille au pur cou radieux,
Ou si tu n'as de peur l'enfant mélodieux
Mort en moi bien avant que me tranche la hache.

Enfant d'honneur si beau couronné de lilas !
Penche-toi sur mon lit, laisse ma queue qui monte
Frapper ta joue dorée. Ecoute, il te raconte,
Ton amant l'assassin sa geste en mille éclats.

Il chante qu'il avait ton corps et ton visage,
Ton cœur que n'ouvriront jamais les éperons
D'un cavalier massif. Avoir tes genoux ronds !
Ton cou frais, ta main douce, ô môme avoir ton âge !

Voler, voler ton ciel éclaboussé de sang
Et faire un seul chef-d'œuvre avec les morts cueillies
Çà et là dans les prés, les haies, morts éblouies
De préparer sa mort, son ciel adolescent...

Les matins solennels, le rhum, la cigarette...
Les ombres du tabac, du bagne et des marins
Visitent ma cellule où me roule et m'étreint
Le spectre d'un tueur à la lourde braguette.

LUCIEN BECKER
(1912-1984)

DÉCOUVERT et cité par de Boisdeffre et Clouard, puis par Béalu et plus tard par Jean-Jacques Pauvert, Lucien Becker demeure malgré tout un auteur inconnu et c'est fort dommage. Son *Plein amour*, publié en 1954, est une merveille d'érotisme délicat, une sensuelle mélodie incantatoire, profonde et chaude qui diffuse la secrète magie de l'acte amoureux :

> Je cherche dans ta bouche la source
> du fleuve souterrain qui te parcourt
> en rejetant en haut des cuisses
> son écume de plante fraîchement coupée.

Nous sommes loin ici des couplets égrillards du Sire de Chambley ou du trivial discours du provocant surréalisme de Benjamin Péret !

Plein amour

I

Passé le genou où la main se creuse
comme une semence qui germe
en soulevant un peu la terre,
je vais vers ton ventre comme vers une ruche endormie.

Plus haut ta peau est si claire
que les jambes en sont nues pour tout le corps
et mon regard s'y use
comme au plus tranchant d'un éclat de soleil.

Au-delà, il y a ta lingerie qui sert à t'offrir
et à colorer mon désir.
Tes cuisses, lisibles de toute leur soie, se desserrent
et je vois la ligne de partage de ta chair.

Géants de la sensation,
mes doigts vont se fermer
sur le seul point du monde
où se carbonisent des hauteurs entières de jour.

Et c'est enfin la pleine rivière
que je remonte sans effort,
parce que tes seins s'y élèvent
comme deux cailloux à fleur d'eau.

II

Dès que tu entres dans ma chambre
tu la fais se tourner vers le soleil.
Le front sur toi de la plus faible lueur
et c'est tout le ciel qui t'enjambe.

Pour que mes mains puissent te toucher
il faut qu'elles se fraient un passage
à travers les blés dans lesquels tu te tiens,
avec toute une journée de pollen sur la bouche.

Nue, tu te jettes dans ma nudité
comme par une fenêtre
au-delà de laquelle le monde n'est plus
qu'une affiche qui se débat dans le vent.

Tu ne peux pas aller plus loin que mon corps
qui est contre toi comme un mur.
Tu fermes les yeux pour mieux suivre les chemins
que ma caresse trace sous ta peau.

VII

Je cherche dans ta bouche la source
du fleuve souterrain qui te parcourt
en rejetant en haut des cuisses
son écume de plante fraîchement coupée.

Quand tu écrases ton ventre contre moi,
quand mes doigts aiguisent ta gorge,
tu as des mots doux comme la salive,
des mots qui auraient poussé après un orage.

De ton corps je fais un pont
qui me conduit dans un monde
où nos dents se cognent contre le même verre d'air,
où nos regards à force d'être proches font la nuit entre eux.

Je ne vis plus au jour le jour
puisque tes baisers font partie de mon avenir
et nous allons jusqu'au bout de la lueur
que la foudre trace en remontant nos veines.

VIII

Il me suffit de quelques gestes pour retrouver,
enfouie sous ta peau, la plante nue que tu es
et, vacillant de tout le soleil conquis par les ruisseaux,
tu entres dans la nuit avec le jour devant toi.

Je n'ai qu'à toucher la pointe de tes seins
pour que soient soudain rompues les mille écluses
qui retiennent entre nous un poids d'eau égal à celui de
[la mer
pour que toutes les lumières s'allument en nous.

Et quand dans la clarté du drap
tu n'es plus qu'un éventail de chair,
j'ai hâte de le faire se refermer sur mon corps
par une caresse que je jette en toi comme une pierre.

D.M. THOMAS

(1914-1953)

COMPLÈTEMENT fasciné, je lus deux fois d'affilée un roman poétique intitulé *L'Hôtel blanc* que des amis m'offrirent vers les années quatre-vingt. Le choc fut sans doute aussi fort que pour *Les Chants de Maldoror*. Ce long et sublime poème de l'inconscient mythique extrêmement troublant fait appel à une imagination sexuelle des plus violentes. Ce récit onirique apparaît ici comme une sorte de gangue emprisonnant le souffle du baiser de la mort. *L'Hôtel blanc* fut sélectionné pour le prix de littérature Booker McConnel. Brian Adiss, membre du jury, a écrit : « Quand j'ai eu fini de le lire, je suis sorti dans le jardin sans pouvoir parler. J'étais renversé. »

L'Hôtel blanc
Extraits

Ce fut je pense à la seconde nuit, le vent
s'est engouffré dans les pins, les mélèzes, durement
et le toit en pagode du kiosque est tombé,
des gens se sont noyés dans les vagues bombées,
on entendait partout courir comme des nains
mais votre fils a mis sa main contre mon sein,
il a collé sa bouche, le téton a durci,
il y a eu des chocs, il y a eu des cris
il nous semblait voguer sur un navire en mer
un grand paquebot blanc, il me suçait le sein
et je faillis pleurer, mes mamelons soudain
si durs et si sensibles, votre fils passant
d'un téton à l'autre, tous les deux se dressant,
je crois qu'il y a eu quelques vitres brisées
alors il m'a baisée, vous n'avez pas idée
comme là-haut les astres ont un éclat si pur,
grands comme des feuilles et tombant, comme mûrs,
dans le lac, nous avons entendu des gens bisser,
croyant que ces étoiles étaient des Léonides,
et pour un temps un de ses doigts humides
est entré avec sa bite en moi, pour glisser

et s'agiter dans un rythme sauvage,
on a rapporté des corps sur le rivage,
on entendait pleurer, son doigt m'a fait crier
enfoncé dans mon cul, mon ongle a commencé
de caresser sa bite à l'endroit si gonflé
qu'il n'était plus à lui tant il était caché
tout au fond de mon con, un éclair est tombé
en zigzag et si vite à nos yeux étonnés
qu'il avait disparu quand la foudre a tonné
sur notre hôtel, et ce fut à nouveau le noir
sauf quelques lumières sur le lac en miroir,
la salle de billard fut je crois inondée,
il ne choisissait pas de se laisser jaillir
quel rut, c'était si beau, cela me fait rougir
de ne pas tout vous dire, professeur,
mais je n'avais pas honte, même si j'ai pleuré,
au bout d'une heure il jouit, peut-être, à l'intérieur,
nous avons entendu des portes qui claquaient
on rapportait les corps, le vent soufflait encore
plus violent que jamais, et nous avons gardé
nos mains l'une sur l'autre en emmêlant nos corps.

(...) Soleil couchant, nuages-fleurs d'un rose élégant
enjuponnant les sommets neigeux, l'hôtel blanc
tournait, mes seins tourbillonnaient sur le balcon,
sa langue à l'air du soir faisait rugir mon con
et je buvais son jus qui se changeait en lait
dans ma gorge, et le lait sous ses lèvres coulait
à la deuxième nuit car ma poitrine enflait,

l'amour l'après-midi nous séchait le palais,
il a bu du vin, il s'est couché sur le lit,
j'ai ouvert ma robe et ma douleur a jailli
d'un seul jet avant qu'il ait léché le bout
de mon sein tandis que j'ai laissé le second
au vieux prêtre si bon qui dînait avec nous,
les hôtes nous fixaient, étonnés malgré tout
mais souriants, comme pour dire faites donc,
ici à l'hôtel blanc rien d'autre que l'amour
n'est offert à un prix que nous puissions payer,
et la porte montrait le chef émerveillé.
J'en avais trop pour deux, le gros chef est entré,
sous mon sein galamment un verre il a posé,
c'est bien bon a-t'il dit en le vidant d'un trait,
nous l'avons applaudi, la chère était ce soir
exquise, on nous porta des verres à boire
car tous les invités demandaient de la crème
et l'orchestre assoiffé, le soleil lui-même
a recouvert de beurre les arbres au-dehors,
les eaux du lac aussi, comme d'un manteau d'or,
(...) Or, m'attirant sur lui sans avertissement,
votre fils m'empala, si doux que je pris peur,
nul n'entendit ma voix mêlée à la clameur
des hôtes qui tombaient ou sautaient, s'écrasant
des étages élevés du bel hôtel si blanc.
Je fus secouée jusqu'à ce que sa bite épuisée
lâchât son jet si frais. Des corps carbonisés
pendaient aux arbres, il a bandé encore et moi,
oh, je puis vous dire où jaillit notre joie !

Une aile s'effondra, on pouvait voir les lits
sans savoir où le feu avait pris, quelqu'un dit
ce doit être le soleil inaccoutumé
passant par les rideaux ouverts qui embrasa
les draps encore chauds, ou (interdit de fumer)
les bonnes fatiguées, allumant du tabac,
ou une forte loupe, ou un bout de métal.
Je n'ai pu dormir de la nuit, tant j'avais mal,
je pense que j'étais déchirée en dedans,
et votre fils si tendre est resté sans bouger
au plus profond de moi, mais sans plus remuer.

Le vieux prêtre si bon continuait à sucer,
pleurant sa mère qui mourait à l'étranger,
et votre fils aussi qui toujours me suçait
pendant ce temps sous la table glissait
sa main entre mes cuisses ouvertes qui tremblaient.
Nous avons dû courir car sa bite bandait
et mon con s'inondait déjà sur l'escalier.

LUC BÉRIMONT

Un clin d'œil en passant à l'ami des poètes, Luc Bérimont, qui fut le premier à m'accueillir dans son émission *La Fine Fleur* vers 1966. Les mots de ses poèmes coulent frais et bondissent vifs en faisant tinter une jolie musique. Il ne fit pas si l'on peut dire sa « spécialité » de l'érotisme, dans sa poésie. Cependant, un sang bouillant court parfois dans les artères qui sillonnent sa carte du tendre et l'on découvre... un autre Bérimont.

Le bien vouloir

Nue
Sur le carreau plat des cuisines
Debout sur les lièvres sanglants
Sur le vert des poireaux, des feuilles
Blanche et nue dans l'éclat figé
Des chaudrons incurvés, des gerbes
Blanche et nue devant le feu cuit
Sous les œufs d'astres lourds, les solives de suie
Sous les tresses d'oignons qui jaunissent la nuit
Blanche et nue tel un lait solide
Comme un poisson tendu dans les herbes humides
Avec tes seins hauts, la farine
Des cuisses dans l'odeur marine
Tes longs cheveux croulant dans le sang de ta bouche
Et tes reins de jument où le fouet fume et touche
Nue dans la porte
Entr'aperçue
Blanche dans le ciel et la pierre
Sous la forêt du toit, dans le vent des murailles
Nue
A te dévaster jusqu'aux semailles
Jusqu'au somme épais du lait d'homme
Des mers
Et du monde des pommes

Chair

J'entends cogner au sol la fièvre de la terre
Je sens battre la nuit, chaude comme une chair
Je sens trembler la main qui caresse ton cou.

Renversé devant toi sur les marches qui t'ouvrent
Eclaboussé du sang qui tourne dans mes reins
La poitrine battante aux pointes de tes seins.

Ma pleureuse sauvage, ouverte, dépecée
Je mange ton baiser dans l'odeur du lit noir
Il ne me reste plus que mes mains pour te voir.

PIERRE BETTENCOURT

JE N'AI PU résister au plaisir de vous faire connaître ces exquises et rares *Fables fraîches pour lire à jeun* découvertes dans nos plus récentes investigations à la Bibliothèque nationale. Marqués du sceau des espiègles et polissons poètes surréalistes, ces petits contes indéniablement érotiques n'en sont pas moins pétris de l'humour le plus savoureux. Editeur émérite et auteur trop peu connu du public, acceptez, monsieur Bettencourt, ce modeste hommage à votre talent.

Grandeur et servitude

Le roi adore les fesses. Il lui arrive de travailler dans une pièce où cent quatre-vingts femmes tournées vers la muraille tapissent le bas des murs. Il s'assied à son bureau et signe les papiers d'Etat. Et quand il lève les yeux, il voit ces fesses.

Pour finir, il les passe en revue, s'arrêtant longuement sur certaines qu'il masse avec dilection comme s'il les créait. Bassins larges, bassins plus étroits, support de fesses essentiellement variables, joie des yeux et du cœur.

Et pour marquer son sentiment, l'idéalisme de sa pensée en cette matière, j'allais dire le platonisme, le roi sort de la pièce en n'emmenant qu'une seule femme, mais qu'il honore socratiquement sur le sofa d'un petit salon voisin, en n'évitant pas qu'elle hurle, afin d'éveiller dans les oreilles de ses compagnes le sentiment de la grandeur et de la servitude de la fesse, source inépuisable de connaissance intime et de compréhension du monde.

Continence royale

Le roi fait de longs jeûnes, de cinquante et parfois même de cent jours. Il se fait alors entourer d'hommes solides qui ont mission de le contenir dès qu'il aperçoit un jupon. La première femme qu'il pénètre après tant de retenue reste parfois douze heures sous lui peinant et geignant comme si le ciel lui était tombé sur la tête.
Il arrive qu'ainsi remonté, il prenne un bar de femmes nues. C'est une grande pièce où elles sont tassées si serrées qu'on s'en trouve frotté de tous les côtés. Il y évolue longuement avec son membre douloureux et se soulage enfin dans des flancs reconnaissants qui inventent pour le libérer les plus suaves secousses du monde.

Le grand barbier

Le roi ne peut pas sentir un con poilu. Il est le grand barbier des cons du royaume. Il en rase un tous les matins. Il passe d'abord complaisamment le blaireau, s'amusant à noyer le sexe dans la mousse, puis il ouvre son sabre – la femme a un peu peur mais se tient bien : c'est le roi – et délicatement il rase. Minute de silence. L'objet se montre enfin dans toute sa nudité, dans sa redoutable impudeur. Alors le roi n'y tient plus, il lâche son instrument et, y collant ses lèvres, darde au loin sa langue dans la bouche exquise.

Jouer d'une femme

Nous avons ici des concours de musique où chacun joue de sa femme. C'est une façon de la caresser, de la pincer, de la chatouiller, de l'étreindre, de la posséder, qui lui fait échapper des ululements, des soupirs, des rires, des cris, des larmes. Un mari qui ne sait pas jouer de sa femme, le chef d'orchestre vient vers lui et il lui montre. Et la voilà, la minute d'avant comme un bout de bois, qui entre en transes, se démène, s'ébroue en un concert d'imprécations, d'étranglements, de râles, si extravagant que la salle tout entière déchaînée, se lève, éclate en applaudissements forcenés, cependant que le mari honteux s'enfuit par une porte de secours.

JOYCE MANSOUR
(1928-1986)

C'EST André Breton qui le premier remarqua la désespérance provocante de l'univers poétique de Joyce Mansour.
Ses vers étincelants, allumés aux feux de ses reins avides d'amour et de chaudes étreintes, sont riches d'un érotisme sans pudeur. C'est le discours d'une femme libre en révolte contre l'« impérialisme sexuel » ancestral de l'homme. Il n'est pour illustrer cette hypothèse que la lecture du petit extrait de son poème *J'aime tes bas qui raffermissent tes jambes*... jusqu'à la chute suffisamment éloquente : « Tout ceci me venge enfin / Des hommes qui n'ont pas voulu de moi. »
Sa musique, la cadence de ses vers sont inimitables. Hormis pour les surréalistes qui en firent une sorte d'égérie, son cri étonnera les hommes. Il est bien connu que ces derniers ont toujours eu quelque mal à décrypter – et à admettre – les « problèmes » affectifs et métaphysiques de leurs amantes !
D'origine égyptienne, bien que née en Angleterre, elle étudia en France et mourut à Paris. Elle n'avait disait-elle jamais prémédité d'écrire. Ce fut au hasard de ses rêves et de ses aventures qu'elle remplit des centaines de feuilles blanches de ses délirantes imprécations. Ce délire des sens nous laisse deviner toutefois que la belle Joyce sut fort bien se passer de camisole.

Gibier de Macadam

Ce n'est pas de ma faute
Si mes cuisses sont moulées
Dans ma peau
Je n'ai pas voulu déclencher le rictus de ton désir
Quand j'ai retiré ma jupe
Garrotté de bonheur tu as saisi ma fente
Ce n'est pas de ma faute

Si l'alarme a sonné
Et ta main prise au piège
A été arrachée jugée bousculée
Et pendue par le cou telle une poupée de crème
Ce n'est pas de ma faute
Je voulais te pardonner

Carré blanc

J'aime faire l'amour accoudée à une bête
Admirer les mouvements des funestes augures
Qui s'agitent au plafond dans leurs pantoufles dorées
J'aime extraire les organes du génie le plus solide
Pour l'étaler en plein jour sur les folles dentelles de Bruges
J'aime engloutir les furieux du Caucase
Leurs sexes ont un goût de famine.

Cris
Extraits

Les machinations aveugles de tes mains
Sur mes seins frissonnants
Les mouvements lents de ta langue paralysée
Dans mes oreilles pathétiques
Toute ma beauté noyée dans tes yeux sans prunelles
La mort dans ton ventre qui mange ma cervelle
Tout ceci fait de moi une étrange demoiselle.

* * *

Ses cheveux roux sentent l'océan
Le soleil couchant se reflète sur le sable mort.
La nuit s'allonge sur son lit d'apparat
Tandis que la femme haletante tremblante
Reçoit entre ses jambes fléchies
Les derniers baisers d'un soleil mourant.

* * *

Tu aimes coucher dans notre lit défait
Nos sueurs anciennes ne te dégoûtent pas.
Nos draps salis par des rêves oubliés
Nos cris qui résonnent dans la chambre sombre
Tout ceci exalte ton corps affamé.

Ton laid visage s'illumine enfin
Car nos désirs d'hier sont tes rêves de demain.

***

Un rat
Rien qu'un rat
Moins qu'un rien
Juste un rat
Poussant devant lui
Un sexe
Rien qu'un sexe
Moins qu'un rat
Juste le sexe d'un demi-nègre
Moins qu'un Blanc
Au cœur un nègre
Moins qu'un homme
Plus qu'un rat
Rien qu'un rien
Ayez pitié mon Dieu
Du rat.

***

Petit ventre tendre et jaune
Petit ventre velu
Petite jambes arquées poilues
Petite Jeanne bossue
Petite femme qui attend son viol
Toute nue toute nue...

⁂

Que mes seins te provoquent
Je veux ta rage
Je veux voir tes yeux s'épaissir
Tes yeux blanchir en se creusant
Je veux tes frissons
Que tu éclates entre mes cuisses
Que mes désirs soient exaucés sur le sol fertile
De ton corps sans pudeur.

⁂

Ecoute-moi
Tes mains m'écoutent
Ne ferme pas tes yeux
Mes jambes restent ouvertes
Malgré la lumière hurlante de midi
Malgré les mouches
Ne refuse pas mes paroles
Ne hausse pas tes épaules
Ecoute-moi, mon Dieu
J'ai payé la dîme
Et mes prières valent autant que celles de ma voisine.

MADELEINE CHAPSAL

D'UN CÔTÉ, il y a la femme avec son romantisme. Elle est sentimentale et elle cultive souvent la passion amoureuse jusqu'à l'abnégation de tout ce et ceux qui l'entourent pour celui qu'elle aime. De l'autre, il y a l'homme, le macho et sa bestialité. Il ne pense qu'au cul. Il veut avant tout *baiser*, c'est bien connu. D'où d'insolubles problèmes métaphysiques de part et d'autre. L'amour n'est pas simple. Madeleine en sait quelque chose. Ce cri de protestation, elle le pousse dans ce premier poème extrait du recueil *Divines Passions* (éditions Grasset, 1981).

Tant que me poindra
La presque insurmontable difficulté
D'accepter
De n'être pas « reconnue » par toi
Quand tu me fous

Tant que n'arrêtera la douleur
Quasi insurmontable
D'être prise pour ce qu'aussi je suis
Un trou
Une pute
Une matelade
Une traînée
Une bonne à tous...

Tant que je ne saurai pas me laisser faire
Laisser toucher
Encuconner
Sans une caresse

Tant que je ne me tairai pas
Totalement
Consentante et sûre
Sous ta violence, ta honte,
L'exercice mâle et malotru
De ta bestialité
De ta sexualité

Alors je ne serai pas arrivée
Alors je ne serai pas culminante
Alors
Homme
Je ne serai pas encore ton égale.

***

Je t'aurai
tu m'as promis
je t'aurai
j'aurai ton corps
comme une source
et le temps pur

Je t'aurai
là-bas
Sur mon lit
le lieu exact
où ta peau
sur ma peau
tuera l'avenir

Déjà je choisis
je dénombre
ton regard
puis ta bouche
puis mes mains sur tes hanches
ton souffle
tes cheveux
mon souffle

Je t'aurai
déjà je te vois
tu t'étends
je m'étends

Et la chambre lentement se ferme
Ton corps se replie sur mon corps
je t'aurai
comme un piège qui se referme
mâchoires serrées
où je suis prise.

***

Toute ta peau
sur toute ma peau

Toute ta bouche
sur toute ma bouche

Et ta voix
Sur nous
qui tisse ses toiles

Je passe au travers
Araignée trop vive

Maintenant sur l'armoire
maintenant loin

moi qui étais dans ta main
moi qui étais toi

soudain
loin.

ANDRÉ GILL

VOICI un petit poème assez rare d'André Gill, tiré du fameux *Album zutique* créé par les surréalistes. Gill, dont on vient d'éditer en Suisse – son pays natal – l'intégrale des chansons en disques compacts, a écrit des couplets parfois très drôles. Les « Quatre Barbus » les chantaient avec talent. Il a écrit d'autres textes, moins drôles mais qui devinrent très célèbres telles les fameuses *Trois Cloches* que chantèrent Piaf et les Compagnons de la chanson. Je vous propose ici un tout autre son de cloche, avec cet éloquent dizain.

Il la battait sans fiel, sans motif, sans scrupule.
Elle, expérimentée, hurlait le mot : Crapule !
Alors il redoublait, et, sage, cet amant
Robuste, infatigable, attentif au moment
Où, brisée à moitié, l'échine qui se cambre
Offre un fessier pareil au cul d'une jument,
La foutait toute chaude, – et l'effort de son membre
Aurait fendu le tronc d'un hêtre assurément –
Jusqu'à ce qu'inondée, exténuée et pâle
De joie, elle râlait : Oh ! que c'est bon, un mâle !

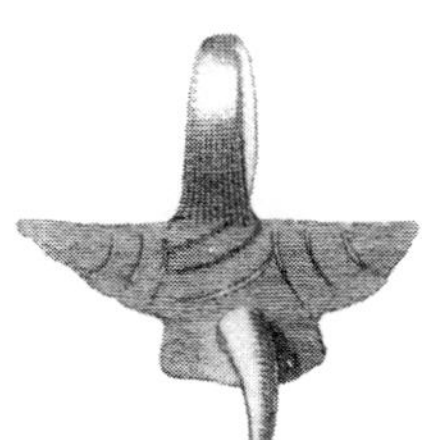

MARIE-CHRISTINE BRIÈRE

DE TOUTE ÉVIDENCE, elle est énervée du cul. Les femmes, les mecs, elle leur ausculte le mirliton, ou va se poser sur « leurs seins de douceur ». En envolées surréalistes, sa « concupiscence homosexuelle », matière première de son délire des sens, éclate sur la feuille blanche, « comme les seins de son instit ». Elle nous emmène dans une étincelante folie, fardée de dérision, au-delà des orgasmes. Elle nous encourage à dénouer la culotte de satin d'une panthère domestique, tandis que s'avance le petit garçon blanc, quéquette dans la tasse de thé. Ça vous la coupe, hein ?

Femmes très belles

Concupiscente chose homosexuelle
matière première fabuleuse
comme les seins de mon instit
et comme sa bouche peinte
tout visage soleil vif
j'envisage mon avenir
uniquement traité de ces délices
jolies nanas aux beaux seins de l'école publique
encorbellements, douceur de crayon mine d'amande
je vais vous attirer spécialement
je vais vous faire comme j'ai senti depuis toujours
après, on nous montre, mais je savais déjà tout
sexe-maman feuillage qui miroite
au coin de deux pierres pour un feu
et à distance – celle de la société des cons –
une ténacité d'inconnue à passante
et cette drague, alors, ça vaut bien les montagnes
ton sexe est un postiche sur la lune de mon visage
mon visage de lune je le vois
on se taille une part de lune – kaolin,
je déroule moustache frelon tisane
je dresse des narines au bas du con

allons, c'est tout mesdames
mais non la fête la bouffe et le bouquet
ils sont dans notre zizi mes seigneurs

Remuante et vierge
il faut bouger petite mortelle
prends tes doigts
fardés de noir, gamins sourds
mets sur ta joue quelque chose
de dur de rosé continue de jouer
villages muets par les carreaux
objets suspendus dans la chambre
dentelle sépia napperon du petit sexe
sucette de rideau mine minette
ce matin n'a rien qui ressemble à toi
pose-toi sur le lit
ses barreaux sont un jouet cassé à refaire

La fente
Un cheveu sur la soupe
l'enfant nubile de Lewis Caroll
auscultée, le mirliton est soufflé
et sort de la carte en relief
vache à traire, vache calme
mère de la petite pute
un ressort dans la main
un coup d'œil vers la baignoire
la plus jeune dénoue sa culotte de satin
panthère domestique, couloirs peints,

portes réalistes prenant les coins du drap
fenêtre molle manche secret
jardin d'amour, mouille-fillette
promenade d'éternité
répète-le-moi et recommence je t'aime

Montagnes à occuper

Chez mon amant les murs sont de papier
et pas d'expressionnisme s'il vous plaît
les murs je les baise
car mon amant a des seins de douceur comme le rouge
[de ses lèvres
mon amant a cette fleur de non compliment
qui – elle aussi très chère, me baise partout
on s'y roule comme l'averse
je connais une jeune maîtresse qui lui pose
d'indécentes questions aux cuisses des miroirs
son nu c'est la nudité athlétique et maternelle
des statues blanches les chevilles dans les gazons
mon amant n'a pas d'appel comme l'été il embrasse
Et mon amant c'est tout l'été comme jadis
En folie, en extase, en papier qui flambe
Mon amant s'offre comme l'été au milieu de ses fleurs
De ses emblèmes dépliés et très loin passe encore
Cette sirène calme et folle, cette sirène de police dans les
[journées de lent plaisir
Tandis que nous sommes un couple qui ruisselle
Et que tout d'un coup la pluie traverse la ville à cheval
Et que l'angoisse nous prend tous car il a plu la veille

Tout le jour, mais mon amant est déjà en Espagne
Je suis riche jusqu'à ce soir de ce miel aux seins
Et comme s'il ne dépendait que de nous de regarder la
[mort
Je me souviens de la charogne d'agneau
Emergeant tout à coup de la pleine lumière,
Et nous l'avons fixé longtemps
Mais mon amant était debout
Comme le roi de nos poèmes.

CLAUDINE BOHI

POSSESSIVE, sensuelle bien sûr, mais au-delà pourtant des petits orgasmes de confort qu'avalent d'un trait d'aucunes de ses frangines en quête d'« absolu sensitif ». Le « corps plein-soleil », Claudine nous assène ses cris d'amour, ses petites déchirures, sans peur des mots dont elle sent le besoin pour s'exprimer à fleur de lèvre encore humide des sucs de son amant. « Je vois ton cul bouger dans le feu des lavandes. » Rien de provocant, rien de timoré. « La déchirure d'amour brûle... nous sommes des abricots éclatés. » Les fêtes de ses perpétuels corps à cœur semblent cependant laisser un goût amer dans sa bouche gourmande :

C'est trop petit
entre nos jambes
pour abriter
l'amour.

Car la vie est cerise, téléphone à ton arbre

C'est trop petit
entre nos jambes
pour abriter
l'amour

Dans la pierre
découvrir le sable
et me blottir
entre ses grains

Dédoublement du sang,
orgasme de fer !
Je jouis les yeux fermés sur toi ;
ployant sous l'autre corps
moi-même,
vulve miroir ;
je jouis en sa brisure,
au cri qui m'écartèle
et me sépare
de mon image !

Dans la vulve
ton sexe.
Dans le ventre
un enfant
Dans la bouche
un bâillon ?

J'ai l'été dans les reins.
J'ai dans mes seins gonflés
les parfums de la terre
Quand la nuit vient
j'ouvre mes jambes à ta semence
et dans mon ventre bleu
j'ai la mère des étoiles.

Tu écartes mes jambes
tu ouvres
et tu embrasses
là où je suis deux.
Tu me rassembles.

J'ai la lèvre
si douce
j'embrasse
ta bouche
tes yeux

ta main
et même
la dernière de tes verges

Défais ta chemise
et ta ceinture.
Avec moi
viens fêter
l'essentiel.
Le sang encore
nous bat aux tempes
Viens
on n'a pas tout le temps
et nous ne serons pas toujours
dans la chaleur des vivants.

Ta queue
perfuse
le soleil
dans les blues
de ma vulve
Dans mes veines
ton sang
rythme
les marées
du désir.

Je lèche
ta lèvre
ton ventre
ta queue
et
l'intérieur
de ta tête.

La peau est douce
et la chair est fragile
pourtant
rouler ton corps
sur les sables du monde
et prendre dans ma bouche
tes liquides glorieux.

Seins mauves du désir
d'où coule
un lait furieux.
la tendresse parfois
vous calme
apaise
mais la fièvre reprend
qui cabre
nos soleils.

Avec ta verge bleue
dressée sur le ventre des filles
tu fais face au soleil

Baise-moi
et perpétue
en moi
le meurtre
des enfances rouges

Quand j'ai le corps plein-soleil
Quand je ploie sous mes seins
Quand chacune de mes lèvres
est promesse de fêtes
avec la sève et les oranges
Quand c'est l'intérieur de mes mains
que je t'ouvre
alors parfois j'ai peur

Je vois ton cul bouger
au rythme de ton pas.
Je vois ton cul bouger
dans le feu des lavandes.
Je suis nue sous le drap
J'ai fumé tes gauloises ;
sur la pierre au soleil
nos verres sont vidés
Je vois ton cul bouger
sur mes seins la peau brille ;
j'ai encore dans la main
l'odeur de ton secret.
Les sueurs de l'été
baignent ton ventre dur.

Je vois ton cul bouger.
La déchirure d'amour
brûle.
Je suis, tu es, nous sommes
abricots éclatés.

Le corps s'allonge
dans le silence
le ventre cogne
depuis longtemps
le cœur s'obstine
et l'âme.
Mais les vendanges
de nos sexes
ne se feront pas
sans les briser.

Tu me tendras tes seins
mêlés d'eaux vertes
et d'étoiles ;
tu reviendras de loin
parmi l'écume.
tu me tendras tes seins
baisés par dix mille ans
d'amour.

JEAN BRETON

JEAN BRETON, la poésie, c'est sa maman. C'est sa sœur. Sa maîtresse. Il aurait pu écrire l'*Hymne à l'amour* que chantait Piaf. Il en a les ressources. Il y a longtemps qu'il a viré les tabous, les interdits de son musée affectif. Sa plume, paradoxalement, ressemble à celui qui la torture depuis des années, elle est libre. Il refuse le morbide assentiment des étreintes factices des noyés du métro. Il nous invite, l'œil pétillant d'humour, à lorgner à notre tour d'un regard neuf sous la jupe de ses maîtresses... Et comme un enfant qui fait des pâtés en écrivant sa première lettre d'amour, il nous éclabousse de sa tendresse.

La fouine

Sous le plateau adroit, la jupe de Véra tourne. Dessous, elle a caché une fouine. Même beaux poils roux, lèvres vives, avec l'exigence d'être léchée sans cesse. Vicieuse ? Ce serait dit trop vite. Le tout est briqué comme sa cuisine et elle se laverait à chaque volonté de la nature, n'était l'inconfort du Bar-Tabac.
Avant chaque amant, Véra se passe plusieurs eaux. J'y allai. Elle immédiatement tête-bêche. Passage de saumon, souvenir d'ammoniac et de musc. Mordiller son algue jetait sa fouine hors d'elle. Ici tinte un ruisselet.
Les hommes gonflaient comme un zeppelin, à l'autre bout du monde, trois minutes.

Danse

Ta poitrine fouille ma veste : deux museaux luisants, tendus vers une chaleur plus douce que le sucre.
Tu étends tes jambes sur la piste, nos corps roulent, dodelinent, et déjà tes lèvres se séparent.
L'incendie de ta bouche m'exaspère, me rend blessure pour blessure. J'ai peur, et j'aime en même temps, alors que l'orchestre remue des sacs de gravier où viennent se tordre des flèches.
Mes bras ont protégé tes épaules, pendant que la houle de nos regards battait contre le mur fabuleux du désir.

Gestes dans l'herbe

J'ai pris sur mon dos cette femme
– le vent secoue des draps dans la vallée –
Elle riait. J'avais ses cuisses
ciseaux en sueur sur ma hanche.

Panique des fourmis
quand je l'étendis sous un arbre
Je déplace sa main
araignée devant une grotte.

Elle dit aux siens : « Je vous en prie ! »
Chacun put commenter l'audace
Un enfant aux yeux verts prétendit
Que je ressemblais à un bateau de poils.

Rude larcin sous le soleil
qui tache d'été ma nuque
Mon sein engage un dialogue
avec deux montagnes de lait.

J'ai chaud, j'ai froid
Je veux mordre
Mon cœur tape, bibelot puritain

Je me livre au remords et j'exulte.

La femme n'est jamais meurtrie
par mes bonds de troupeau sur elle
Son sexe ? Museau de fouine, éponge.
Ses doigts ? Dix lames
Elles ont un bras souple pour manche.

Quand la marée nous emporta
j'en lus l'écume dans ses yeux
J'étais perdu dans sa mollesse
comme un oiseau dans un bac de savon.

– Déjà ? Séparons-nous ! murmure-t-elle
puis de marcher vers le ruisseau
couleur d'ablette qui frissonne
Et où ses sœurs lavent leurs cils,

Et moi je m'endors bon enfant
nez dans l'herbe
sur mon sourire et ses grimaces
sans voir les fusils qui s'approchent.

CLAUDE DE BURINE

ELLE a publié six recueils de poèmes dont *Le Passeur* aux éditions Saint-Germain-des-Prés, précisément chez ce cher Jean Breton. Elle a obtenu le prix Max Jacob en 1977, c'est bien le moins qu'on lui devait. Sa poésie est avant tout une débauche de sensualité. Tantôt discrète, parfois incandescente elle nous entraîne dans ses champs parfumés de fougère, de poivre et de « lapin-luzerne ». Débordants de sève, « l'algue des origines » ou « le petit mousse d'eau douce » prêtent le flanc aux audaces verbales les plus hardies, que seule peut formuler une femme n'éprouvant nulle honte de son corps et de ses appétit charnels.

Jeune fille

L'odeur marine du manteau
Le printemps vert des paupières...

Viens donc
Que tu sentes le mâle
Toi qui attendais...
Qu'on se le fasse
Ton jardin d'été
Ton salut du dimanche

Que je sois l'homme
Dans ta main
L'homme
Dans ta bouche
Que je t'inonde
Et que j'explose
Que je te laisse
Plus seule
Plus démunie encore
Qu'une pierre

L'autre garçon

Laisse la nuit sur nous
Elle est le pain du pauvre
Il fera noir toujours
Tandis que je serrais ses jambes
Collais ses jambes à mon visage
Faisais de son regard
Cette prairie blanche où s'inquiètent les saules.

Le vent à côté bougeait
N'osait venir
Repartait balayer ailleurs
Il avait le foulard des heures
Qui respirent le bois, la vengeance.

« Fais jouir
Disait-il noblement,
Encule
Dans ce novembre aux ongles noirs
Que je sois ce soleil gitan »
J'étais en lui
Ce temps sans ombre
Où une perle d'aube parfois

Signe l'aventure
L'aveugle qui mange la lumière
Le soir de chaleur, blessé qui tombe
Au bord des routes
Quand ses bras à lui m'entouraient
Qu'ils étaient nus et forts.

ANNIE LEBRUN

LES *PÂLES ET FIÉVREUX APRÈS-MIDI des villes* recèle un vrai talent magnifiant la beauté, la pureté. Le décor, les objets, complètent ce théâtre érotique de ses émotions charnelles. La limpidité du récit poétique force l'admiration.

Dans la forêt vierge de l'ascenseur vous avez appuyé sur le bouton rouge jusqu'au blocage convulsif de nos plus superbes lianes.

Du théâtre humide qui s'écroule à chaque fois, restent évasifs, les rires écarlates des jambes pour avaler le sillage pirate de nos ventres déployés.

Et la longue caresse de parquets cirés sur nos hanches presque blanches de chaleur.

Au bord des prairies noires et blanches du lit, un fleuve a coulé, tiède, dans mon oreille renversée.

Les quatre coins de la chambre des yeux s'étirent en bandeau au fond du couloir des muqueuses.

C'est au ras des veines que je chevaucherai votre nuque jusqu'à ce que notre voracité s'étale en cape de plomb sur mes épaules tremblantes.

Reviendrez-vous toujours aussi triomphant de vos courses solitaires entre les rues de verre, pour me cabrer du bout des gants ?

Elle se laissa lécher, en silence, jusqu'à ce que le matin passe sur le front des faubourgs.

Les draps de jour nous ont jetés dans les assourdissantes citernes bleues des odeurs.

Il y a des fesses belles comme l'ombre des pierres sous les pieds brûlants de midi, furtivement.

Perpendiculaire à vous, je rejoins la sinueuse pâleur que vous faites irrésistiblement monter dans les herbes translucides de ma colonne vertébrale.

Dans les salles de bains, vos grands animaux avides et délicats m'ont tatouée, fardée, parfumée, scalpée, soutenant impitoyablement ma tête devant le miroir liquide de l'inconscience.

Il y aura toujours une enfant, livide et souriante, au fond de la forêt criminelle de vos érections.

Vos rotules, mes jeunes accélérateurs, qui s'enfoncent sous moi en vif-argent.

Les grandes places à la dérive sous la flanelle des doigts.

Nous jouerons longtemps avec les dernières bandelettes roses de nos distances pour les jeter vivantes aux fauves qui avancent dans les galeries de nos cerveaux vides et lisses.

La jolie houle des vêtements que la nudité immédiate a déjà engloutis.

Je me suis laissé découper par votre ombre ce dimanche d'hiver où vous avez traversé ma vie.

MARIE-FRANCE GUERRIER

DE SA « douce fente convexe » elle « butine le suc opalin » sans complexe. L'érotisme de la poésie de Marie-France semble « naturel » tant le travail en amont a été bien conduit. La versification, les rimes, pourtant bien soignées, ne sentent pas l'effort. C'est un vrai bonheur que de s'aventurer dans ce pays magique où elle nous fait découvrir son amoureux prestigieux à qui elle déclare :

> Phoebus, céleste amant, j'adore tes rayons
> Pénétrant en douceur mes intimes sillons...

Très douée, la mignonne.

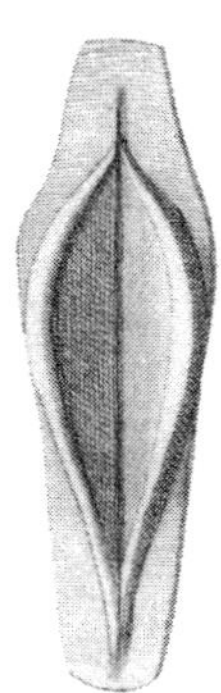

La Saint-Valentin

Mon Amour tu n'es pas un saint
Lorsque tu poses par essaim
Tes baisers dans mon buisson d'Eve
Pour qu'ils en butinent la sève
Quand le bonheur est sacro-saint.

Je devrais crier : spadassin !
Quand ta flèche de fantassin
Me fait gémir dans une trêve...
Mon Amour...

Lorsqu'à la gourde de mon sein
Tu t'enivres dans le dessein
De m'emporter au fil du rêve,
Sur les flots de l'extase brève
Où je meurs et j'appelle en vain :
Mon Amour...

Si j'étais un amant

Si j'étais un amant affolé d'une femme,
Ma main effleurerait, doucement, à loisir,
Sa nudité parfaite en voulant se saisir
De l'amour indicible enfermé dans son âme.

Dévoré par l'ardeur qui me brûle et m'enflamme,
Je boirais à ses seins dressés par le désir,
A sa source profonde où coule le plaisir
Parmi les bois ombreux lorsque le corps se pâme.

Lorsque m'appellerait son regard éperdu,
De mon sexe viril comme un archet tendu,
Je la ferais vibrer jusqu'au cri de l'extase.

Pour l'entendre gémir et pleurer de bonheur,
Tel un jeune volcan que la fureur embrase,
Je répandrais ma lave en pénétrant son cœur.

La rose et le papillon

Que l'amour timide et perplexe
Laisse son corset puritain,
Qu'il libère sans complexe
Pour jouir comme un libertin

Viens aux pétales de mon sexe,
A son clitoris de satin
A sa douce fente convexe,
Butiner le suc opalin.

Puisque dressée en un réflexe,
Ta trompe, papillon lutin,
Baise ma bouche circonflexe
Et la fait boire à son festin.

MIREILLE SORGUE
(1944-1967)

ELLE a écrit ses plus beaux poèmes très jeune, puisqu'elle mourut accidentellement en 1967 à l'âge de vingt-trois ans. Son œuvre complète parut chez Albin Michel voici quelques années et j'avoue le choc éprouvé en lisant cette correspondance de braise, *Lettres à l'amant*, qu'elle adressait à dix-neuf ans à un homme qui aurait pu être son père. Cette petite diablesse précoce et douée avouait : « J'aime l'homme d'un inguérissable désir. » Il n'est que de déguster ses délires sensuels pour s'assurer que cette amoureuse passionnée ne mentait pas.

Lettres à l'amant

Mon amour en moi-même
comme la nuit le jour l'averse d'abondance
je t'écoute longuement me harceler
sourde palabre et débat sinueux
harangue haute vigoureuse exhortation
j'entends ton souffle comme flamme
tressaillir fléchir et s'allonger au vent
j'entends ton souffle comme cri brisé souffleté
qu'éloigne ou rapproche le vent
intime métronome et lèvre de nos plages
j'entends ton souffle arrondir le silence
bulle fragile aux reflets de mer qu'irise le sang
tu vas
tu viens
Navette minutieusement qui tisse notre double veille
tu vas
tu viens
et je t'entends
je te balance au bout des cils
comme un ciel qu'on regarde à l'envers
tu vas
tu viens

tu me creuses
me combles
– Patience déroule et peigne notre sang noir en longs cheveux.
A chaque fois que je prends souffle pour grandir impérieusement tu me renfonces dans l'enfance comme un chat qu'on noie par miséricorde.
Percluse d'aise savoureuse le ventre dodelinant
je berce ton effort d'une cadence maternelle
je renchéris à tes raisons pour apaiser ton désarroi
j'approuve d'un hochement
je lasse et repose ta verve
Mes bras étroitement conjurent le vertige et je nous laisse choir en brève trajectoire au lit le plus profond.
– Dors mon amour exténué tout enveloppé d'un soupir
dormons
nos bras doublement cernent le rêve ancien rejoint
Courbes gigognes souplement
et moi la plus petite qui se love heureuse creuse et ronde
dans la chaleur de tes genoux
dormons
Un train raye l'ombre longitudinale
La marge du monde s'éboule
et le vent des lisières polit la vitre des hivers morts

Ses fesses sont l'image de l'innocence,
Leur courbe candide me dispose à la tendresse.
Je le regarde

Il est plus beau qu'un cheval,
Mais je l'enfourcherais en vain...

Je me penche sur ses cuisses.
Il me livre le parfum de foin noir
Et de vase que diffuse la fleur mauve qui le clôt,
Seul point féminin de son corps.

J'ai découvert sa racine.
Elle se renfle sous mes doigts,
Comme les muscles d'un chat satisfait.

Et lorsqu'il se retourne
Et me montre son désir,
Je tremble.

ALINA REYÈS

NOUS ne savons que peu de choses d'Alina Reyès. L'intensité du souffle érotique qui émane du *Boucher* relève de la poésie pure. Son manuscrit a reçu en 1987 le prix littéraire Pierre Louÿs et le bouquin, qui fit un tabac à sa parution, est actuellement en cours de traduction pour une quinzaine de pays. Quel beau début de carrière. Décidément, cette petite est douée pour tout !

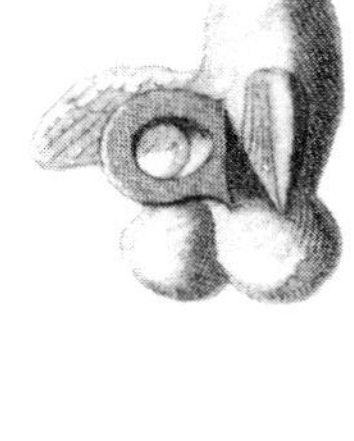

Le Boucher
Extraits

Je me relevai. Il ne bougea pas. Je pris encore le savon entre mes mains, commençai à nettoyer le torse, vaste et solide, modérément poilu.
Je me mis à descendre lentement le long du ventre, gonflé et ceinturé d'abdominaux puissants. Il me fallait du temps pour en couvrir toute la surface. Le nombril était saillant, petite boule blanche autour de laquelle se dessinait la masse ronde. Un astre autour duquel mes doigts gravitaient, en s'efforçant de retarder le moment où ils succomberaient à l'attraction vers le bas, vers la comète dressée contre le bel ordre circulaire de l'estomac.
Je m'agenouillai pour masser le bas-ventre. Je tournai longuement autour des parties génitales, tout doucement, jusqu'à l'intérieur des cuisses.
Son sexe était terriblement gros et tendu. Je résistais à la tentation de le toucher, prolongeant les caresses sur le pubis et entre les jambes. Il se tenait maintenant plaqué au mur, bras écartés, appuyé des deux mains contre les parois, ventre en avant. Il gémissait.
Je sentis qu'il allait jouir avant que je ne l'aie touché.
Je m'éloignai, m'assis en plein sous le jet de la douche

et, les yeux toujours fixés sur son sexe trop enflé, j'attendis qu'il fût un peu calmé.
L'eau chaude coulait sur mes cheveux, sous ma robe ; chargé de buée, l'air moussait autour de nous, amortissait les formes et les bruits.
Il avait été au plus fort de l'excitation, et pourtant n'avait pas fait un geste pour hâter le dénouement. Il m'attendait, il m'attendrait aussi longtemps que je voudrais faire durer le plaisir, la douleur.
Je m'agenouillai à nouveau face à lui. Sa verge, encore fortement congestionnée, sursauta.
Je passai ma main sur les bourses, en remontant depuis la base, près de l'anus. Sa verge se redressa encore, plus violemment. Je la pris dans mon autre main, la serrai, commençai un lent mouvement de va-et-vient. L'eau savonneuse dont j'étais enduite facilitait merveilleusement le glissement. Mes deux mains étaient emplies d'une matière chaude et vivante, magique. Je la sentais palpiter comme le cœur d'un oiseau, je l'aidais à courir vers sa délivrance. Monter, descendre, toujours le même geste, toujours le même rythme, et les gémissements, au-dessus de ma tête ; et moi qui gémissais aussi, avec l'eau de la douche plaquant sur moi ma robe comme un gant étroit et soyeux, avec le monde arrêté à hauteur de mes yeux, de son bas-ventre, au bruit de l'eau dégoulinant sur nous et de sa verge coulissant sous mes doigts, à des choses tièdes et tendres et dures entre mes mains, à

l'odeur du savon, de la chair trempée et du sperme qui montait sous ma paume.
Le liquide jaillit par rafales, éclaboussant mon visage et ma robe.

BÉNIE DESWARTE

L'ÉROTISME de sa poésie fait songer à l'univers pictural de Delvaux. Ses couleurs étranges la classent hors des frontières du réalisme torride. « Infra-violette... nue sur sa chaise, sexe chaux au soleil... », Bénie Deswarte a décidé une fois pour toutes d'être de ces rares

« jeunes femmes
qui osent s'allonger
nues sur les tables
les soirs d'été ».

Sa production paraît limitée. On reste sur sa faim.

Il a suffi de se lever très tôt
Extraits

... Je m'applique
A effacer tes cuisses blanches
De mon imagerie
L'homme que j'aime
Te lèche les lèvres
Dans une ferveur mystique
Quand il me fait jouir
Avec sa bouche
Je pense encore
A toi...

***

Je m'allonge
sur la table de jardin...
aussitôt
les animaux viennent
les corneilles
les lézards bleus
j'attends
les morsure
je suis en grand voyage.
plumes, écailles,

des champs de la jolie
j'entrevois
à travers mes cheveux
un jardin,
jardin de nacre laiteuse
cimetière
où l'on dépose
les jeunes femmes
qui osent s'allonger,
nues sur les tables,
les soirs d'été.

***

Clarté jaune
au fond de moi.
on donne une fête
quelque part.
Ils s'embrassent
les mains dans les cheveux.
je revois toujours
ces gestes.
on fait tous les mêmes.

Un soir d'été
que je me croyais assez folle,
je me suis mise
face au miroir
j'ai caressé
les cuisses

de l'étrangère.
elle était blonde
plus que moi.
je faisais rouler
entre mes doigts
comme une feuille
d'ambre
une mèche
de son chignon défait,
je ne savais qu'inventer.
je revenais toujours
à sa bouche
mince
comme une ligne mauve
comme une ligne de soleil couchant
à l'horizon
de mon inquiétude.

Et moi
je suis plus cuivre
que les murs
de la chambre noire de ton désir
je suis infra-violette,
nue sur la chaise,
un corps exposé à ta fenêtre,
sexe chaux au soleil
où je m'envoie en l'air
vingt et unième étage
porte 5

PAULETTE FERLIN

C'EST l'ami Vicensini qui m'avait un jour évoqué, en termes éloquents, la poésie de Paulette Ferlin, dont il m'avait offert le recueil : « Lis ça, tu verras, la môme a du talent ! »

En effet, ses « mots éclatés » nous éclaboussent de leur fièvre poétique et d'un érotisme délicat. Ses images sont parfumées et si joliment surréalistes : « Son sexe se lève en coup de vent et disparaît / dans la nuit des temps », qu'il est impossible de ne pas rêver des « trois roses de son corps »... et de ses « seins marée montante »...

Les femmes amoureuses sont toutes un peu sorcières !

Ma main
Dans les prés blancs de marguerites
Ton sexe de marguerite
Mélangé au foin coupé
Ma main basse et ma main haute
Ton ventre à peine plus beau
Que tes seins marée montante
Tes fesses longtemps après
Tes yeux où croise un navire
Qui nous jette dans la mort

***

Cette femme qui est là
A mes côtés
En qualité de Ma Dame
Incline vers moi son œil changeant
A ma portée son sein
Où passe un vrai petit train parfumé
Son sexe se lève en coup de vent et disparaît dans la nuit des temps
Ses dents de nacre grignotent une rose
Sans bruit elle fait l'amour.

*
* *

Tes seins
Je les traîne dans les rues noires
Comme des lampes
Une à gauche, l'autre à droite
On m'offre à boire
Pour que je les pose sur la table
Non. Je dis non et je me sens un homme
Avec un grand éclat de rire qui monte
Et réveille le bonheur
Tes seins font
Mon cœur battant dans les rues noires
Où je les traîne comme des lampes
Une à gauche et l'autre à droite.

NICOLE GHERHARDT

CHEZ la belle Nicole, la sève coule en longs flots continus... Sa quête sensuelle n'est pourtant qu'assoiffée d'amour avant tout. C'est une terrienne passionnée, une amoureuse romantique. L'angoisse de la solitude, le désenchantement qu'elle a de l'homme – « Tu n'auras jamais de moi qu'un peu de peau... » – nous donnent irrésistiblement envie d'aller la consoler de tous ces lourdauds qui oublièrent à coup sûr d'envelopper de tendresse l'incontournable « pistil géant » qui s'« enracine » en elle « comme un arbre vivant » ! On ne peut pas être partout !

Les chemins de l'impossible

Entre mes cuisses s'ouvre le dernier secret
Que ta main hésitante lentement pénètre
Et nos corps répétés à l'infini dans les miroirs multiples
Diront la sublime jonction
Tu es en moi comme un arbre vivant
Tu t'enracines
L'arbre de ton sexe fleurit en ma chair
Il épanouit en mes veines
La lente germination de sa sève
Et ta sève s'écoule en longs flots continus

Ton visage extasié aux yeux clos
Me renvoie l'image de ma joie...

Je t'aime encore et déjà tu es mort
Ce corps chaud encore sitôt le spasme retombé..

Homme, tu es ma force et ma misère
C'est par toi que je nais au monde
C'est par toi que je m'enlise
Quand tu me donnes à la terre
Et que tu te perds en mon ventre....

L'amante impudique

Quand après la longue attente l'ivresse envahit l'esprit
et jette au fond de l'âme ses troubles éphémères
je retrouve au plus profond les secrets les mieux voilés
c'est alors que renaît l'amante impudique
aux gestes désespérés
j'ai refusé de croire mais l'évidence s'est imposée
il est des êtres que rien ne trouble
et qui passent sereins à travers les orages
Suffit-il de dire je t'aime
pour abolir les obstacles
Suffit-il de tendre la main
pour cueillir les fleurs d'amour
La nuit lentement s'enroule sur elle-même
Les tumuli s'écroulent dans une plaine trop lisse
et le feu dévorant embrase les horizons
J'avais fait ce rêve fou
de te dévoiler mes antres les plus cachés
Tu serais venu avant le jour
lavé d'aurore et de lumière blanche
tu te serais gardé intact et les mains nues
et je t'aurais conduit
A la première marche j'aurais abandonné mes sandales

car le pied nu seul doit fouler les terres sacrées
Plus loin j'aurais défait ma ceinture
et quitté la robe de laine
car les tabernacles n'admettent que la nudité
et tu m'aurais imitée
Nous aurions atteint la première porte
et la seconde encore
par les chemins les plus secrets
aussitôt refermés derrière nous
les dalles de marbre n'éveillent aucun écho
La dernière porte franchie
Là où brûle le diamant de ses feux glacés
tu te serais penché vers moi
et je t'aurais livré l'essence de ma vie
Entre mes cuisses s'ouvre le dernier secret
que ta main hésitante lentement pénètre
et nos corps répétés à l'infini dans les miroirs multiples
diront la sublime jonction
Tu es en moi comme un arbre vivant
tu t'enracines
tu fleuris
et ta sève coule en longs flots continus
Ton visage extasié aux yeux clos
me renvoie l'image de ma joie

MARIE-JOSÈPHE

ELLE a la volupté provocante, Marie-Josèphe. Elle ne mâche pas ses mots d'amour, mais on sent bien qu'elle a consciencieusement ruminé ses verbes. Sa sensualité est impudique et naïve. J'offre, dit-elle dans un même élan, à la « main serpentine » qui s'« agite en tous sens »

« Mon buste tendu, ma croupe énervée.
A qui me soumet, j'ai la récompense,
L'humide blancheur de ma volupté. »

En même temps que puissamment évocateurs, les alexandrins de *Sado-Blues* sont suffisamment ludiques pour prouver que la coquine ne se prend nullement au sérieux.

Sado-Blues

Je l'attelle et l'étale et l'étiole et la tend
Le fouet fou fait fi de son dos de soie fait
Et la belle ébahie bêle et bat et balaie
de ses mains décimées volet, voile et volants.

Ses seins saisis sont si saisissants sans soutien
Son corps équarri si coulant, callé, collant
son babil bâillonné si bouillonnant, si bien
que j'en mords en mourant mon remords et mon rang

Sexe assis, sexe haussé, sexe hissé, sexe assez !
sexe aussi exaucé, sexe à six axes oh
le beau bouchon de bouche abouchée allez chez
O, on y a des ah, non des hue, non des ho !

Moi j'attelle et dis hue et dis ho et dis dia
la jument je m'en joue et ma joie est mon joug
oh l'étoile étalée à l'étal étends-la
qu'on l'admire en mirant, l'œil glacé, le cœur fou.

***

Je porte un masque sur la gueule
Lorsque je m'en vais toute seule
Pêcher les fleurs de nénuphars
De quelqu'étang caquetant tard...

Femelle extatique, animal pompeux
Dressé sur son cul : C'est moi ! Suis-je belle ?
N'ai-je point la cuisse et le cou soyeux ?
Tâtez mon épaule, humez mon aisselle.

J'offre à qui le veut mon corps éclatant
Le péché mortel de ma défaillance.
Un fleuve de joie coule entre mes dents.
Qui veut boire un coup à mon abondance ?

La main serpentine agite en tous sens
Mon buste tendu, ma croupe énervée.
A qui me soumet, j'ai la récompense,
L'humide blancheur de ma volupté.

Ma cervelle est vide. Aucune importance,
Mon corps en sait long, sans avoir appris
Et quand, à mon ventre on s'attable, on pense
A bien autre chose qu'à mon esprit.

VÉNUS KHOURY-GHATA

VÉNUS la bien-nommée enfourche toute nue le dos des mots brûlants. Elle sculpte de ses doigts enfiévrés un amour destructeur. Est-ce d'être née au Liban, belle Vénus, qui vous a donné tant de sensuelle passion... et de talent ?

A Yasmine

Tu es mon point du jour
mon île colorée en bleu
ma clairière odorante

Tu es ma neige volée
mon pétale unique
mon faune bricoleur

Tu es ma robe de caresses
mon foulard de tendresse
ma ceinture de baisers

Tes gestes moulin à vent
Tes cils épis de blé
et le rire se pétrit dans la cuve de ta bouche

Tu es mon pain joufflu
malisse
un nid.

Les ombres et leurs cris
Extrait

A genoux devant ma bouche obscure
pourtant debout en toi-même
tu vas titubant dans mes contrées pluvieuses
fourbu de transporter ton fardeau de cris
cris que tu déposes sur mon palier le plus haut

En équilibre sur ton sexe
tu regardes les cuisses nues des arbres
les triangles humides des deltas
le linge souillé des étangs

Avec ton seul corps
pénètre la béante
la broussailleuse
la lisse dans ses dédales
l'humectée dans ses plis
la Terre.

***

Arrache-toi une plainte sur le seuil
Atteins le plus haut sommet du cri
Défais ce cercle fait de toi-même
Quitte-toi.

... Tachés sont nos draps de mots écarlates
D'éponge sont nos corps aux doigts de filaments
Et nos baisers ne sont qu'entailles
Nos caresses des algues sur les plages du corps.

... Entre tes doigts
Fume ma peau.

... Celui debout contre mon tronc
Qui me défait de mon écorce
Et qui s'abreuve à cette entaille
Qu'il pratique dans mon aubier.

Celui végétal
Tige dressée qui relie la terre aux hauteurs
Pourquoi avoir émondé ses mains ?

... Au plus creux de la vague
Il y a ton corps insatiable
Et cette goutte immense prisonnière de sa forme.

... Mot tige
Je te parle d'une rose inhabitée.

Sois béante femme sous le pas végétal
Un homme brame sur tes plateaux médians
De sa toison gicle une source.

BELEN (NELLY KAPLAN)

L'HUMOUR et l'érotisme sont obligés de faire bon ménage dans la littérature de l'espiègle et gourmande Belen. Les *Mémoires poético-érotiques d'une liseuse de draps* sont assurément les plus beaux, les plus tendres et les plus drôles qu'on puisse trouver dans ce conte surréaliste. Balayant des flopées d'histoires d'incestes malsains et racoleurs, j'ai choisi pour vous, chère lectrice sensible, le délicat récit de l'initiation à l'amour d'une petite fille... qui n'attendait que ça ! Qui, mieux que son adoré et doux papa, pouvait y pourvoir ? La divine découverte de la saveur du sperme aromatique avalé goulûment ne donne-t-elle pas une folle envie à la fillette de recommencer aussitôt ? La conclusion de la scène n'est-elle pas délicieuse, elle aussi ? « Ce fut alors, aidée par une caresse subtile de papa, que je nirvânai à nouveau. » A rendre verts de jalousie Aragon et Cocteau !

J'attendais l'invasion de mon corps, étonnée du peu de hâte que mon père semblait avoir à l'accomplir, sans comprendre encore que cette lenteur même faisait partie du jeu, surprise de constater à quel point le cérémonial m'avait rendue humide et accueillante.

Enfin, en écartant lentement mes jambes, papa entra en moi par saccades prudentes. Je sentis un peu de mal, sans avoir presque le temps de m'en apercevoir, car au fur et à mesure que la flânerie prenait allure de promenade, de course ensuite, j'eus la sensation de converger (quel joli mot !) tout entière vers l'angle le plus aigu de mes jambes érigées intuitivement en isocèle. Les connaisseurs de la vie marine savent comme moi à quel point, quoique apparemment banale, est juste la comparaison de l'acte d'amour avec un vaisseau basculé-bousculé par le plus enragé des typhons. Bateau et océan simultanément, submergeuse submergée, conduite d'une main sûre aussi bien que meneuse, je sentis arriver le plaisir en vagues concentriques, si j'ose dire, jusqu'à cette brûlure finale qui me renversa pantelante ruisselante gémissante, pour se diluer ensuite en vagues excentriques vers la parfaite détente.

Ce fut seulement alors que papa m'inonda.

Nous restâmes étroitement embrassés jusqu'à ce que le rétrécissement progressif de la catapulte magique nous détache. Papa glissa légèrement et vint se placer à mes côtés. Blottie contre lui je le couvris de baisers comme

lorsque, toute petite fille, je venais le réveiller au matin dans sa cabine du Sperma.
Je me sentais très bien ; et bâillant, satisfaite, je m'étirais comme une chatte avant sa sieste quand papa, sévère, me rappela à l'ordre : nous n'étions pas là pour nous amuser mais pour accomplir un sérieux apprentissage ! Il signala son sceptre endormi et me mit en devoir d'essayer de relancer ce javelot quelque peu boudeur.
Je me dévouai volontiers et l'embrassai en une cascade de douceurs humides tout en agaçant les trois rondeurs voisines par des caresses d'une suavité uniformément orientée vers la véhémence. Peu à peu, à la chaleur des doigts, au velouté des lèvres, le redressement s'opéra. Devant ce touchant Lazare qui semblait dire : « Aie pitié de moi, viens vite à mon secours ! », ma volonté flancha, comme elle ne cesse de faiblir depuis lors devant le même spectacle. Je redoublai de douceurs. Et il ne cessait pas de se tendre, écrasant ma glotte, faisant jaillir mes larmes. Mais je n'abandonnais pas ce vaisseau ivre que je sentais prêt à couler, tandis que chez moi aussi revenait un goût de vertige de plus en plus fort de plus en plus fou, jusqu'à la décharge de laitance que j'avalai goulue, la saveur du sperme pour la première fois goûté me ramenant à ce lointain voyage à dos d'otarie sur les mers galapagoises à la recherche d'un survivant, quand l'écume fouettait mes lèvres dans cette même saveur de sel et d'aromates. Ce fut alors, aidée par une caresse subtile de papa, que je nirvânai à nouveau.

HÉLÈNE RADOMSKI

De beaux morceaux flamboyants « d'oiseaux-lyres, de songes pulpeux et de passion poivrée ». Les saveurs, les couleurs, les instantanés si fortement imagés de cet exotique érotisme, expriment les délires charnels de la belle Hélène qui, si cela n'est déjà fait, n'aura nulle peine à trouver son Ménélas.

La désirade

Somptueuse, parée d'orchidées, d'hibiscus
et de mimosées sauvages,
la Désirade s'étale, languide, sur la mer des Antilles.
Viens, venons fleurir le temps
et forger des délires de fougères et d'oiseaux !
Viens, courons vers les lagunes fraîches
plongeons dans l'exubérance des nénuphars !
Nous sommes parfumés de tendresse !
Mes seins sont des raisins
ta bouche est juteuse,
nous jubilons l'amour,
nos corps ont des fureurs de vagues !

Courons, l'île est boisée de joie et d'attente,
allons l'incendier à la montée des ombres,
là où mûrissent les amandes
et les promesses d'orage !
Allons clouer la potence des brûlures marines
dans un chaud récital d'oiseaux-lyres et de magnolias !
Baptême de la défaillance
dans le naufrage des sangs !
Notre course folle

sont les souffles tièdes, à l'orée des offrandes.
Avalanche païenne de gorgones en feuilles
et de quinquinas !
Flamboyante rouge, notre passion poivrée
éclatera comme rose du Bengale
dans le rituel des palmiers
dans le sabbat crépu
d'une liqueur océane !

Nos baisers épais sur la mousse martyre,
le ciel qui mijote des colères...
Nous nous immolons, ivres d'une poésie empourprée
de morsures aiguës et d'étreintes rageuses !

Les nuages renfrognés lissent un ouragan,
nous nous étoilons d'audaces sauvages
dans la ruée des vents qui halètent
les lianes frémissent
la blancheur du jour se grise.

De longues larmes chaudes coulent soudain
sur nos corps décadents.
Pluie de chaleur et d'odeurs
sur nos ventres hardis,
pluie féconde
nous te buvons, tel un nectar vanillé !

COLETTE MINOIS

DÉCOUVERT chez le poète et néanmoins éditeur Guy Chambelland, ce *Corps songeur* de la brûlante Colette Minois, dont « l'étincelle du désir » déclenche un gigantesque incendie dans sa « nudité neuve »... et dans notre imagination.
La façon de jouer du corps de cette excellente musicienne ne peut qu'inciter le lecteur à devenir mélomane.

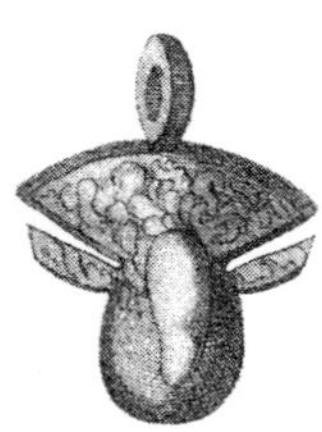

Corps songeur

D'un trait ma plume lèvera le doute !
Et je peindrai au rouge de ta bouche
tout le grand panneau du Futur

Et j'écrirai encore avec ta voix agile
mon ventre que tu prenais à poignées
comme un grenier à blé et qui s'ouvrait
où tu poussais vite et nombreux ô toi
dont je buvais avidement la tige au
goût du lait

Et j'étais âpre et forte et dure dans
ton souffle, mon amour, comme le câpre
qui emporte les bouches

O brutal tu entrais au temple dans le
déchaînement guerrier de nos jambes
pour piller, briser les colonnes

Et le fard vermeil empourprait le marbre

Et nous allions rire avec l'écume à la
barbe du sel

Ainsi dans la dérive et l'attraction de
nos corps futurs, nous t'inventions
délirante balistique

Ton corps bourré de plantes et
d'aromates où je vivais recluse dans
la pénombre des viscères

Ah ! ton corps
ton corps, mon amour, qui s'ouvre encore
comme une cluse dans la secousse fraîche
de l'échine et de l'éclair

A te cerner partout toujours et par
tous les estuaires de ta peau, garderai-je
la poussière fine et dorée éparpillée
autour de nous dans l'étincelle du désir ?

Si douce ô mon amour, cachée derrière
la forme et l'argile de ma nudité neuve
où j'atteignais éblouie le port aux
confins de ton corps

Ton corps, ton corps archaïque où je me
souvenais où je buvais l'eau des fontaines
où je mordais à tes oreilles et comme
aux lobes du soleil

Neuve ! Ah neuve et acide
mon amour, comme la trille et l'oseille et
mille fois dans l'ignorance, répercutée aux
conques sourdes et profondes

Et l'eau, l'eau encore dans le partage de
nos corps, ouverte obscure, offerte aux dards
et aux piqûres

Ton corps dans mon corps comme un
poignard qui s'émousse

Et l'amour
bête blessée, bête douce dans l'éclat
figé et vitreux d'un regard embué
par mon souffle

Hors d'atteinte
de ta bouche, le sable siffle entre
mes dents et l'eau rieuse, l'herbe et
le sang se couvrent de gel noir

Ta chair avait ce goût fade et rose de
la pastèque au soleil

Ton corps était ce philtre noir que je
ne me lassais plus de boire

Et le flot avec l'algue, le liège et le
varech me portait à la grève où tu me
saisissais barbare entre la paume dure
de tes doigts telle une jarre

Une fois encore je te voyais venir
je te voyais descendre les marches de
la mer

Et je venais aussi à ta rencontre
Ile craquante d'aromates et de menthe
pour te chercher dans la brûlure où tu
me marquerais encore une fois du double
sceau immémorial de l'Epouse et de
l'Amante.

NATHALIE ROHAN

PETITE LOUVE pantelante de désir, Nathalie, malgré quelques maladresses ou parfois même de petites « facilités », apparaît comme l'une des plus douées pour l'écriture poético-érotique. Sa recherche du plaisir pur la conduit tout droit entre les bras du garde-chasse de Lady Chatterley ou, pourquoi pas, sur les rivages parfumés de Lesbos. Elle y saccagea goulûment la « chair moelleuse et tendre » de la « nymphe clitoris », qu'elle invite dans son « pâturage érotique ». Quoi qu'il en soit, Eros est son animal favori. D'aucuns préfèrent les chats et d'autres les souris. Ici, on aime bien les deux.

La baiserie

J'aime les lieux où l'on baise et l'on rit
Et veux, ô mon amour, pour toute bergerie
Une alcôve splendide baptisée baiserie
Où il faudra bien sûr que tu baises à l'envie
Et que moi, je n'aie pour toute lingerie
Que le rire épanoui et la joie pour pays.
Je veux que tu te plaises dans ce modeste abri
Entre les draps neigeux et l'édredon bouffi
Les coussins rebondis et l'oreiller tiédi
Et surtout, je veux que tu baises à l'infini
Que tu baises de baisers, de bouche alanguie
De fines bouches, lourdes de perfidie
A bouches décousues, lippues et trop hardies
Et que nos corps ne soient que comédie
Que mélodie, que concert sur plumetis
Que bacchante hilare étourdie par l'orgie
Je m'éloigne de ton corps pour une bouderie
Un caprice futile, un rien d'agacerie
Une erreur d'artillerie et de badinerie
Jusqu'à ce que, bergère câline et chérie
Je regagne sans tarder la douceur de ce lit
Où le jour comme la nuit, tu baises et je ris.

Éros animal

O mon amant brutal aux yeux de carnassier
Au corps de jeune loup avide et animal
Mon petit loup féroce au sexe de métal
J'aime la violence de tes muscles déliés
Les appétits gloutons de ta chasse effrénée
La débauche lustrée implacable et sacrée
De tes instincts farouches et toujours indomptés
J'aime ton assaut brusque tes mensonges aiguisés
Et cette voix cruelle rude et acérée
Qui rythme l'hallali de la lubricité
Jeune loup long et souple aux reins vite cambrés
Au torse svelte habile à se ployer
Dans la chasse au plaisir trop vite dissipée
Où tu me traques braconnes vorace loup-cervier
Farouche et solitaire, loup un peu lycanthrope
De la curée vénale dont je suis le gibier
Rude chassé-croisé où je suis le trophée
Mon petit loup carnivore que j'aime à pas de loup
Je ne veux plus louvoyer à bouche nyctalope
Mais me livrer en fauve à ta chair déchaînée
A cet éclair d'argent de tes yeux carnassiers

PIERRE PERRET

« ... Pierre Perret est également un poète, et ce pas seulement dans ses chansons d'amour, comme *Blanche*, écrites avec une délicatesse, une finesse, une légèreté rares, mais aussi dans des chansons drôles, fourmillant de trouvailles verbales et sonores, d'images insolites... (...) il instille la poésie en des endroits insolites et cultive un érotisme de bon aloi. »

Lucien Rioux, *Cinquante ans de chanson française.*

LORSQU'UN SOIR, au Casino de Paris où il chantait, j'ai vu et entendu plus de mille personnes reprendre en chœur ses chansons, j'ai compris de quelle filiation poétique Pierre Perret était issu : de la plus noble et la plus ancienne de la Grèce antique ; il descend de cette lignée d'aèdes, ces poètes qui, de village en village, allaient chantant, s'accompagnant de la lyre, les textes d'Homère, de Pindare ou leurs propres poèmes. Ainsi naquit l'enseignement sur les pentes de l'Olympe.

Robert Sabatier a écrit dans son *Anthologie de la poésie française* : « Pierre Perret s'insère dans le réalisme social qu'il moque avec allégresse, jette la joie enfantine de quelque zizi dans tous ses exploits. Ne prétendant pas à la poésie, il l'atteint plus sûrement que d'autres. »

Pierre Perret a appris au moins deux choses aux filles et aux garçons des années soixante, deux leçons délicieuse-

ment insolentes alors que nous vivions sous le règne bien prude du général de Gaulle : le goût du désir et la liberté des mots.
Nous, femmes, sommes redevables de bien plus à notre poète : la réparation faite à un mot, outragé, violé, abusé, incroyable victime d'un retournement de vocabulaire ; l'un des plus beaux mots de la langue française, quoique l'un des plus courts, ce mot qui désigne notre intimité et qui vient du latin *cuneus* (coin), notre coin, notre con qui était devenu une épithète infamante, synonyme, lui si léger, de la lourdeur stupide.
L'éducation des sens se confond avec l'éducation tout court. Dans chacun de ses poèmes, Pierre Perret lance un hymne non point à la sexualité mais à la sensualité, donc au respect de l'autre, donc à la tendresse, donc à un véritable amour entre hommes et femmes. Il est bien le seul aujourd'hui.
En total accord avec Alain Decaux, quand il écrit : « L'écouter est merveilleux, le lire procure de nouvelles raisons de l'apprécier, mais que ces beaux vers surgissent qui nous avaient échappé :

> La porte de ta douche est restée entrouverte
> Et j'ai cru voir en un instant
> Les jardins andalous que piétinaient alertes
> Tous les chevaux d'Afghanistan ».

Je tiens, moi, son éditeur, à ce qu'il figure, sa modestie dût-elle en rougir, dans cette anthologie.

NICOLE LATTÈS

La veuve

Un soir d'été au cimetière
Où le ciel était rouge et brun
Je l'ai vue faisant sa prière
Pour son pauvre mari défunt
Tout près de là genoux à terre
Sur mon épouse tant aimée
Je versais des larmes sincères
Imitant la veuve éplorée
Elle m'apparut un peu sauvage
Mais de graçieuse façon
Comme ces oiseaux de passage
Qui ne voient rien que l'horizon

Larmes taries prunelles sèches
Un ange vint nous annoncer
Que par une maligne flèche
Nos cœurs venaient d'être percés
Elle se jeta sur ma poitrine
Me serrant si fort dans ses bras
Que son corsage en soie de Chine
S'ouvrit en bouquet de lilas
Elle avait des seins de gitane

Et une bouche au dessin pur
Et sous la feuillée d'un platane
Ses doigts défirent ma ceinture

Elle ôta mes habits de toile
Et sur ma poitrine ardemment
Ses dents tracèrent des étoiles
Aux rouges couleurs des piments
Elle ménagea la tendre veuve
Ni ses baisers ni ses soupirs
J'étreignis tant cette amour neuve
Que l'on s'aima à en mourir
Je défie n'importe quel homme
D'oublier les mots qu'elle disait
Et je n'ai point connu de femme
Qui fît si bien ce qu'elle faisait

Je n'ai jamais revu cet ange
A la sève de taurillon
Qui fut pour moi le doux mélange
De Carmen et de Cendrillon
Mais de cette belle étrangère
Disant des mots d'amour gitans
Dans ce rustique cimetière
Je me souviens le cœur battant
Qu'à l'heure où le soleil pardonne
A la lune d'être venue
J'ai tenu la grâce en personne
Qui partit comme elle est venue

Celui d'Alice

Si je me réfère
A mon dictionnaire
Il est temps de faire
La définition
De ce mot espiègle
Qui échappe à la règle
Plus noble qu'un aigle
Dans sa condition
Ce mot vous le dites
Censeurs hypocrites
Etablissez vite
Son vrai sens profond
Car si on l'ausculte
Au lieu d'une insulte
On peut faire un culte
Du joli mot con

Ce lieu de délices
N'a pas de notice
Mais même un novice
En aurait la clé
Y'a sous sa pelisse

Le climat de Nice
Entre deux éclisses
Tendrement musclées
Moi mon seul complice
C'est celui d'Alice
C'est de la réglisse
Du petit sucrin
La frêle couture
Qui pourtant l'obture
Me lit l'aventure
Au creux de la main

L'amour enjolive
Sa discrète ogive
Aux petites rives
Finement lactées
C'est un édifice
Tout en haut des cuisses
Un village suisse
Un matin d'été
Un mont de déesse
Qui gonfle et se dresse
Trouve la caresse
Quand soudain jaillit
Le berlingot rose
Vers ma bouche éclose
Comme un flamant rose
S'échappe du nid

Tartuffes notaires
Bourgeois de Cythère
Qui trouvez austère
Cet endroit charmant
Il vous est bizarre
Rien ne le compare
A votre outil rare
De super-amant
Apprenez Jocrisses
Frustrés de service
Que celui d'Alice
Bat pour le plaisir
Et qu'il se démène
Sous les coups obscènes
D'un mât de misaine
Qui le fait jouir

O tendre blessure
Divine échancrure
Sous votre toiture
De satin frisé
Du petit losange
Filtre l'eau du Gange
Entre mes phalanges
Soudain baptisées
Que la cicatrice
Si jolie d'Alice
Jamais ne guérisse
Mes amis sinon

Dans ce monde triste
De baiseurs centristes
Qui jouent en solistes
Je me sens si con

Blanche

Voici exactement voici messieurs mesdames
Comment l'amour creva mon horizon sans joie
Elle s'appelait Blanche et c'était une flamme
Mais oserais-je un jour chanter ce refrain-là
En entrant dans le lit je l'ai sentie nerveuse
Sur le drap de couleur sa chair devint rosée
Sa peau me criait « viens » et sa bouche fiévreuse
Murmurait « pas encore » refusant mes baisers

Blanche oh ! ma Blanche
Sauvage au rouge cœur
La courbe de tes hanches
Je m'en souviens par cœur

Blanche était un volcan c'était plus qu'une flamme
Un brasier que nul homme n'avait pu allumer
Moi j'ignorais ses dons je ne sais rien des femmes
Et je n'ai su qu'après que j'étais le premier
Que ma plume aille droit s'il faut que je l'écrive
Tandis que ses seins ronds échappaient à mes mains
Que ses cuisses fuyaient comme deux truites vives
Moi fou déconcerté je n'y comprenais rien

Blanche oh ! ma Blanche
Ton regard suppliant
D'animal pris au piège
Je le revois souvent

Je me suis fait pêcheur pour attraper ces truites
Je me suis fait sculpteur pour mouler ses seins blancs
J'ai dû lutter des heures avec cette petite
Furie qui aiguisait sur moi ses jeunes dents
J'ai chevauché ainsi ma plus belle pouliche
Alors que je traînais mon ennui dans Paris
Je cherche en vain depuis cette orchidée de riche
Qui dans ma pauvre chambre un beau soir a fleuri

Blanche oh ! ma Blanche
Sauvage au rouge cœur
Le piment de tes lèvres
Est resté en mon cœur

La porte de ta douche est restée entr'ouverte

La porte de ta douche est restée entr'ouverte
Abusant de la situation
D'un œil inquisiteur d'une prunelle experte
J'ai découvert plaines et monts
Le temple du soleil et la vallée sacrée
Ont disparu sous le savon
Et dans un éclair bleu niché dans la rosée
J'ai vu le mont Gerbier des Joncs

La porte de ta douche est restée entr'ouverte
Et j'ai cru voir en un instant
Les jardins andalous que piétinaient alertes
Tous les chevaux d'Afghanistan
Et ni les jardiniers ni les faiseurs de pluie
N'ont vu de chef-d'œuvre aussi beau
Le dessus du panier de votre anatomie
Est une grappe de cadeaux

La porte de ta douche est restée entr'ouverte
Peut-on ne pas devenir fou
En découvrant parmi quelques îles désertes

Tous les chemins de Katmandou
Et telle une algue souple au fond des mers nacrées
Tu ressemblais à Ophélie
Tes doigts s'ouvrant sur tes jeunes seins de poupée
Comme des roses épanouies

La porte de ta douche est restée entr'ouverte
Le documentaire était beau
Ces flamants roses avec la culture des fraises
Ont mis la fièvre sous ma peau
Une chanson dorée s'échappait de tes lèvres
Et ça parlait de paradis
Je buvais goulûment ces paroles un peu mièvres
Aux frissons d'amour garantis

La porte de ta douche est restée entr'ouverte
Quand soudain gonflant mes poumons
J'ai crié au secours à moi au feu alerte
Dans mes bras tu n'as fait qu'un bond
Tu m'as dit sauve-moi on va mourir peut-être
C'était un appel du destin
Que dans ta chambre bleue j'ai suivi à la lettre
Et jusqu'au lendemain matin

La porte de ta douche est restée entr'ouverte...

C'est l'printemps

C'est l'printemps
Tout le monde baise à perdre haleine
Les reins des chattes et des hyènes
Vont endurer du mauvais temps
C'est l'printemps
Deux clébards marchent sur six pattes
Les macchabées soulèvent les boîtes
Les taureaux montent sur leur maman
C'est l'printemps
Le lièvre dit à la tortue
Je t'en supplie dégage la rue
Pour moi c'est fini d'puis longtemps
C'est l'printemps
La chèvre de m'sieur Seguin demande
Au loup qui a la lippe friande
S'il veut pas la sauter avant

C'est l'printemps
Le Chaperon rouge en moins d'un quart d'heure
Découvre les vertus du beurre
Dont elle usait tout autrement
C'est l'printemps

Le renard dit au corbeau t'es bête
Si seulement t'enlèves ta jaquette
Je te laisse ton calendo coulant
C'est l'printemps
Pinocchio qui voit qu'sa bébête
S'allonge autant que son pifomètre
Renverse les chaises en pleurant
C'est l'printemps
L'ogre qui a passé l'hiver sage
Qui a un faible pour les pucelages
Réveille le Prince Charmant

C'est l'printemps
Y'a la tour Eiffel qui s'emballe
Qui se penche sur le trou des halles
Pour lui faire un jardin d'enfants
C'est l'printemps
Deux escargots sur l'herbe tendre
Qui copulaient depuis septembre
Viennent de prendre le pied brutalement
C'est l'printemps
La jeune veuve avant qu'elle se fane
Se fait le meunier son fils et l'âne
Et le laboureur et ses enfants
C'est l'printemps
Blanche-Neige est fatiguée pauvrette
De recoudre les boutons de braguette
Des nains qui bandent comme des pur-sang

C'est l'printemps
Le p'tit Poucet sème la pilule
Inutilement car ça pullule
De gros bûcherons tout frémissants
C'est l'printemps
Cendrillon rêve d'avoir un jules
Qui puisse comme cette foutue pendule
Tirer ses douze coups en suivant
C'est l'printemps
Je vous quitte là mes bien chers frères
Ma femme m'a dit je vais me faire la paire
Je sais pas laquelle exactement
Car c'est l'printemps

La sieste

Oh Bon Dieu ce qu'il peut faire chaud
On a pourtant mis le ventilo
Ma poupée est couchée sur le dos
Elle peut pas fermer ses p'tits rideaux
D'un p'tit air innocentissimo
Les yeux crépitant comme des fagots
Elle dit viens essayons de faire dodo
La petite sieste elle a bon dos

Dehors des gens parlent de friture
Et de protection de la nature
A quatre heures ils mettront leur chapeau
Pour aller voir mourir le taureau
Sa fermeture se coince entre mes doigts
Elle cambre en avant son ventre plat
Ah ces blue-jeans c'est pas un cadeau
Dit-elle en pédalant sur le dos

Soudain je vois au bout d'une lande
Un petit paquet de Maryland
Qu'elle roule entre ses cuisses en ciseaux
C'est la plus jolie pièce du trousseau

C'est alors qu'elle se met à son tour
A me dépiauter comme un vautour
Ses mains sont des hélices de bateau
La petite sieste elle a bon dos

Dehors on entend le marchand de beignets
Dire qu'à la rentrée ça va saigner
Une femme dit quel petit con ce chose
On saura jamais de qui qu'elle cause
Les baisers maintenant tombent sur moi
Comme des hirondelles dans le froid
J'ai comme des p'tits glaçons dans la peau
La petite sieste elle a bon dos

Le soleil a plié ses genoux
Le marchand de beignets a mis les bouts
Dans l'arène un taureau sanguinaire
Est tombé le nez dans la poussière
Ma poupée s'éveille et dit j'ai faim
Cette petite sieste m'a fait du bien
Demain on la commencera plus tôt
Car je sens Bon Dieu qu'y va faire chaud

CLAUDE MAILLARD

Elle est toubib et elle écrit des poèmes érotiques de la même façon que je m'en vais cueillir les champignons, c'est-à-dire en s'amusant et avec passion. Elle est née en 1927 et cela explique sans doute ses rages tardivement déclarées. Celle du cul sans doute, mais aussi celle qu'elle couvait à l'encontre des dérisoires amours que peuvent offrir les hommes. J'ai choisi ces deux poèmes qui me semblent illustrer parfaitement les profondes pensées dont je viens généreusement de vous faire cadeau.

Ventre amer
Extraits

Mon cochon
Entre mes mains croisées de petite fille
Allant à la Sainte Table
Sous mes lèvres déjà prêtes à s'ouvrir
Donne-moi
Ton groin, ta queue
Entre tes pattes boueuses je passe ma langue
Et je ris
Parce que tu pisses tout simplement
Devant mes yeux
Amoureux...

... Couche-toi
Et le long de toi je me couche
Longue
Blanche
Habillée comme à Vêpres
Nue et les yeux baissés
Analphabète
Avec des mains qui remontent jusqu'à ta bouche
Je refuse de m'asseoir sur tes cuisses
De connaître ton visage du milieu

De t'entendre haleter de te faire petitement mourir
Je te veux
Toi et moi parallèles
Jusqu'à ne plus pouvoir
Et de gémir
Et de gueuler
Et de nous tordre...

JACQUELINE VITANYI

ELLE met les mots à poil. Avec elle, pas besoin de décodeur. Elle rêve de déshabiller son prince dans des « draps neufs » sur son « matelas usé ». Son érotisme est généreux, dépourvu de complexes. Ses inhibitions, elle les étale sur la couette avec une passion fougueuse et une violence rarement observée chez les femmes.

> Incurable nymphomane que je suis
> Encore saignante
> A l'affût des chasseurs tapis qui vont me forcer
> Contre une table, ou contre un mur
> Ou contre le matelas d'un lit
> Et me fourrer, comme une oie de Noël,
> De farces acides et sucrées
> Et je vais gigoter durant des jours et des jours...

Sa passion déferlante roule de somptueuses trivialités qui n'excluent pas la pureté de son propos. Telle Joyce Mansour ou Nathalie Rohan, elle exhale en cris parfois douloureux le trop-plein d'amour qui la dévore. C'est sauvage. C'est beau. Elle a la moelle, la môme Jacqueline. Quelle santé !

Poésie et quelques récits
Extraits

Je t'ai rencontré, mon prince, dans un train.
Pouvais-je t'avoir ignoré si longtemps,
une heure peut-être, une heure irrémédiable
– une éternité révolue –
alors que nous n'étions séparés
que par le volume filiforme
d'une fille liseuse d'hebdomadaires ?
Nous la flanquions, moi à sa droite, toi à sa gauche,
indifférents, nous étions contigus à son opacité tran-
[quille.

Lorsque tu t'es levé,
je fus abasourdie de ta beauté.
Tu te mis à pousser, dans un couloir,
et je me mis à m'enfoncer, dans un recoin,
pour admirer ton bel élancement de jeune arbre en hiver,
privé de feuilles.
Je ne voyais plus la forêt avec ses chênes et ses brous-
[sailles,
avec ses résineux, avec son humus spongieux,
je ne voyais plus rien qu'un tronc poli et vertical
une débauche de gestes mesurés,

une retenue de couleurs,
un silence de roi écoutant,
une harmonie qu'effleuraient des passages.

***

La mort,
à peine se détachait de sa prise frisée
que je l'ai croisée, assouvie.
Elle flânait encore, replète, entre nos carrosseries,
à nous frôler.
Quelle stridente érection
l'avait enfouie, bombe éclatant,
dans cette adolescente étonnée ?
J'ai vu les signes écarlates de la secrète séduction
couler sur son bras nu.
J'ai vu sa bouche, j'ai vu ses yeux interroger,
j'ai vu la réponse figée
dans l'orgasme de cet irrésistible viol
me fasciner.

***

J'aurais aimé pour toi mon prince,
mettre des draps neufs sur mon matelas usé,
te déshabiller,
lisser l'écorce de ta peau
et te laisser entrer, tout crû, tout droit
dans les profondeurs remuées de mon imperfection.

Potlatch...

Comment ma bouche aurait pu te le dire,
puisqu'elle était occupée à puiser de ton sexe,
avec acharnement,
l'eau épaissie de tes mille semences ?
Les femmes de Java s'enduisent le visage
de la liqueur de leur amant,
pour adoucir leur peau.
Et voilà que tu es parti, avant la source jaillie.
Une goutte, une seule,
s'est collée à mes doigts
serviteurs prévoyants du désir englouti,
s'est étirée,
et maintenant que ton symbole filament
est entré, dans un pore occidental de ma paume,
par un imperceptible viol,
je sens ta force dans le croissant
qui va et vient,
fauchard de ronces
autour du pin que j'ai planté naguère.
Arbre sauvé par mon amant,
je vais dormir et te livrer
au vent, à la nuit épousée
venue se caresser à tes aiguilles vertes.

HÉLÈNE ALBERTE

L'ESCALADE n'en finit pas, si je puis me permettre cette triviale expression dans un bouquin aussi sérieux. Nous avons suivi jusqu'ici l'avènement d'une poésie érotique féminine, qui depuis Mai 68 a rattrapé des siècles de retard. Les complexes, les inhibitions, les révoltes, les cris de haine et d'amour, tout a été mis sur la table la plupart du temps sans pudeur mais non sans provocation. Je suis émerveillé de constater que grâce à de courageux éditeurs (mais oui, je le répète) comme Guy Chambelland, Jean Breton, Jean-Jacques Pauvert et quelques autres, les nanas puissent enfin librement s'exprimer. Se débarrassant d'un ancestral esclavage domestique en même temps que d'une hypocrisie de mœurs bourgeoises, elles osent enfin chasser sans complexes (ou presque !) sur les terres fertiles de l'érotisme exclusivement réservées aux hommes jusqu'alors. En 1981 seulement, la loi proclame que l'imprimerie et la librairie deviennent libres. Elles mettent dès lors les bouchées doubles, les nanas ! Hélène Alberte est de celles-là. Les thèmes érotiques abordés par les femmes sont souvent torrides, sans faire nécessairement étalage de perversité ou de spectaculaires débauches. En fait, partouzes ou parties carrées minutieusement décrites y sont rares. C'est pour cette raison que j'attire votre attention, chère et passionnée lectrice, sur la prose flamboyante de la douce Hélène, qui, au cours d'un voluptueux sabbat, honore ici sa maîtresse du phallus de son amant :

Belle sorcière rousse
Je t'empale nue
Sur son épieu dressé...

Tout un programme !
On peut trouver dans *Ce soir le chant des trains*, paru chez Chambelland, d'autres délires du même tonneau, auquel d'aucuns aimeraient sans nul doute se désaltérer.

Cérémonials

Allongés nus sur l'herbe
couleuvres alanguies au soleil
mon ventre contre ton flanc
rit de chaleur

Laisse ma bouche
t'arracher le cri
Laisse mes doigts
moduler ton chant

Une fine vapeur nous recouvre
et ta semence jaillit
comme jadis les nouveau-nés
expulsés de mon ventre.

Ce matin-là je dégainai lentement
l'épée couchée contre ma hanche
et tirai délicatement sur le pommeau.

Le fuseau calé dans la main
je croisai, pointai, perçai.
La rapière devint lisse, tendue,
provocante, pourfendante.

Le duel dura, dura
et par un coup d'estoc
je m'embrochai jusqu'à la garde.

Une chaude humidité
s'écoula de la blessure.

Pendant un instant
ma vie ne tint plus que par un fil.

Un souffle trois corps

Ma douce amante
je te veux tendre et brutale
je te veux aimante et blessante
je te veux docile et rebelle

Ma louve secrète
J'ai chaleur de tes seins
j'ai morsure de tes lèvres
j'ai fraîcheur de ta langue
j'ai ardeur de ton sexe

Ma pouliche sauvage
j'ai pleur de toi
j'ai rire de toi
j'ai cri de toi

Dans le refuge de la Vallée
je te loue mon amant
et de tes lentes caresses
tu me paies en nature

Plaisir partagé
enrichi de notre entente
alourdi de nos différences

Mais tes mains
ne peuvent remplacer
la morsure des clous d'or
qu'il projette dans mon ventre

Belle sorcière rousse
je t'empale nue
sur son épieu dressé

Pour prolonger le supplice
je me glisse contre tes reins
mon souffle embrase ton dos
mes mains rythment tes hanches

Et quand l'explosion nous abat
sur le bourreau ivre de jouissance
mes doigts chantent ta moiteur

GILLES DURIEUX

CE POURRAIT ÊTRE Cendrars qui vous envoie une bafouille de Bilbao ou de Pernambouc, tapée d'une main sur sa vieille Remington. L'érotisme est constamment à fleur de mot dans la poésie de Durieux. L'exotisme de ses décors, de ses personnages, vous emporte dans des chambres de bonne à White Chapell, ou dans des bordels de Bahia. L'arôme de votre havane est soudain balayé par les odeurs musquées des aisselles d'une fille de rencontre, et vous vous retrouvez « le nez dans son sainfoin obscur »... sans vous préoccuper davantage de la précarité de l'existence humaine. Il m'a un jour offert son recueil de poésies qu'il m'a dédicacé : *« A Pierre Perret en souvenir de la Colombe, des Escarpes, de Fontenay-aux-Roses, du Port du Salut et de la bonne chanson. Avec toute ma vieille admiration. Gilles Durieux. Classe 54. »* Il n'était peut-être pas obligé de nous rappeler notre âge ! Enfin ! Jean Yanne a beau déclarer dans sa postface que Gilles est un « exécrable joueur de boules », il n'en demeure pas moins qu'il est malgré tout un sacré poète ! Autre point commun de taille : Lino (Ventura) était notre ami.

Vigorelli de Milan

Seule la jambe droite avait un bas
l'autre était posée dans un baquet
d'eau verte
je ne sais plus très bien la source
de son visage
ses yeux brûlaient d'un fort voltage
la jupe accueillante comme tente de camping
sous l'averse

une grappe de lumière
remontait de la rue
qui parlait italien

elle se leva un instant
le bas tirebouchonné
les fesses rougies

je pris son cul au flash
je le décris en le regardant
sur la page du ciel et des draps

pas d'argent pas d'adresse
près du Vigorelli de Milan
jaugeant bandant jappant
pliant bagages
elle me laissa en dépôt à l'hôtel
elle m'avait dit : pas de nom
par un après-midi de juin dans la ouate

dans ces cas-là je les appelle
toujours Marie.

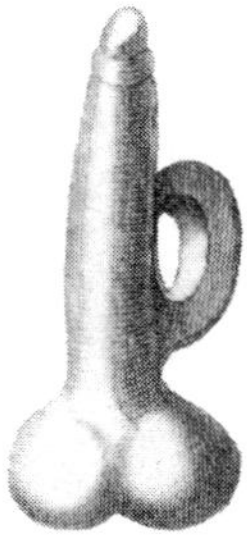

Well it was nice meeting you

What a lovely day
êtes-vous seule
are you on your own
sa touffe blonde moussait
une vraie moquette
que j'avais jadis arpentée
dans un hôtel tanière de Piccadilly
son pelage tango
vraie joubarde aracnéeuse
que j'appelais à tort gentiane bavaroise

le bonheur grésille chez Julie de Londres

How do you do
fine thanks and you
je parlais l'anglais comme une vache espagnole
à midi sa bouche sacrifiée avait déjà
l'insolence des cornets de vanille
elle releva ses cuisses pour mieux s'ouvrir
face à sa coiffeuse
La voilà la pénitente de White-Chapell
je retrouve la ferveur de mes vingt ans

le nez dans son sainfoin obscur
il lui arrive de faire du cinématographe
et un ministre travailliste lui verse une pension
pour ces bons offices me dit-elle je fais jaillir
une fois par mois sa passion de vieil homme
au fond du vagin

le bonheur grésille chez Julie de Londres

J'habitais à l'époque chez John et Joanna
au 2 Chester Square
un poète nommé Arnold avait fréquenté cette maison
en 1888
et là donc je rencontrai Julie harnachée de noir
elle coula dans la Tamise mes sombres pensées
à Pâques en soixante-huit
Elle se présenta comme une pute puritaine
mais gloutonne lèvres limoneuses après le thé
langage fleuri gants de peau aseptisée
elle perdait parfois l'équilibre du haut
des verges prolétaires on l'aguichait avec des baffes
elle devenait la servante de sa servante
et notait la particularité des pafs sur son agenda
en bramant du Mozart
elle n'effleurait jamais l'écorce des choses
elle allait droit au but avec son accent inimitable

I give a small party tomorrow night
I do hope you can come

mais ou j'suis ton larron
à tire-larigot c'est le refrain
de ma chanson

WELL IT WAS NIGHT

Julie quand elle faisait l'amour
nous laissait voir (dans son regard)
son passé d'aristocrate
et aussi les corbeaux de la Tour de Londres

le bonheur grésille chez Julie de Londres

Elle vivait avec un Titien quatre Cuyp et
un Rembrandt elle disait tu à Rudolf Noureev
Il lui arrivait de mettre le masque de Pierrot
et de forniquer en dansant le slow
quand la nuit était bleue elle jouait au loto
avec un lord aveugle
Il lui caressait la gorge avec une badine
et faisait ouppf ouppf ouppf
Son vieux Marquis travailliste
lui a offert un jour un Détective
de l'Agence Doughy Baker (TRA 1661)
et Julie devint Madame Rawley détective
et fit partie de The Family Planning Association
Elle s'ouvrait comme un livre aux pages soyeuses
à genoux on l'aurait prise pour une dévote
elle portait toujours deux culottes

Lorsque je la guettais dans sa Bentley
près du Rochester
je gobais des huîtres pour le phosphore
what a lovely day
c'était le premier jour
Sa touffe blonde moussait comme de l'or
j'ai laissé ses initiales
sur une table de la Highbury Barn Tavern.

FRANCINE CARON

C'EST une commotion sensuelle. Elle a un vrai talent, la môme Francine. Déchaînée, elle aussi. Et puis, libérée à fond la caisse. Du moins c'est ce qu'elle veut nous laisser croire. En fait, elle a de la pudeur à revendre. En total désaccord avec l'ami Béarn, je suis, quand il reproche à Francine d'« alimenter la pornographie » avec les passages les plus réussis, les plus émouvants de sa poésie : « Femme fendue, / Ecartée pour le comble, / Cône / Au long cercle du phallus, / Prude de quoi, la femme ? / Fauve déesse écartelée, / Montante à l'homme, / Hissant ses reins jusqu'à l'achèvement »... Et plus loin : « Je sombre où pleut le sperme, au temps immémorial des graines. »

Mais qu'est-ce qu'il y a de porno là-dedans, mon cher Béarn, je vous le demande ? Je ne vois, moi, qu'élan, cri montant de la terre, quête du plaisir, dans cette fête charnelle. « Le ventre fertile à la mer » témoigne encore, si besoin est, de ce latent besoin organique de « germination » que le désir pur, la recherche de la jouissance, n'annihilent jamais totalement chez une femme. Francine Caron est l'une des deux ou trois les plus douées de sa génération. Continue, fillette. Cette « pornographie »-là ne nous effraie pas le moins du monde. On en redemande.

Ma main
S'insère
Et divinise

Un homme
Avec tout son corps
Déclinable.

En moi, ce sexe,
En moi, la glorieuse montée
Et mon couronnement,
Le corps qui nous manquait.

Femme attentive
Au bon surcroît de chair
Survenu au-dedans du sang,
Voici tes seins comme une offrande,
Le généreux assaut du corps de dieu,
La plénitude en route.

Le bonheur me ruisselle
En la divination des mains.
Et dans lézarde de la joie
S'amoncelle chaleur.
Mains ouvertes au délire.

Mon sexe flambe,
Rien que la peau qui bat,
Maraude.

Dans le noir
Je cherche toujours
La place de ta bouche.

Te dessiner
Avec une main pleine et vivante

Je te bois dans le centre de la main
Mon homme à flots
Descendu des viviers.

Et de mes doigts sur toi
Poser couronne.

Bruyamment nue...
La maturité comme un mât...
Ouvrant le corps
Comme une orange...

Mon homme-amour
Qui sais écarter mes pétales,
M'ensevelir de tige drue.

Le ventre fertile à la mer...
Le ventre noyé de toi...

Tel un arbre reprenant vie
Dedans sa terre...
... Comme un arbre en mon corps.

Palais pétri de braise.
Femme fendue,
Ecartée pour le comble,
Cône
Au long cercle du phallus.

Prude de quoi, la femme ?
Fauve déesse écartelée,
Montante à l'homme,
Hissant ses reins
Jusqu'à l'achèvement.

Jouissance
Où expire et respire le sexe.

Vulve qui se souvient,
Qui se soulève...

Je sombre où pleut le sperme
Au temps immémorial des graines.

Repu, le ventre,
Au repas de la vie richement attablé...

Ce qu'il en est du col
Quand il se fait
Tout à sa nourriture
Niché dans la passion du sperme.

La perfection des corps unis
Dans tout ce qui se peut combler,
Sexe,
Bouche,
Et la main.

ANNE BARTHÉLEMY

PÉNÉTRÉE par le dieu Neptune lui-même, la petite Anne se laisse engloutir dans un océan de plaisir, d'abandon, de volupté.

L'Amour est un cierge dressé
A la crête des mains...

Il suffit de saisir l'occasion.

Le feu, le feu, le feu
... Mon eau t'apaise !

Tel un phare
Fouille mon mystère
En ma baie

Ton promontoire d'où s'envolent
Mes cormorans
Illustre et menace mes éveils.

Mes hanches portent les jetées
Qui bercent ton pas

J'écoute alanguie
Le ho-hisse de nos voiles

Et douce, douce
J'enserre entre mes dents
Ton mât...

Tout me prend comme un vertige
Tout tremble
Il n'est pas un cri plus long que l'autre
Je suis le cri
Et je suis affamée
Et je suis sans bouche pour cette faim

L'amour gronde en mes entrailles...
Ta chair palpite dans ma chair
Ton sang alourdit mes veines
Je mords la volupté dans ta bouche
Et je roule un océan contre moi
Je t'enfante entre mes jambes
Et tu n'as plus d'âge
Et je n'ai plus de nom.

BÉATRICE LIBERT

DÉCOUVERT tout récemment, cet unique poème d'amour, érotique et beau. Il y en a paraît-il d'autres de la même eau, dans un recueil, *Parades*, publié il y a quelques années chez l'éditeur André de Rache à Bruxelles. « L'érotisme de Béatrice Libert, écrit Béarn (dans son anthologie parue récemment), se révèle créateur d'émois aussi savoureux que des fruits mûrs. » On retrouve tout de suite le connaisseur.

Ami, si tu veux boire
A mon calice d'or
Si tu viens dans le soir
Communier à mon corps

Sache que pour te plaire
J'aurai toujours la foi...

Mon corps a pour toi
Des chevauchées marines...

Vous jaspez mon sillage...

M'ouvrir comme une mangue épaisse
Moudre le fruit de ta tendresse...

Je peins mon ventre le matin
Tu le parfumes de tes mains
Tu le protèges de l'hiver
Tu l'aimes blond et d'outre-mer
Tu le mordilles et tu l'embrasses
Mon plaisir t'y suit à la trace...

Je dis la lente nostalgie
Des soirs qui fument....
Et la moite blondeur
De mes seins aguerris

Je dis la longue nostalgie
Du désir qu'on habille de Soi
Le sursaut de la main
Voleur d'éphémère.

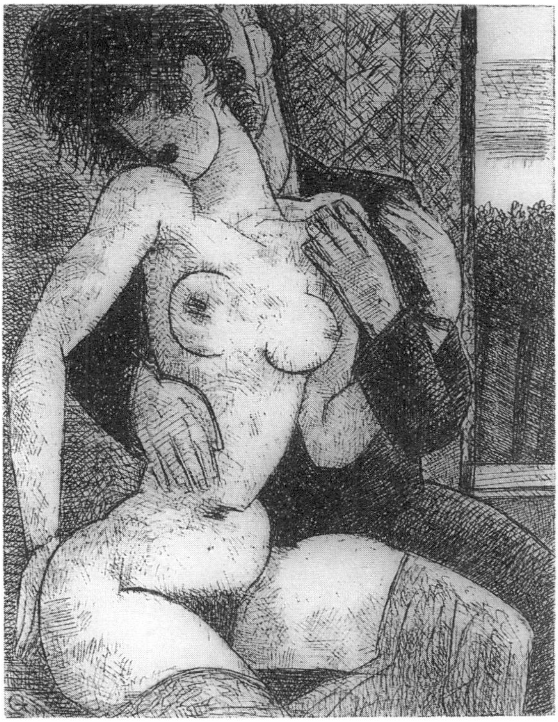

MYRIAM MARSAN

CETTE JEUNE FEMME paraît tellement emportée dans un tourbillon de passion barbare pour les jolies Berbères qu'elle doit être bien fatiguée au petit matin. Ses petites déchirures ayant néanmoins de la gueule, on peut espérer qu'en diversifiant les sujets, elle arrivera du même coup à varier les plaisirs et – pourquoi pas – à exorciser ses angoisses clitoridiennes... et sa peur du mâle !

Doushka

Doushka
ma douce
ma douceur
douce ma sœur
Doushka
ma douce
ma douce sœur
Doushka
ma douce
ma tendresse
ma caresse
Doushka
ma douce
rends-moi
la brise
tendre
des ciels d'orient
au lever des planètes
rends-moi
la caresse chaude
des crépuscules
marocains

rends-moi
la saveur du jasmin
au rythme de l'Atlas
douce
ma Berbère
rends-moi l'ivresse
nomade du désert
Doushka
ma
nomade
rends-moi
la flamme
du vent d'automne
douce
ma douceur
je puise
dans tes yeux
le parfum
des arbres de Judée
douce
ma nomade
rends-moi
la cruauté
des fantasias
au sable du désert
douce ma cruelle
je puise à ton haleine
le désir
de vivre

Doushka
ma douce
ma douceur
ton corps
en folie
qui brûle
de mon sang
douce ma cruelle
je pénètre
tes veines
j'envahis
ta peau
je me glisse dans toi
pour ne plus en sortir

BRIGITTE EGGER

GRÂCE à Pierre Béarn (encore une fois !), je découvre Brigitte Egger. Béarn faisait partie du jury qui lui décerna le prix Henry Frantz pour l'aide à la création de la Société des Gens de lettres. Ils ont eu du pif. La môme est douée et il faut espérer qu'elle ne s'arrêtera pas là. Elle est dévorée elle aussi par une bouillante passion :

Les paumes déjà moites
Effleurent le pistil des seins
Frôlant l'extase qui va naître.

Possessive, elle sait ce qu'elle veut :

Celui qui doit me prendre
Me prendra mais pas sans façon
Car sa façon sera la mienne.

Elle s'abandonne pourtant à un esclavage consenti :

Libre et fière, je me veux esclave !
Subjugué, tu cèdes à ma prise...
Pétrisseur de mon levain...
Ouvre-moi comme une huître !

Insatiable fleur carnivore elle émet un souhait plaisant à la fin de son poème de braise :

> Et je brûle de te dévorer,
> De cajoler ton pèlerin...

Dans un cas pareil, qui hésiterait à lui confier son bâton ?

O pèlerin de mon chemin,
En ta chair je deviens festin,
Libre et fière, je me veux esclave !
Subjugué, tu cèdes à ma prise...

Pétrisseur de mon levain...
Ouvre-moi comme une huître !
Chair pourfendue, je suis blessure...

Je bois à votre source généreuse...
Sous ma langue savante
Succulentes larmes vous glissez...

Apaise ma bouche vorace.
Répands en moi ton doux nectar...
Je peuplerai tous les déserts !

Ma voluptueuse te réclame !
Toujours ouverte au savoureur...

La fleur sans remords s'enracine à la tige...

Mes hanches éveillent d'étranges lueurs,
Mes cuisses luisent de délire et de faim...
Démon, je danserai sur toi !

Mon nid devient ton obsession !
Laisse tes doigts danser sur ma peau !
Je suis ton appel aimanté,
Sois mon cavalier déchaîné !
Ma passion flambera ta chair !

Prends-moi ! Sous ta main je suis louve,
Mise en mouvement par l'orage
Apportant la libération.
Une vague m'inonde et m'emporte.

Voluptueuse ma chair t'attend,
Dans sa précieuse enluminure.
Elle a faim de son bienfaiteur.

Et je brûle de te dévorer,
De cajoler ton pèlerin...

Frotte ton corps contre le mien
Il sera bouche brûlante.
Mon fascinant, mon turion,
Tu m'habites de ta chaude présence,
Le nid s'éveille effervescence...

Alors je me lève ouragan,
La tête enfouie dans l'arc des jambes,
Pour apaiser une bête furieuse.
Tu fais en moi crier la sève.
La jaillissante, vivant sans trêve...

Ton odeur m'habite comme un fauve,
Mon nid rêve de meurtrissures.
Mes hanches éveillent d'étranges lueurs,
Mes cuisses s'illuminent à ta joie !

Je suis la soif du lœss sur les doux rivages.
Le tonnerre bridé espérant son orage.
L'attente fascinée du bourgeon sous la sève.
Un corps amoureux, ta bête, la joie de tes mains.

Tu transformes mes nuits en soleils
Et me fais naître femme
A chacune de nos rencontres
En magie.

CILICK

EXTRAITS d'un bouquin intitulé *Erotolalie*, publié sous le pseudonyme de Cilick, ces quatre poèmes très différents me semblent illustrer parfaitement le tempérament volcanique de la fillette.
Ces exubérantes démonstrations trouduculières relèvent d'une quête du plaisir à tout prix ainsi que d'une indéniable santé physique et morale.

Non !

Non ! On déchire ma robe,
Arrache mon slip nylon.
Acculé contre un mur blond,
Mon sexe, en vain, se dérobe.

Enorme, une verge enfonce,
Loin, au fin fond du vagin.
Ma gorge roucoule et geint :
L'émail du plaisir s'annonce.

Qui me fait l'amour ? O j'aime !
Oui, encor ; c'est bon, si bon !
Mon corps tète à gros suçons,
Goulu, la moelle suprême.

Quatre amants

Il me faut quatre amants : deux pour sucer mes seins,
Le troisième à ma bouche, et l'autre qui copule.
Tout ça, pas sur un lit, mais sur un tronc de pin
Couché, dans la forêt lorsque la chouette hulule.

Au feu de leurs huit mains, huit mains, quarante doigts,
J'embraserai mon corps jusqu'à oublier l'âme
Qui me tue à rêver de l'impossible roi
Ceint d'une éternité où l'Amour-Dieu se pâme.

De leur gros pénis rouge, engorgé de marmots,
Ils blesseront chacun la fourche de mes cuisses.
Le moule de mon corps : dur cercueil, doux berceau,
En pointillé suivra le chemin de l'abside.

Des quatre beaux amants, nul ne saura lequel
Aura coordonné, du fruit de sa semence
Le fœtus qui frétille et dévore, cruel,
Ma jeunesse et mon sang avec tant de démence.

La première

Ciel, voilà tes deux tétins
Durs, qui m'enchâssent les seins !
Et moi, je ne sais pas comme
Faire ce que fait un homme.

Mille baisers dans nos cous
Perlent des colliers de fous.
Ta langue habile, à ma lèvre,
Burine un travail d'orfèvre.

Tortillés en longs copeaux,
Des frissons frisent nos peaux.
Sous chaque aisselle poilue,
Musqué, l'amour s'insinue.

Que moulinent nos mollets !
Fin prêt, notre sexe brait.
Si je n'ai pas la manière,
C'est que tu es la première.

Faire ce que fait un homme !
Encor ! réapprends-moi comme
On met, dive créancière,
Ses doigts dans la souricière.

Au lit de l'eau

J'aime prendre un bain
Avec toi quand tu bandes
Et que sur mes seins,
Nerveux, tu sarabandes.

J'aime quand tes mains
M'ouvrent au creux des fesses
Comme un petit pain
Tout chaud, un jour de liesse.

Et qu'au lit de l'eau,
Savonneux, tu me baises
D'un élan si beau
Que j'en puis mourir d'aise.

TABLE DES ILLUSTRATIONS

— Couple enlacé, par Areille Bos, XVIe siècle, Paris, Bibliothèque Nationale, (B 60424), [*p. 113*].
— Scène érotique, Vivant Denon, XVIIe siècle, Paris, Bibliothèque Nationale, (B 104462), [*pp. 119, 161*].
— XVIIe siècle, Paris, Bibliothèque Nationale, (M 309929), [*p. 129*].
— XVIIe siècle, Paris, Bibliothèque Nationale, (M 309897), [*p. 132*].
— XVIIe siècle, Paris, Bibliothèque Nationale, (M 309882), [*p. 134*].
— Statuettes érotiques, XVIIe siècle, Paris, Bibliothèque Nationale, (B 104461), [*pp. 136, 217, 335*].
— Obscénités, Boivin et Salviati, XVIIe siècle, Paris, Bibliothèque Nationale, (M 311752), [*p. 142*].
— XVIIe siècle, Paris, Bibliothèque Nationale, (M 309933), [*p. 181*].
— *La vue*, Obscénités, XVIIIe siècle, Paris, Bibliothèque Nationale, (M 311740), [*p. 204*].
— *L'Abbé consultant sa bonne aventure*, XVIIe siècle, Paris, Bibliothèque Nationale, (M 310476), [*p. 215].*
— *Nymphes et satyres*, XVe siècle, Paris, Bibliothèque Nationale, (C 155889), [*p. 219*].
— XVIIIe siècle, Paris, Bibliothèque Nationale, (M 310072), [*p. 221*].
— XVIIIe siècle, Paris, Bibliothèque Nationale, (M 310148), [*p. 238*].
— Obscénités, XVII-XVIIIe siècles, Paris, Bibliothèque Nationale, (M 309980), [*p. 262*].
— Dessin à Waldeck d'après une composition d'A. Garrache, XVIe siècle, Paris, Bibliothèque Nationale, (M 312689), [*p. 267*].
— *La complaisante*, Boivin et Salviati, XVIIIe siècle, Paris, Bibliothèque Nationale, (M 311662), [*p. 292*].
— XVIIIe siècle, Paris, Bibliothèque Nationale, (M 310151), [*p. 313*].
— XVIe siècle, Paris, Bibliothèque Nationale, (M 312645), [*p. 328*].
— Augustin Garrache, XVIe siècle, Paris, Bibliothèque Nationale, (M 311896), [*p. 331*].
— *Soir*, gravé par Lemercier, Devéria (1830-1840), l'Estampe au XIXe siècle, © ND-Viollet (ND 9108), [*p. 370*].
— *Adam et Eve*, Albrecht Dürer, dessin, XVIe siècle, Ecole des Beaux-Arts, Paris, Giraudon, (LA 17183), [*p. 372*].
— *Les apprêts du bal*, Paris, Bibliothèque Nationale, (M 311233), [*p. 397*].
— *Un rien l'habille*, Paris, Bibliothèque Nationale, (G 192775), [*p. 408*].
— Salvador Dali, Paris, Bibliothèque Nationale, (M 312026), [*p. 455*].
— Planche n° 16 de la suite des *Amours des Dieux*, selon la reproduction de F. de Waldeck, XVIe siècle, Paris, Bibliothèque Nationale, (M 312662), [*p. 487*].
— *Permission de 10 heures*, Paris, Bibliothèque Nationale, (M 311256), [*p. 474*].

— Obscénités, Boivin et Salviati, Paris, Bibliothèque Nationale, (M 311606), [*p. 523*].
— *Les deux amies*, 1912, Albert Marouet, donation Besson, Musée des Beaux-Arts, Besançon,© Lauros-Giraudon, (LAC 96.256), [*p. 529*].
— Caricature de Rabelais, Dessin, XVIᵉ siècle, Paris, Bibliothèque Nationale, (M 311929), [*p. 307*].
— Paris, Bibliothèque Nationale, (B46443), [*p. 593*].
— Obscénités, Paris, Bibliothèque Nationale, (M 311588), [*p. 603*].
— Picasso, 1968, Paris, Bibliothèque Nationale, (C 142517), [*p. 637*].
— Bain de Phallus, Vase, antiquité, Musée de Syracuse, © Roger Viollet RV 51 905, [*p. 640*].
— Gromaire, Paris, Bibliothèque Nationale, (M 141209), [*p. 647*].
— *Rapt des Sabines*, 1495, Plume, Dürer Albrecht, Musée Bonnat, Bayonne, © Lauros-Giraudon, (RL 7160 / LA 94258), [*p. 649*].
— Francesco Salviati, XVIᵉ siècle, Paris, Bibliothèque Nationale, (16M 311756), [*p. 653*].
— *Une intellectuelle*, Auscher, Paris, Bibliothèque Nationale, (M 312311), [*p. 306*].

INDEX ET RÉFÉRENCES BIBLIOGRAPHIQUES

ANTIQUITÉ — MOYEN AGE

XVe SIÈCLE

XVIe SIÈCLE

XVIIe SIÈCLE

XVIIIe SIÈCLE

XIXe SIÈCLE

XXe SIÈCLE

Les textes des auteurs dont le nom est suivi d'un * sont extraits du livre de Pierre BÉARN, *L'Érotisme dans la poésie féminine*, publié par J.J. Pauvert au Terrain vague, en 1993.

Achevé d'imprimer et brocher sur les presses
de Normandie Roto Impression s.a., 61250 Lonrai
en octobre 1995
Numéro d'impression : I5-1957
Numéro d'édition : 95-PE-116

Dépôt légal : octobre 1995
ISBN : 2-84-111-008-7